U0753926

贫穷还是富有，18岁前由你父母决定，18岁后由你自己决定。

18岁后
靠自己，你必须懂点
经济学

斯凯恩◎著

像经济学家一样思考，不拼爹成为百万富翁

立信会计出版社
LIXIN ACCOUNTING PUBLISHING HOUSE

图书在版编目（CIP）数据

18岁后靠自己，你必须懂点经济学 / 斯凯恩著. --
上海: 立信会计出版社, 2015.1

（去梯言）

ISBN 978-7-5429-4428-3

Ⅰ.①1… Ⅱ.①斯… Ⅲ.①经济学—通俗读物
Ⅳ.①F0-49

中国版本图书馆CIP数据核字（2014）第268177号

策划编辑　蔡伟莉
责任编辑　方士华
封面设计　久品轩

18岁后靠自己，你必须懂点经济学

出版发行	立信会计出版社			
地　　址	上海市中山西路2230号		邮政编码	200235
电　　话	（021）64411389		传　真	（021）64411325
网　　址	www.lixinaph.com		电子邮箱	lxaph@sh163.net
网上书店	www.shlx.net		电　话	（021）64411071
经　　销	各地新华书店			

印　　刷	北京柯蓝博泰印务有限公司			
开　　本	720毫米×1000毫米	1/16		
印　　张	17.25		插　页	1
字　　数	221千字			
版　　次	2015年1月第1版			
印　　次	2019年5月第8次			
书　　号	ISBN 978-7-5429-4428-3/F			
定　　价	36.00元			

如有印订差错，请与本社联系调换

前　言
PREFACE

人生在世，从呱呱坠地到垂垂老矣，最需要的是什么？

健康？幸福？快乐？

那是自然。然而，说句实在话，也需要钱！

人生处处离不开钱。但有钱的人占少数，没钱的人占多数，"一毛钱逼死英雄汉"的悲剧时有发生。这是为什么呢？

原因很简单。比起懂经济的人，大部分人不懂经济，也不愿意了解经济知识。虽然他们也在努力地生活，拼命地工作，但总是摆脱不了经济窘迫的状况。之所以世世代代地传承贫穷，其中不可忽视的问题就是经济知识的缺乏。

不懂经济学，18岁以后的未来只有艰辛！

你有没有问过自己：在经济方面，你处于什么样的水平，你的未来处于什么水平？是位于有钱人的行列，还是站在平凡的人中间？

先确认一下目前的经济水平吧。想想你的家人、亲戚和朋友们，他们是富有的人，还是平凡的人。如果周围大部分人是富有的，那么你现在是富有的人。如果他们都是平凡的人，那么你现在是平凡的人。

18岁之前，你的经济条件由你的父母决定。而等到18岁之后，贫穷还是富有，就由你自己负责了。

那么，未来的你处于什么水平呢？你周围人的平均值，就可能是你的未来，学长、单位上司们的社会生活平均值也可能是你的未来。在你眼里，他们的人生可能是幸福而自由的，也可能像"骑踏轮的松鼠"那样忙碌而枯燥……

有空的时候，问问他们在你这个年纪是怎么生活的吧，和他们比较一下你的经济常识水准和财产规模等。

有句话说，做和别人一样的事情，就不可能比别人更好。在竞争激烈的时代，永远不要满足于停留在经济平均线上，那只意味着满足最基本的温饱。激起你的斗志来，即便你的理想不是成为大富翁，而只要你想成为在经济上比较自由的人，就必须尽早积累经济知识，并把它们应用在日常生活中，早日跨越平均线，享受财富带给你的幸福！

18岁以后，最优先考虑的应该是学习经济学！

前不久，我那正在读大学二年级的表弟说，他们班有一位同学买基金赚了钱，利用暑假出去旅游，走了大半个中国，花的都是自己的钱，这令所有的同学都很羡慕。我表弟表示，他也很想了解一点经济学，尤其是关于股票、基金之类能赚钱的知识。

我告诉一向花起钱来大手大脚的他，所有的投资，不论是股票还是基金，第一步，都是需要一笔本金。我问他，你的小金库里有多少钱？

啊？他一下子傻了眼。

跟大多数在校大学生一样，还在读书的他所支配的金钱多是父母提供的。每个月都有一笔生活费，每一次他都用得光光的，还会经常出现超支、预支的现象。在他聪慧的大脑里，几乎没有"储蓄"的概念——他从小就知道钱是用来花的，可是对于如何花钱，如何管理钱以及怎样才能赚到钱的问题，没有人教过他，他也从来没有思考过……

这怎么不让人担忧？！

我告诉他，在如今这个经济时代，财商已经变得和智商、情商一样重要，因为经济渗透于生活中的方方面面，任何人都无法置身事外。从这一刻开始，他应该创造条件，有意识地学习一些经济学方面的知识。事实上，要想将来生活得好，每一位年轻人都要尽早学会必需的经济知识，学会用经济的方式去思考，用经济的方式去行动，尽快让自己成为一个懂经济，会赚钱、会花钱、会管理钱的人。

本书就是专门为像我表弟一样的年轻朋友们编写的，它同样也适用于所有的不分年龄段的经济学"门外汉"，以及作为大学里经济系相关专业的预科教科书，起到开启经济学"大门"的作用。在这本书里，你既能接触到经济学的一些基本概念、原理，也能得到很多跟我们日常生活密切相关的实用性知识。值得一提的是，本书的重点不在于要求你能掌握那些深奥的理论或者学会使用数学、图表之类的工具分析经济问题，而是在于逐步引导你"像经济学家一样思考"，也就是学会用经济学的思维方式去思考现实经济中的各种问题，并做出决策。"用经济学的思维方式去思考"，换句话说，就是"用合理的方式去思考"。

如同"学医的人也会死去"一样，经济学并不是教你一套可以立竿见影的致富术，阅读本书也不可能让你立刻成为一名经济学家，但是，它却能教会你如何思考，能让你变得更加聪明，以便你更好地主宰人生，让自己的每一天都过得充实、有意义。

书中所有的经济学知识都是以经典故事作为引子，巧妙地点出经济学知识，通俗易懂，即使你此前从未接触过经济学，也能够轻松读懂。正如萧伯纳所说："经济学是一门使人生幸福的艺术。"希望通过这本书，能让你的未来更加光明！

在竞争激烈的时代，永远不要满足于停留在经济平均线上，那只意味着满足最基本的温饱。即便你的理想不是成为大富翁，而只要你想成为在经济上比较自由的人，就必须尽早积累起经济知识，并把它们应用在日常生活中，早日跨越平均线，享受财富带给你的幸福！

目 录

CONTENTS

第一章　开启经济学之旅，踏上富足之路
　　——18岁后不可不知的经济学常识

经济学前提：经济人假设 …………………………………… 1

货币：狗牙也可以买东西 …………………………………… 3

商品：有什么物品不能买卖 ………………………………… 5

成本：有收获就有放弃 ……………………………………… 7

稀缺性：两个桃子也杀人 …………………………………… 9

价值和价格：天价理发费 …………………………………… 11

需求和供给：多收了三五斗 ………………………………… 13

经济激励：哥伦布的契约 …………………………………… 16

第二章　读懂金融真相，抓住看得见的手
　　——18岁后要关注经济热点和现象

人民币升值：到底是好事还是坏事 ………………………… 19

通货膨胀：钱不值钱的背后 ………………………………… 22

次贷危机：金融世界的"大地震" ………………………… 25

1

中国房价：有房才有家 …………………………………………… 28

扩大内需：消费就是作贡献吗 …………………………………… 30

市场经济：消费者与商家的双赢 ………………………………… 34

第三章 学经济学不累，用经济学颇爽
——18岁后要懂点牛奶可乐经济学

为什么AA制也让人烦恼 …………………………………………… 37

为什么中国人要交漫游费 ………………………………………… 39

为什么会出现天价吉祥号码 ……………………………………… 41

为什么比尔·盖茨会放弃学业 …………………………………… 44

为什么收入高的人多交税 ………………………………………… 46

为什么缺一个人包不好饺子 ……………………………………… 48

为什么广州美食物美价廉 ………………………………………… 50

为什么有人只买贵的，不买对的 ………………………………… 53

为什么现在流行捆绑销售 ………………………………………… 55

为什么餐厅会提供免费续杯 ……………………………………… 57

为什么普通大众买不起房 ………………………………………… 58

为什么会出现8分钱的机票 ……………………………………… 60

第四章 不是教你诈，是教你不吃亏的学问
——18岁后要懂点博弈经济学

囚徒困境：出卖，还是合作 ……………………………………… 64

智猪博弈：搭个便车最省力 ……………………………………… 69

斗鸡博弈：狭路相逢勇者胜 ……………………………………… 72

猎鹿博弈：从合作走向共赢 ……………………………………… 77

协和谬误：放弃沉没的成本 ……………………………………… 81

蛋糕博弈，讨价还价智慧大 …………………………………… 86

信息博弈：买的不如卖的精 …………………………………… 91

博傻理论：别做最大的笨蛋 …………………………………… 96

第五章　你的人脉价值百万

——18岁后要懂点社交经济学

人脉小投资，换来大回报 ……………………………………… 101

说话只三分，收益百分百 ……………………………………… 105

首因效应好，省时又省力 ……………………………………… 108

大树好乘凉，巧用名人效应 …………………………………… 114

锦上添花，不如雪中送炭 ……………………………………… 118

狡兔三窟，多个朋友多条路 …………………………………… 122

第六章　高薪高位是设计出来的

——18岁后要懂点职场经济学

蝴蝶效应：小处不可随便 ……………………………………… 127

木桶理论：迷失还是强化 ……………………………………… 129

二八法则：决定效益的关键 …………………………………… 132

人力资本：你的价值有多高 …………………………………… 135

择业中的"热门"、"冷门"说 ………………………………… 137

为什么名牌大学毕业生拿高薪 ………………………………… 140

为什么高收入者的薪水涨得快 ………………………………… 141

第七章　理财，自己动手丰衣足食

——18岁后要树立正确的理财观

你不理财，财不理你 …………………………………………… 144

先储蓄，后消费 …………………………………………………… 147

从这一刻开始存钱 ………………………………………………… 150

养成量入为出的习惯 ……………………………………………… 152

节省不等于吝啬 …………………………………………………… 155

稳中求胜，让钱生钱 ……………………………………………… 157

理性投资，拒绝赌博 ……………………………………………… 159

今天做好明天的准备 ……………………………………………… 162

第八章　修习财富炼金术，你是下一个有钱人
——18岁后要懂点投资经济学

投资：牺牲当前消费来增加未来消费 …………………………… 167

股票：不能不懂的资产增值手段 ………………………………… 170

基金：让专家打理你的财富 ……………………………………… 173

黄金：保值增值的好选择 ………………………………………… 176

储蓄：把钱存入银行 ……………………………………………… 179

期货：今天做明天的交易 ………………………………………… 182

债券：比存款划算的投资方式 …………………………………… 185

复利：最神奇的财富升值工具 …………………………………… 187

套利：捕捉低风险赚钱机会 ……………………………………… 191

第九章　看穿商家鬼把戏，捂紧你的钱袋子
——18岁后要做个聪明的消费者

做一个理智的消费者 ……………………………………………… 194

大超市真的是低价钱吗 …………………………………………… 196

"忍痛割爱"式消费 ……………………………………………… 199

别让商家掏空了你的口袋 ………………………………………… 202

经济学教你做出理性选择·························· 205

平价药店的秘密····························· 207

商家的鬼把戏····························· 211

昂贵的维修费····························· 213

超市的"猫腻"····························· 215

大闸蟹的差价····························· 218

学会使用信用卡····························· 221

第十章　30年后，遇见幸福的自己
——18岁后要关注民生福利经济学

谁该承担税负····························· 225

关注失业现象····························· 228

破坏并不是利润····························· 231

资源等于富有吗····························· 234

职工福利：不仅仅是带薪休假················· 237

老年福利：老有所养····················· 241

医疗福利：从此不再看病难················· 243

为什么贫者越贫，富者越富················· 245

附录　经济学60个关键词 ················· 249

第一章
开启经济学之旅，踏上富足之路

——18岁后不可不知的经济学常识

经济学前提：经济人假设

有一位美国妇人在纽约市的多家报纸上刊登了1美元卖宝马轿车的广告。人们并不以为然，因为1美元是不可能买到宝马车的。一周过去了，没有人购买。刚毕业的小伙子约翰看到这则广告，满怀希望地拿着1美元按报纸上的地址找上门去。约翰问："为什么这辆车只卖1美元呢？"妇人说："因为我的丈夫去世了，他的遗产全都是我的，只有这一辆宝马车属于他的情人。根据他的遗嘱，得把这辆车卖掉，所得的款项全部归他的情妇。所以，一美元即可。"于是约翰高高兴兴地开着宝马车回家了。

经济人假设，也叫"理性经济人"，是经济学中最根本的一个假设，整个经济学大厦就是建立在这个假设基础上的。

经济人假设认为，因为资源的稀缺性，每个人都受到资源稀缺的约束（如收入的限制、时间的限制、价格的限制等），人的思考和行为都是在既定的约束下追求自己利益的极大化。如同上文中的约翰，他很乐意用1美元就能购买一辆宝马车。所谓经济人假设是指作为个体，无论处于什么地位，人的本质是一致的，即以追求个人利益，满足个人利益最大化为基本动机，都希望以尽可能少的付出，获得最大限度的收获，并为此可不择手段。

亚当·斯密在《国富论》中的一段话对理性经济人有较为清晰的阐述："我们每天所需要的食物和饮料，不是出自屠户、酿酒家和面包师的恩惠，而是出于他们自利的打算。我们不说唤起他们利他心的话，而说唤起他们利己心的话，我们不说我们自己的需要，而说对他们有好处。"亚当·斯密的这段论述向我们表明：人和人之间是一种交换的关系，能获得食物和饮料，是因为商家们要获取一定的乃至最大的利益。

大卫·李嘉图提出经济人的"流氓假设"：社会是由一群群无组织的个人组成的，每个人以一种计算利弊的方式为个人的利益行动；每个人为达到这个目的，尽可能合乎逻辑地思考和行动。

在经济学家的眼里，千差万别的活生生的人都是理性经济人——不懈地追求自身最大限度满足的理性的人。显然，经济人都是自利的，以自我利益的最大化作为自己的追求。当一个人在经济活动中面临着若干不同的选择机会时，他总是倾向于选择能给自己带来更大利益的那种机会，即总是追求最大的利益。

因此，理性经济人是自利的，但自利并不完全等于自私。举个例子说：一个虔诚的教徒受到了感化，充满了行善的愿望，他人得到幸福的时候，他会觉得自己也很幸福——他是自利的，但并不自私。

无论个体的行为是成功地为个体带来正的经济利益的流入，还是带来负的经济利益的损耗，在作出决策时，个体都是理性的经济人。在社会以及经济活动中，人人都是理性经济人。比如说买一件商品，都希望买到"物美价廉"的商品，绝不会希望买到"物次价高"的商品，因为在经济活动中，人会保持最大的自利，也许在结果上买了"物次价高"的商品，但这个不会改变个体是理性经济人这一事实。

可以说，理性经济人是经济学最基本的概念之一。

●●●●经济学家提醒你●●●●

　　道德人：亚当·斯密在《道德情操论》中阐述了人性不同于经济人的另外三个方面——同情心，正义感（合宜感），行为的利他主义倾向。这些是人的道德性的体现。斯密的这种伦理思想后来被发展成"道德人"理论。

货币：狗牙也可以买东西

世界上除了我们所认识的常用货币外，还有一些新奇的不为我们所熟悉的货币形式。例如，在太平洋某些岛屿和若干非洲民族中，以一种贝壳货币来交税。又如，美拉尼西亚群岛的居民普遍养狗，所以就以狗牙作为货币，一颗狗牙大概可以买到一百个椰子，而娶一位新娘，必须给她几百颗狗牙作为礼金！曾有一些贪婪的骗子向美拉尼西亚运入大量的狗牙，以骗取土著居民的各种有用物资，一度造成了"通货膨胀"。

按照经济学理论的解释，任何一种能执行交换媒介、价值尺度、延期支付标准和具有完全流动的财富储藏手段等功能的商品，都可被看做货币。

有人不禁要质疑上述的论断：人民币、美元、欧元才是货币，肥皂、洗衣粉之类的商品也能算是货币吗？在我们的日常生活中，肥皂、洗衣粉当然不能算做货币。要了解货币，就必须从货币的起源来看。

货币的前身就是普普通通的商品，它是在交换的过程中逐渐演变成一般等价物。货币就是商品，但又不是普通的商品，而是特殊的商品。货币出现后，整个商品世界就分裂成两极，一极是特殊商品——货币，另一极是所有的普通商品。

人们使用货币的历史产生于物物交换的时代。在原始社会，人们使用以物易物的方式，交换自己所需要的物资，比如一只羊换一把石斧。有时候受到用于交换的物资种类的限制，不得不寻找一种能够被交换双方都接受的物品，比如一只羊换一把石斧，一把石斧换一堆盐，这里石斧就具备了货币的功能。

在人类的早期历史上，贝壳因为难获得，因而充当了一般等价物，成为最原始的货币之一。今天的汉字如"赚"、"赔"、"财"等，都有"贝"字旁，就是当初贝壳作为货币流通的印迹。

经过长年的自然淘汰，在绝大多数社会里，作为货币使用的物品逐渐被金属取代。使用金属货币的好处在于，它的制作需要人工，无法从自然界大量地获得，同时还易于储存。数量稀少的金、银逐渐成为主要的货币金属。古代希腊、罗马和波斯的人们把金银切割成大小不同的薄片，在上面刻制印标，准确标出每一片的重量。在交易中，人们只要看一下这片贵重金属上面的标志，就可得知它的价值。

随着经济的进一步发展，金属货币的重量和体积都令人感到烦恼。它不易携带，而且在使用过程中还会出现磨损的问题。据不完全统计，自从人类使用黄金作为货币以来，已经有超过两万吨的黄金在铸币厂里，或者在人们的手里、钱袋中磨损掉。于是，作为金属货币的象征符号——纸币出现了。世界上最早出现的纸币，是中国北宋时期四川成都的"交子"。目前世界上共有200多种纸币。

由于货币是价值和社会财富的一般代表，谁占有了货币，就等于占有了价值和财富；谁占有的货币越多，即表明所拥有的商品越多。在货币的帮助下，人们不仅可以进行交易，而且也可以比过去更容易富裕起来。货币的权势并不像刀剑和长矛那样锋芒毕露，但其效果却更为持久和长远。

●●●●经济学家提醒你●●●●

货币政策：是指中央银行为实现既定的经济目标运用各种工具调节货币供给和利率，进而影响宏观经济的方针和措施的总合。一般包括三个方面的内容：政策目标；实现目标所运用的政策工具；具体执行所达到的政策效果。货币政策的最终目标主要是：稳定物价、促进经济增长，实现充分就业和平衡国际收支。

商品：有什么物品不能买卖

太平洋上的瑙鲁，是一个由珊瑚礁形成的岛国，矿产十分丰富，但岛上没有供农作物生长的土地。为了解决这个问题，瑙鲁一方面出口矿石，另一方面进口泥土，以便种植农作物。

世界上最奇特的商品，莫过于丹麦格陵兰岛出口的"万年冰"了。这是10万年前的冰，被认为是最纯净的，没有污染，杂质很少。

日本商人将田野、山谷和草地上的清新空气，用现代技术储制成"空气罐头"，然后向久居闹市、饱受空气污染的市民出售，购买者打开空气罐头，靠近鼻孔，顿时香气扑鼻，沁人肺腑。

商品对于我们来说，再熟悉不过了。我们每天吃、喝、穿、住、用、行，样样离不开商品，只要兜里有钱，我们随时可以买到想要的各种商品。

但是，究竟什么才是商品？

作为商品，首先必须是劳动产品。换句话说，如果不是劳动产品，就不能成为商品。比如，自然界中的空气、阳光，虽然是人类生活所必需的，但这些都不是劳动产品，所以它们不能叫做商品。

作为商品，还必须要用于交换。商品总是与交换分不开。也就是说，如果不是用于交换的，即使是劳动产品，也不能叫商品。例如，在古时候，传统的男耕女织的家庭生产，种出来的粮食和织出来的布，尽管都是劳动产品，但是只供家庭成员自己使用，并没有用来和他人交换，因而也不是商品。

因此，商品可以简单概述为：用于交换的劳动产品。

商品并不是从人类出现之时就有的，是人类发展到一定历史阶段的产物。它的产生，必须具备以下两个条件：

第一是社会分工。它是商品产生的基础。因为社会分工，才提出了交换的要求，也就有了进行交换的可能。社会分工的特征，表现为每一个劳动者只从事某些局部的、单方面的劳动，只生产某些甚至某种单一的产品，而人们的需求是多方面的，为了满足多方面的需求，生产者必然要相互用自己生产的产品去交换自己不生产而又需要的产品。这种商品生产和商品交换就是商品经济。

第二是所有权不同。它是商品得以生产的前提。因为生产资料和劳动产品属于不同的所有者，才会发生交换行为。在私有制条件下，产品交换的双方成为独立的利益主体，成为经济利益的对立面。这就决定了双方的交换不能是不等式的，而只能是等式的，即商品经济中的等价交换原则。劳动产品的交换既然是等价的商品交换，那么，生产者的生产过程就成为以直接交换为目的的商品生产过程。

可见，商品既是社会分工的产物，也是私有制的产物。

● ● ●经济学家提醒你● ● ●

自由物品：我们不用花钱就可以得到的物品。在这个世界上，自由物品是一种例外，它们是大自然的恩赐。值得重视的是，因为人们不加珍惜，这种恩赐正在一样一样地减少。空气曾经被公认为是自由物品，但是随着污染遍及世界的每个角落，自由地呼吸清新的空气似乎越来越变成人们的一种奢望。

成本：有收获就有放弃

皮洛士生于亚历山大大帝死后分裂的古希腊，是小国伊庇鲁斯的王子。皮洛士一向醉心于马其顿国王亚历山大的"伟业"，企图在地中海建立一个大国。

公元前280年，皮洛士率领大批军队进攻罗马。在阿普利亚境内的奥斯库伦城附近，双方展开了激战。在这次战斗中，皮洛士的损失极其惨重。他虽然赢得了胜利，但损失了大批有生力量。战斗结束后，将士们向他表示庆祝，皮洛士看着硝烟还没散尽的战场，叹息道："要是再来一次这样的胜利，我也就彻底垮了。"

这就是著名的典故"皮洛士的胜利"，在经济上引申为成本太高而收益太少。

成本是商品经济的价值范畴，是商品价值的组成部分。人们要进行生产经营活动或达到一定的目的，就必须耗费一定的资源（人力、物力和财力），其所费资源的货币表现及其对象化称之为成本。也就是企业把商品提供给市场所支出的全部费用。

并且随着商品经济的不断发展，成本概念的内涵和外延都处于不断地变化发展之中。它有以下几方面的含义：

（1）成本是生产和销售一定种类与数量产品以耗费资源用货币计量的经济价值。企业进行产品生产需要消耗生产资料和劳动力，这些消耗在成本中用货币计量，就表现为材料费用、折旧费用、工资费用等。企业的经营活动不仅包括生产，也包括销售活动，因此在销售活动中所发生的费用，也应该计入成本。同时，为了管理生产所发生的费用，也应该计入成本。同时，为了管理生产经营活动所发生的费用也具有形成成本的性质。

（2）成本是为了取得物质资源所需付出的经济价值。企业为进行生产经营活动，购置各种生产资料或采购商品而支付的价款和费用，就是购置成本或采购成本。随着生产经营活动的不断进行，这些成本就转化为生产成本和销售成本。

（3）成本本质上是一种价值牺牲。它作为实现一定的目的而付出资源的价值牺牲，可以是多种资源的价值牺牲，也可以是某些方面的资源价值牺牲。它可以用货币单位加以计量。

（4）成本是为达到一种目的而放弃另一种目的所牺牲的经济价值。

举一个简单的例子，你的姐姐准备开一家服装店，在计算成本的时候，她可能会考虑到店面的房租、进货的费用、借款的利息、付给雇员的工资、水电费、税金等。在扣除这些费用之后，她认为自己还会赚到钱。但是，你需要提醒她的是，这样的计算是不完全的：她漏掉了自己的工资，自己垫付资金的利息，还有开服装店的机会成本等。只有把这些成本也考虑在内，才能决定开服装店是否合适。

●●●●经济学家提醒你●●●●

固定成本：是指成本总额在一定时期和一定业务量范围内，不受业务量增减变动影响而能保持不变的成本。例如厂房、机器设备等，与它们相关的成本属于固定成本。

可变成本：是指在总成本中随产量的变化而变动的成本项目，主要是原材料、燃料、动力等生产要素的价值，当一定期间的产量增大时，原材料、燃料、动力的消耗会按比例相应增多，所发生的成本也会按比例增大，故称为可变成本。

稀缺性：两个桃子也杀人

春秋时期，齐景公手下有三员猛将，公孙接、田开疆与古冶子，他们都为齐景公立下过汗马功劳。这三个人自恃勇猛，对齐景公也不放在眼里。晏子建议齐景公把这三个人铲除，以免将来留下祸患。景公也觉得应及早铲除，但是三人战功赫赫，又勇猛无比，齐景公对此很无奈。晏子说，应当用巧。他向景公建议，赐给他们三人两个桃子，说是赏赐给最有功劳的人，让他们分吃。三个大臣开始争夺，竞相陈述自己对国家的功劳。最后两个人得到桃子，另外一个羞愧自杀。得到桃子的两个人见同伴因自己而死，也便羞愧自杀。

这是《晏子春秋》里的记载，三员大将被两个桃子杀死——历史上有名的二桃杀三士的故事。可能有人觉得，同伴自杀，自己也就自杀吗？太不划算了吧，别忘了当时春秋时代的人都是很讲义气的，所以见到同伴自杀，自己也自杀是没什么奇怪的。晏子利用的就是经济学上的稀缺性，只给两个桃子，三个人无论如何也分不好，杀死三个勇士的不是两个桃子，而是稀缺性，因为稀缺才产生互相之间的竞争和争夺，最后在争夺中死亡。

我们常常会听说某个手机号或汽车牌照卖出了天价，这正是资源稀缺性的体现。因为这种手机号或汽车牌照的数字非常独特，而且是唯一的，不会再有第二个。物以稀为贵，这样的商品人人都想购买，也就会卖出很高的价格。

"稀缺"二字，代表着两种不同的含义：一个是稀有的，另一个是紧缺的。在经济学里，稀缺被用来描述资源的有限可获得性，是相对于人们无穷的欲望而言的。人的欲望是无限的，但资源是有限的，相对于欲望的无限性，资源的有限性引起了竞争与合作。竞争就是争夺对稀缺资源的控制，竞争是社会配置资源，即决定谁得到多少稀缺资源的方式。所谓合作就是与其他人共同利用稀缺资源、共同工作，以达到一个共同的目的。合作是为了以有限的资源生产出更多的产品，合作是解决资源稀缺性的一种途径。

资源的稀缺性是人类社会永恒的问题，经济学产生于稀缺性的存在，因为资源稀缺，才需要经济学研究如何最有效最合理地配置资源，使人类的福利达到最大化。一个物品可以成为商品出售，首先是因为它是稀缺的，并不是因为人们的需求，如阳光和空气，人人都需要，但因为太多了，所以不会成为商品。但是淡水资源却越来越少，所以淡水的价格从原来的免费供应，到现在也开始涨价。当一个商品变得稀缺的时候，它就开始变贵了。黄金因为属于稀有金属，所以价格才高。权力之所以人人追捧，也是因为权力是稀缺的。

资源的稀缺性是经济学的前提之一。稀缺性对社会、对人们的生活产生巨大的影响，正是稀缺性导致了竞争和合作，促进了社会的发展。想象一下，如果资源不是稀缺的，而是极大富足的，那么世界会完全变样。自然界中不会有优胜劣汰，不会有厮杀，每个生物都可以得到满足。人们不用工作，不用考虑买房子了，因为土地是富足的，不用考虑衣食住行，一切资源都是富足的。那这样的世界就没有任何活力，就会变成死水一潭，最终毁灭。

就像我们的住房紧缺问题，随着人们物质生活水平的提高，我们对住房条件质量的要求也越来越高，很多人不再只满足于遮风挡雨的小门小户，更多地期望房屋兼具实用性和美观性。而这种实用性则包括住房面积的大小、房屋的舒适性和房屋所处地理位置的便利性等要求，这样一来，即使人口不增长也会产生住房压力，所以在有限的土地上满足如此庞大人群的需求，住房紧缺就是显而易见的事情了。这也就能很好地解释为何在物质文明高度发达的今天，我们还是会感到资源的稀缺了。

可见，用经济学中的稀缺性可以解释我们生活中的许多现象，火车票在春运的时候可以卖高价，一张奥运会开幕式的门票在奥运会开始前，居然都卖出了20万元的天价。这些都是因为稀缺。因为稀缺，所以才产生需求，因为需求才拉动经济增长，因为稀缺我们才去竞争，才会积极创造未来，推动社会进步。因为稀缺，所以我们必须要每天学习、进步，以适应这个适者生存的社会，因为资源总是有限的，你想得到更多，必须得努力！

●●●经济学家提醒你●●●

经济学上所说的稀缺性是指相对的稀缺性，强调的不是资源的绝对数量的多少，而是相对于人类欲望的无限性来说，再多的物品和资源也是不足的。一个社会无论有多少资源，总是一个有限的量。相对人们的需求来说，资源总是稀缺的，物质产品或劳务也总是不足的、稀缺的，所以我们在生活工作中需要合理利用稀缺资源，首先不要浪费，其次还要积极努力去争取更多的资源，这样才能够不被稀缺所束缚，才能用有限的资源来满足无限的需求。

价值和价格：天价理发费

郑州一家理发店一夜之间成了全国最有名的理发店。不是因为这个店的师傅手艺高，而是因为它创造了一项惊人的纪录：两个人理发，收费1.2万，平均一人6000元。

2008年3月29日，在郑州市某中专读二年级的小亚和同学小莉一起到郑州非常繁华的二七广场逛街。下午2时许，两人逛到二七路的正弘大厦附近，看到旁边的"保罗国际"的橱窗玻璃上贴着"洗剪吹38元"的字样，原本就准备理发的她们便走了进去。

在理发之前，店员向她们出示了消费单，分别是洗剪吹38元、洗发用品60元和护发用品60元。

两人开始剪发，剪完头发，已是下午6时许。可让两个女孩万万没有想到的是，结账时，收银员报出了总共1.2万元的天价！

因为小亚和小莉拿不出那么多的钱，店员便不让她们离开。后来店员给她们支招，只要办理一张该店的会员卡，就可以享受5折的优惠折扣，但每张会员卡至少要一次性充值9800元，剩余的钱将存在卡里。两人身上当时只有不到300元的生活费，她们无奈之下只好掏出手机向同学求援。当晚10时30分许，小亚和小莉一共向30多名同学借钱，总算凑够9800元送到了店里，她们才得以脱身。

理发店收取1.2万的价格，令人目瞪口呆。经过媒体曝光，郑州的"天价理发"事件在当地引起强烈反响。

价格是商品同货币交换比例的指数，或者说，价格是价值的货币表现。价格是商品的交换价值在流通过程中所取得的转化形式。

从本质上来说，价格是一种从属于价值并由价值决定的货币价值形式。价值的变动是价格变动的内在的、支配性的因素，是价格形成的基础。但是，由于商品的价格既是由商品本身的价值决定的，也是由货币本身的价值决定的，因而商品价格的变动不一定反映商品价值的变动，例如，在商品价值不变时，货币价值的变动就会引起商品价格的变动；同样，商品价值的变动也并不一定就会引起商品价格的变动。又如，在商品价值和货币价值按同一方向发生相同比例变动时，商品价值的变动并不引起商品价格的变动。因此，商品的价格虽然是表现价值的，但是，仍然存在着商品价格和商品价值不相一致的情况。在简单商品经济条件下，商品价格随市场供求关系的变动，直接围绕它的价值上下波动；在资本主义商品经济条件下，由于部门之间的竞争和利润的平均化，商品价值转化为生产价格，商品价格随市场供求关系的变动，围绕生产价格上下波动。

价值是价格的基础，商品供给是价格形成和变化的直接条件。价格是市场的"晴雨表"，反映了供给与需求之间的相互作用与变化。供给与需求是使市场经济运行的力量，它们决定了每种物品的产量以及出售的价格。另外，价格的变化与市场环境的变化也息息相关。如果你想知道任何事件或政策将如何影响市场的价格，你就应该先考虑它将如何影响供给和需求。例如，当"非典"袭击中国的时候，全国食醋、消毒液、药用口罩的价格都上升了，一些日用品也成了普通消费者的抢购对象，这主要是因为突如其来的"非典"病毒造成了消费者对这些物品需求的剧增。在欧洲，每年夏天，当新英格兰地区天气变暖时，加勒比地区饭店的价格就会呈直线下降；当中东爆发战争时，美国的汽油价格就会上升，而二手凯迪拉克轿车价格则会下降，这些都反映出供给和需求对市场的作用，而所有的这一切都是通过价格来反映的。

●●●●经济学家提醒你●●●●

价格指数：表示在给定的时间段里，商品的平均价格如何变化的一种指数。在计算平均数时，不同商品的价格一般要根据其经济重要性进行加权处理。

需求和供给：多收了三五斗

众所周知，可饮用的水，对于地球上的生物来说，是多么重要。人的生命离不开水。没有了水,人类就难以生存和繁衍生息,更不用说发展了。没有了水,地球将停止转动!所以,水的巨大作用是怎么形容也不过分的。然而水的价值却是如此低廉。相比之下,钻石则是另一种情形,钻石的价值主要在于工业生产和科学研究。也许可以说,即使没有钻石,人类照样可以生存,人类社会基本上依旧可以发展至今。从这个意义上说,钻石对人类社会甚至是可有可无的。然而,事实上,钻石的价值却是如此之高。

这就是经济学史上著名的"钻石和水"的例子,它曾经困扰了经济学界很长时间。

我们说,物品之所以成为商品,不一定在于它本身具有多大价值,而更主要是看它是否存在一定的需求和供给。没有供给的商品是没有意义的。比如说"空中楼阁",多少人幻想着住在里边,但这是不现实的,所以也就没有价值可言,从而也就没有什么与之相应的价格。同样,没有需求的东西是没有价格的。因为根本没有人愿意花钱去买它。所以,商品的价格是由需求和供给两方面共同决定的。虽然说水的需求是巨大的,并且是必需的,水的需求价格弹性是很小的,但是,由于水的供给也是巨大的,只要厂商有一定的技术和资金,就可以向市场提供水。这样一来,较小的需求价格弹性和较大的供给价格弹性共同作用,使得水的市场价格十分低廉。

而与此相反,钻石是一种奢侈性消费,正是因为对人们来说可有可无,所以它的需求价格弹性很大。也就是说,人们对价格很敏感。价格稍微提高一点,人们就有可能放弃这种需求。由于钻石在地球上的含量以及开采难度,钻石的供给也是十分困难的。供给的价格弹性很小。这样一来,很大的需求价格和较小的供给价格弹性,共同作用的结果就是钻石的市场价格相对地十分高昂。

与此相似,一个典型的例子就是叶圣陶先生在《多收了三五斗》里描述的"谷贱伤农"现象。本来说,农业丰收了,农民的收入应该会更高些,应该高兴才对。可是，由于全体农业的丰收，造成了粮食产量的增加，供给急剧上升，超过了需求量。这样一来，粮食的价格就会下降，农民的收入反而减少了。这是由于农业生产周期性造成的。由于农产品的储存、加工、保鲜等特殊问题，农产品一般都不能存放太长时间。这样一来，在市场交易时，就给农民带来了天然的讨价还价的劣势。消费者会想"反正你一定要急着卖出去，否则就会坏掉，那么你对交易的要求比我要迫切"，所以消费者会利用这种心理，拼命地压低价格。而在供给量相对过剩的情况下，农民达成交易的要求就会更迫切，则价格就会被压得更低。这其实也是谈判学上常见的心理现象。

类似的还有我国曾出现的"倒牛奶"现象：遭奶站拒收的南京奶农纷纷把鲜奶倒掉；是成都市的一家乳制品加工企业，因为收购过多，只好把来不及加工的2吨多鲜奶倒入下水道。似乎我们生产的牛奶已经到了"喝不完"的境地。但从奶制品的供需关系上看，就是按照近年来的高增幅看发展，在未来10年内，中国仍是"贫奶国家"。这又该作何解释呢？只能说，这是牛奶生产的地区性、局部性、暂时性的过剩。

对于倒牛奶现象，许多人会问：为什么他们不把牛奶分给那些还喝不上牛奶的人们呢？其实，他们把牛奶倒掉，是有一定的经济学道理的。试想，如果他们把牛奶无偿分给了居民，那么，有些人因为获得了牛奶，以后一段时间内，而且即使在以后牛奶供给相对平衡时，也许就不再买牛奶了，无形中降低了牛奶的需求。另外，如果他们现在无偿得到了牛奶，那么明年呢？那些有"守株待兔"思想的人肯定会等着你的牛奶发生过剩，等着再次喝上"免费的牛奶"。

事实上，关于过剩的解释，经济学上有"绝对过剩"和"相对过剩"这两个概念。绝对过剩是指，社会生产出来的东西，在让所有需要它的人的需求都得到最大的满足之后，还有所剩余。相对过剩是指该种商品的过剩是相对于一定的时间和空间而言的，是相对于人们的购买能力的过剩。也就是说，社会的供给超过了具有购买能力的人的需求。而与此同时，还存在许多买不起该种商品的人。我们说，绝对过剩是以社会生产力的极度发展为基础的，是一种很难达到的境界，而相对过剩则是时常出现的事情。无论是发达国家，还是在我国国内的一些地区，都存在相对过剩的现象。并且相对过剩的发生在一个行业内还具有一定的周期性。牛奶的过剩，就属于相对过剩。正如前边所说，相对过剩的商品，从厂商的长远经济利益来说，是不适合免费发送给那些没有购买力的人群的。毕竟，经济规律是"无情"的。

●●●●经济学家提醒你●●●●

需求规律：微观经济学中的一个重要法则，即在一般的情况下，商品的需求量与其价格之间存在的关系成反比，价格越高，需求量越小；价格下降，需求量上升。

例如，如果每袋牛奶的价格上升了1元，很多人都会选择少买牛奶；而如果每袋牛奶的价格下降了1元，那人们就会多买一些牛奶。由于需求量随着价格上升而减少，随着价格下降而增加，因此，需求量与价格负相关。

经济激励：哥伦布的契约

1492年，发生了什么事呢？没错，哥伦布发现美洲大陆！哥伦布的环球之行来之不易。此前，他只是一个默默无闻的水手，出身卑微，只不过有着当一名航海家的豪情壮志，还有着一种为世人所不齿的"白日梦"——当时葡萄牙正试图绕过非洲去印度，但哥伦布认为不必绕过非洲，只要一直向西航行便可到达印度。

为此，从1484年开始，哥伦布就向西班牙国王提出这个建议，到1492年，由于西班牙王后的大力支持，西班牙国王才同意这一计划付诸实施，哥伦布花了8年的时间来做"公关"。1492年8月，已经41岁的哥伦布带领120人分乘3只小船离开西班牙，开始向西环球航行。

1492年10月12日，经过30多天的航行，他们终于登上了北美巴哈马群岛中的圣萨尔瓦多岛。此后，哥伦布又先后三次航行到美洲沿岸，进行了实地考察。哥伦布成为西方第一个发现美洲新大陆的人。但他至死都把美洲误认做印度，西印度群岛的名称就是由此而来。

今天，我们知道，哥伦布的航海掀开了一个新时代。我们经常这么讲。可是哥伦布怎么会有这么大的动力呢？

其实，哥伦布可不是完全无私地做出这种"壮举"的，8年的公关努力，在成功那一刻，哥伦布提出了自己的"开价"，他和西班牙国王和王后订立一个契约："国王与王后对哥伦布发现的新大陆拥有宗主权；哥伦布被封为贵族暨大西洋海军元帅，被准许担任未来所发现的岛屿和陆地的总督，而且这些头衔都将世袭；新发现土地上产品的10%归他所有；他也能参与新土地上所有的商业活动，投资和利润占总额的1/8；而他对前往新大陆经商的船只可以征收10%的税，对自己运往西班牙的货物实行免税。"

这是一个改变了世界面貌的契约。哥伦布的收获远远超过他此前"浪费"的8年时间成本及其他所有的成本，真可谓一本万利！

这种探险行动绝不是无偿的，而是有着巨大的潜在利益的刺激。

同样，1519年麦哲伦航海探险计划开始实施时，西班牙国王也答应从新发现的领土中，拨出1/20赏给麦哲伦，并允许其参与未来的土地开发。因此，远航探险不仅可以带来荣誉，更可以致富。

这种基于利益之上的契约，使欧洲航海探险从一开始就注重每一次新发现的信息发布与记录。他们每发现一块新的陆地、一座新的岛屿，就给予命名，并划入本国的版图。

但是反观我国的郑和下西洋，在公元1405年至1433年这段短暂的时间，郑和所指挥的宝船船队，七次英雄式的远航，遍及了中国周边海域与印度洋，从台湾到波斯湾，并远及中国人心目中的黄金国——非洲。当时世界的一半已经在中国的掌握之中，加上一支无敌的海军，如果中国想要的话，另外一半并不难成为中国的势力范围。比哥伦布早近100年，郑和完全有可能取得与哥伦布一样的成就。

但是，郑和出行前可能与皇帝订立合约吗？非但不能，而且郑和及其一切航海船只均属于皇帝私人所有，是一次政治性私人出巡。于是他不能发现新大陆，尽管他下西洋的规模可以称得上亘古未有。

在市场经济时代，任何经济行为的展开都必须符合经济学的"成本-收益分析原则"。当然，贸易的利益不仅仅局限于经济维度，政治、军事、文化等利益也是其中不可分割的一部分。但我们必须牢牢把握的是，经济利益是任何其他利益的基础和先导。只有巨大的预期收益，才会有惊人的投入，才会创造出惊天的壮举。无论是个人还是国家，当你的行为具有利益的眼光，符合"边际利益大于边际成本"的经济学原则之时，你的行为才会带来源源不断的财富，这样的行为也才是最符合经济原则的行为。

郑和下西洋给后人留下了津津乐道的故事，但他们的子孙却必须努力学习"哥伦布们"的语言和技术。

●●●●经济学家提醒你●●●●

经济利益是任何其他利益的基础和先导。只有巨大的预期收益，才会有惊人的投入，才会创造出惊天动地的壮举。

第二章
读懂金融真相，抓住看得见的手
——18岁后要关注经济热点和现象

人民币升值：到底是好事还是坏事

人民币从2007年开始一直不断升值，2014年年底兑换美元汇率达到1∶6.2的高点。从1994年人民币改革以来，这是人民币迫于国内外压力第一次大规模升值，对于人民币的升值，有的人认为是好事情，而有的人认为是坏事情，不同的人有不同的看法。那么，到底人民币升值是好是坏呢？对于普通百姓来说有多大影响？该如何对待人民币升值？

有的人认为人民币升值了，钱值钱了，老百姓出国旅游、买原装进口汽车、瑞士表更便宜了，大企业到国外吞并企业成本降低了……美国为什么下大力气逼迫人民币升值？难道美国人傻吗，让自己国家的钱不值钱？其实我们从日元相对美元的升值就能看出其中的道理。1985年美、英、法、联邦德国在纽约广场饭店举行会议，迫使日本签下了著名的《广场协议》。签字之前美元兑日元在1美元兑250日元上下波动，协议签订后，在不到3个月的时间里，快速下跌到200日元附近，跌幅20%。到1987年最低到达1美元兑120日元，在不到3年的时间里，美元兑日元贬值达50%，也就是说，日元兑美元升值一倍。日本人当时也以为自己一夜之间成为了富翁，但事实却是日本的经济所遭受的打击用了20年也没有缓过劲来！

人民币的升值对富人的好处确实是显而易见，如人民币对美元升值，以前8元人民币换1美元，现在不到6.2元就可换到，到国外去玩、去购置产业就更廉价了，显而易见富人手里的钱更值钱了。张老板就是对人民币升值津津乐道的人，因为这次他去美国旅游，花了更少的钱却享受了同样的服务，以前他住旅馆的费用是1万，现在不到7千就下来了。而且他还购买了大量的商品带回国内，张老板感慨美元贬值，人民币升值对他这样的人就是带来了诸多好处。

人民币升值就是意味着人们手里的钱更值钱了。根据购买力平价理论，每一单位货币在不同的国家应该买到同样数量的商品。1元人民币在中国可以买一个苹果，在美国也照样可以买一个苹果。1美元在美国可以买 8 个苹果，在中国也照样可以买 8 个苹果。但现在人民币升值了，1美元只能兑换6.2元人民币，在中国可以买6个苹果，那么由于6.2元人民币就可以换 1 美元，在美国却可以买7个苹果。对于有钱的人可以去国外旅游的人而言，人民币升值的确好处很多，他们可以用同样的人民币换取更多的美元，可以在国际上买更多的商品。

与张老板不同的是，刘老板的日子却因为人民币升值而变得日益艰难。刘老板是做出口业务的，有一个出口公司，每年采购商品向国外发货。由于人民币升值的影响，刘老板的定单不但减少了很多，而且美国客户多以美元结算，结算后换得的人民币就更加少了，然后用换取的人民币去采购货物，发觉物价还上涨了，而美国客户的价格没变，再换回人民币后发觉利润越来越微薄。

人民币升值对出口企业是最不利的，因为同样的商品要换取美元，再兑换回人民币，而美元却是相对贬值的，如之前10万美元可以换取80万人民币，但现在10万美元只能换取62万人民币。同样的价格，由于人民币的升值，收入却凭空减少了18万人民币。与此同时，人民币的升值反而影响到国内商品的价格，刘老板也不明白，不但自己换回的钱少了，而且货物的采购成本也提高了，这是怎么回事？

一般老百姓只在新闻上听到人民币升值了，觉得钱应该更加值钱了呀，但自己在买商品的时候，发觉钱不但没有值钱，反而不如以前了。原来可以1元钱买1斤白菜，而现在却1元5角买1斤白菜，这样来看自己的钱反而更不值钱了。

这是因为人民币升值，会导致更多的人愿意持有人民币，一般老百姓感觉不到，似乎升那么一点值对自己没什么影响，但是持有大量资金的个人或金融机构对此却是十分敏感，哪怕只是升值那么一小点，他们的财富便可以因此增加或减少很多。比如，一个人拥有80万人民币，他原来可以兑换成10万美元。但现在人民币升值后，他只用62万就可以兑换10万美元，白赚了18万人民币。由于人民币升值的趋势一直高涨，所以未来对人民币的预期更加乐观，认为还会继续升值下去，于是大量的外币机构开始储备人民币。人民币需求越大，人民币的价值就会越来越提高。而大量的人民币必然会涌进中国市场，因为只有中国消费人民币。这样便会在中国造成通货膨胀，使物价上涨，所以人民币升值后对普通老百姓而言，并没得到太多好处，尤其对出口商打击很大，但像富裕的张老板那样喜欢去国外旅游购物的人却比较欢迎人民币升值。总而言之，人民币升值有利也有弊，是一把双刃剑，我们要谨慎而理性地去看待。

●●●●经济学家提醒你●●●●

人民币升值是把双刃剑，运用得好，可以为老百姓带来真正的实惠；而如果运用得不好，则会对国民财富造成很大的伤害。

对普通百姓而言，人民币升值情况下，应该把余钱拿出购买不动产或储蓄人民币。尽管当前可能物价上涨有些不利影响，但人民币升值大趋势不会变，所以应该多储存人民币，尽量使自己变成像张老板一样的富裕之人，就可以享受到人民币升值的快乐了。

通货膨胀：钱不值钱的背后

经常听到别人抱怨挣的钱越来越不够花，房子开始涨价，猪肉开始涨价，鸡蛋也开始涨价，吃菜吃不起，住房住不起，于是人们慨叹：钱越来越不值钱了。这就是经济学上的通货膨胀现象。

从2007年下半年开始，通货膨胀成了人们最热门的话题之一。"粮价涨了，油价涨了，猪肉价涨了，房价更是在涨……"可以说是涨声一片。这让敏感的老百姓渐渐紧张起来，办公室、菜市场、洗手间、公交车、网络论坛……关于涨价的讨论随处可闻。那么，作为普通老百姓，我们该怎样认识通货膨胀呢？

通货膨胀，就是货币相对贬值的意思。说得通俗一点，就是指在短期内钱不值钱了，一定数额的钱不能再买那么多东西了。假如以前，8元钱能买到1斤猪肉，可是现在却需要12元才能买到1斤猪肉。而且这种物价上涨，货币贬值的现象还比较普遍，也就是说，不光是猪肉涨价了，当你环顾四周，看到绝大部分商品的价格都上涨了，这就可以断定通货膨胀确实发生了。

通货膨胀是由于流动性过剩造成的，一般在经济繁荣时期，大量的钱在市场上流动，不管是数量还是流通速度都比平时要快，货币的流动性大大加快。按照通行的经济学规则市场上所需要的货币总额等于市场上所有物品的价格总和除以货币流动速度，当货币总额增多的时候，货币流通速度加快，那么商品的价格就会高涨。这是因为繁荣的经济刺激了居民信心，吸引了资本的介入，使货币增加。

通货膨胀一般分为以下几种类型：

（1）需求拉动型通货膨胀，这是最普遍的一种类型，也是最常见的。大多数通货膨胀是由需求拉动造成的，由于需求过度扩张，导致产品供不应求，物价上涨，货币贬值。比如，房地产行业，在经济上升时期，由于自住房和投机房需求加大从而导致房价上涨，房产业需要的资金比较大，属于经济里的龙头产业，房产的价格上涨往往拉动其他产业，从而导致GDP出现过度需求的局面。关于这个类型的通货膨胀，经济学里有一个经典的故事：

一个人买粮食的时候认为粮食贵了，卖粮食的说，是因为面粉贵了。卖面粉的说，是因为油条和面包贵了。卖油条和面包的说，因为他们要吃猪肉，而猪肉太贵了，他们必须提高价格来增加收入。卖猪肉的说，因为生猪太贵了，所以肉贵。养猪的老大娘说，因为粮食贵了，所以生猪贵了。

这一个过程是循环的，找不到哪个环节是最初的根源，但是肯定是由于需求的过度扩张造成的，一个环节的过度会导致其他环节都提高价格，从而导致整个社会的价格上涨，也许是由于粮食稀缺造成的，也许是由于养猪的少了，但不管怎样，由于需求扩张而产生的物价上升直接带动了相关产业的提价。

（2）成本推动型通货膨胀，这主要是由工资上涨引起的，工资本身具有刚性原则，只上涨不可跌，通常认为工资的降低会挫伤员工的积极性。由于工会力量的强大，工资和福利经常出现被人为拉动到超出社会承担能力的程度，由于发放工资过多导致货币发放超出实际需要，从而造成通货膨胀，这种通货膨胀一般在西方容易出现，因为西方国家的工会属于比较独立的机构，它们只从工人的角度去考虑，不顾提高工资的社会成本，这样容易造成通货膨胀。还有采购成本突然提高，而造成通货膨胀也属于成本推动型，如1973年由于石油输出国联合垄断价格，导致石油价格猛涨，形成了世界性的通货膨胀。

（3）利润拉动型通货膨胀，这主要是由于企业垄断或者是联合定价而导致企业利润增加，货币需求扩大，从而产生通货膨胀。这种通货膨胀是比较少见的，而且也不重要。

三种通货膨胀类型虽然不一样，但是一旦通货膨胀发生时，往往是三种因素共同起作用造成的。原来一个产品只需要1元钱，现在产品没有变，而货币却增加了，一个产品需要2元钱。所以原来的钱就不值钱了，无形之中，你手头的财富缩水了。市场上的钱太多了，这可能是需求增加后，投资增加造成的货币富裕；也可能是利润增长得太快，马上把利润转化成投资投放到市场上；也可能是银行又多放贷了货币。当通货膨胀发生的时候，你挣的工资就得用它的购买力来核算工资的价值。

通货膨胀发生的时候，都是不知不觉的，你明显感觉到物价上升了，这就是通货膨胀了。通货膨胀是有周期性的，一般在经济繁荣的时候出现，然后伴随经济的衰退，出现通货紧缩现象，当需求扩张的时候，供不应求、价格上涨，价格上涨之后就又会供应过度、价格降低、需求下降，货币需求也随之减少，物价低迷、通货紧缩到来。与通货膨胀相反，原来一个产品需要1元钱，现在货币量减少了，也可能是货币流通速度变慢了，因为商品价格总额等于货币量乘以货币流通速度。这时候可能一个产品只需要8角了，物价低迷。

●●●●经济学家提醒你●●●●

通货膨胀原因很复杂，但百姓唯一的感觉就是物价上涨，这也是对百姓最为不利的地方，面对通货膨胀，应该减少消费，积极理财，尽量使财富增值。但通货膨胀往往与通货紧缩是交替出现的，通货紧缩的时候可以增加消费，这时商品都是很便宜的。

次贷危机：金融世界的"大地震"

对于任何一个关心经济领域的人来说，次贷危机这个名词是再熟悉不过了。因为从2007年开始，这个名词就频繁地出现在各种媒体上。次贷危机让强大的美国经济陷入了增速减缓的困境，甚至面临经济危机。在经济全球化的今天，美国经济的变脸牵一发而动全身，让全球众多国家的经济也陷入了危机。在中国，次贷危机也产生了很大的影响，如经济的下滑、通货膨胀、股市的暴跌等，都和次贷危机有关系。那么，什么是次贷危机呢？

次贷危机全称次级房贷危机（subprime lending crisis），是指发生在美国，因为次级抵押贷款机构破产而导致的投资基金被迫关闭，股市震荡反常剧烈的危机。次贷危机造成了全球金融市场流动性不足，包括美国、欧盟、日本等主要金融市场都受其影响。

在美国，按揭贷款有三个层次。第一个层次是优质贷款市场，这个市场面对信用分数在660分以上的优质客户，主要提供传统的15到30年固定利率按揭贷款。第三个层次就是次级贷款市场，针对的是信用分数低于620分，没有收入证明与负债较重的人，主要是提供3到7年的短期贷款。至于第二层次就是"另类A级"抵押贷款市场，主要是提供介乎前两者之间的贷款。

次贷危机的产生，就是由于第三个层次的次级贷款市场出现问题。次级贷款市场面向收入证明缺失、负债较重的人,贷款人可以在没有资金的情况下购房,无需提供资金证明。这表面上来看,贷款银行似乎在做着善事,让那些低收入家庭能够有房可住。事实上,我们不能忘记任何公司都是逐利的,银行也不例外。这些银行推出的都是无本金贷款,3年、5年、7年可调整利率贷款,选择性可调整利率贷款等多种贷款方式。而这些贷款都有一个共同特点,那就是在还款的开头几年,每月的按揭支付很低而且固定,但是等到一定时间之后,还款压力就突然增加。这样做的危险性是显而易见的。但因为银行对资产价格有着极其强烈的上涨预期,而且这样做的利润空间很大,所以,就冒着极大的风险为低收入者提供贷款了。

银行将贷款贷给低收入家庭之后,它本身为了转移风险以及尽快回笼资金,以住房抵押为基础,对次级贷款进行了证券化,将这些贷款发行成债券,即次级债(MBS)。相应的,此类次贷债券的利率也高于普通的债券。因为利率高,于是很多国际投资机构,包括投资银行、对冲基金等都纷纷买入了次级贷款债券。

而投资银行更加富有创新意识,将次级债再次证券化,设计出次级抵押证券(CDO),卖给全球的保险公司和对冲基金。保险公司和对冲基金再次转卖这些次级抵押证券,到了最后,风险已经蔓延到了全球的金融机构。

如果房价能够持续上涨,这样的利益链条是能够保持正常的。但是,从来就没有只升不降的资产价格,当经济进入滞胀,通胀泛滥,资产价格的下跌就无法避免了。从2006年开始,美国楼市开始出现下滑,房价开始下跌,次级贷这个多米诺骨牌随之倒塌,无数家庭无法偿还贷款,大量的违约房产被银行收回拍卖,导致了贷款银行的巨额亏损,投资银行也无法幸免,花旗、美林、瑞银、摩根士丹利等著名投资银行也爆出巨亏。这就是席卷全球的次贷危机了。

随着中国经济和世界经济的联系越来越紧密,次贷危机对中国经济的影响也就非常显著。虽然中国金融机构持有美国次贷金融产品的规模有限，但次贷危机的间接影响不容忽视。

首先，次贷危机造成美国进口需求下降，以及美国政府应对危机而导致的美元大幅贬值，严重恶化了中国出口行业的外部环境。统计显示，2008年上半年中国出口增速比2007年同期放缓5.7个百分点，其中纺织品服装出口额换算成人民币，增幅回落11.6个百分点；部分中小企业尤其是以出口为主的企业生产经营压力加大，全国有6.7万家规模以上中小企业亏损。

其次，由于美联储进入了降息周期，而中国央行在通胀压力下不得不实施从紧货币政策，加剧了人民币相对于美元的升值预期，吸引了大量的国际热钱流入中国套利。大量热钱的涌入一方面造成外汇储备迅猛增长（2008年上半年我国外汇储备新增2806亿美元，总额达1.8万亿美元），强化了人民币升值预期；另一方面加剧了国内流动性泛滥的局面，推动通胀率和资产价格上升。

再次，次贷危机的爆发改变了全球投资者的风险偏好，推动了全球范围内的金融产品价值重估，增加了金融市场的波动性，这也是造成目前中国股市与房地产市场波动性加大的原因之一。

最后，美元贬值推高了全球能源与初级产品价格，这将通过PPI的上涨（我国的PPI从2007年10月份开始上升，到2008年2月份达6.6%，创3年新高），最终传递到中国的CPI。

●●●●经济学家提醒你●●●●

　　美国次贷危机是一场新型的金融危机，其产生的内在机理是金融产品透明度不足、信息不对称，金融风险被逐步转移并放大至投资者。这些风险从住房市场蔓延到信贷市场、资本市场，从金融领域扩展到经济领域，并通过投资渠道和资本渠道从美国波及全球范围。

中国房价：有房才有家

"安得广厦千万间，大庇天下寒士俱欢颜，风雨不动安如山？"

这是杜甫的千古绝唱——《茅屋为秋风所破歌》中的诗句。公元759年暮冬，为避安史之乱，杜甫流亡到成都。次年春天，在友人的帮助下，于风景秀丽的浣花溪畔盖起了一座茅屋。诗人十分喜悦，在这里先后居住4年，留下诗作240余首。公元761年的一个深秋，风雨大作，屋破雨漏，杜甫长夜难眠，遂写下了这一名作。诗人潦倒至极，然而在诗中，依然表现出身处窘困却心念天下黎民的胸怀。让杜甫更没有想到的是，他自伤贫困的一句诗仍是一千多年之后的我们内心的真实写照。

"民以食为天，家以居为先。"住房，是一项基本的生活需求。时至今日，住房问题依然是中国百姓普遍关心的一个严峻话题。特别是进入21世纪以来，人们对于房产的改革，越来越关注，到了街头巷尾无不议论的程度。

1978年9月，城市住宅建设会议在北京召开，改革开放的总设计师邓小平同志说："解决住房问题能不能路子宽些，譬如允许私人建房或者私建公助，分期付款，把私人手中的钱动员出来，国家解决材料，这方面潜力不小。"

党的十一届三中全会召开后，针对住房问题，邓小平同志再一次说："城镇居民个人可以购买房屋，也可以自己盖，不但新房可以出售，老房子也可以出售，可以一次付款，也可以分期付款，10年、15年付清。住宅出售后，房租恐怕要调整，要联系房价调整房租，使人们考虑到买房合算，对低工资的职工要给予补贴。"

1997年，中国的住房改革正式上路。国务院提出建立"以经济适用房为主的多层次住房供应体系"，由此终结了推行几十年的福利分房。紧接着，众多工厂职工掏钱购买自己租住的单位房屋。中国由此飞速进入了"住宅私有化"的时代。大致在2000年，中国房地产市场开始进入"市场化、民营化"的阶段，而房价也踏上了飞速上涨的历程。然而此时，保障性住房并未按照国务院当年的要求，成为城镇住房市场的主体。这导致低收入和高房价的矛盾越来越深，太多的普通百姓陷入到只能看，不能买的境地。

有一种观点讲房价的上涨归结为住房的刚性需求。从马歇尔的《经济学原理》到萨缪尔森、斯蒂格利茨的《经济学》以及中国权威学者所编的经济学教科书，都找不到"刚性需求"这一术语。很显然，这是中国"经济学家"对现代经济学的独特贡献。刚性需求是什么，简单举个例子，中国未来有2亿多农民要成为城里人，他们需要房子，这是刚性需求。因为刚性需求的存在，中国的房价长期肯定就看涨。稍微有点经济学基本常识的人都知道，经济学里所讲的需求，不仅是有效需求、真实需求，而且是在"预算约束下"在一定时间内的需求。而我们的这些经济学家，在谈刚性需求的时候，却把经济学里关于需求的概念忘得一干二净，只讲需求，不讲居民的收入，不讲在什么时间内的需求。

高昂的房价，直接影响到人们的生活。最简单、最直观的一个现象就是，男大当婚，女大当嫁。可是，有多少爱情死于房价？虽然两者之间没有直接关系，但不可否认的是，不管什么时候，结婚总得有住的地方。中国有一个历史悠久的传统，老百姓都讲"盖房子娶媳妇"，在现代化的城市里，这演变成"想买房子结婚"。然而，一套房子的价格对大多数年轻人来说，称得上一个天文数字。再者，人们的生活除住房之外，还有孩子的上学和老人的健康，这两者都需要做很大的储备，人们不可能把钱全都存到房子里。在这样的情况下，人们对保障性住房的渴求就不难理解了。

"社会保障性住房"，是指由政府投资兴建或收购的，限定建设标准、供应对象和销售价格或者租金标准，具有保障性质和特定用途的住房。保障性住房与市场上的商品房相比，一个为了公益，一个为了赢利，有着本质不同。对于老百姓而言，保障性住房的最大特点当然就是便宜、实惠。

实际上，在十多年前的住房改革中，保障性住房就已经被钦定为主角，但由于各种原因，它一直站在中国房地产这个大舞台的边缘。现在，在中国楼市甘当了十多年配角的保障性住房，终于等来了"变换角色"的时刻。

2006年5月，国务院发布《中华人民共和国测绘成果管理条例（修订草案）》，提出六条房产调控纲要，明确重点发展中低价位、中小套型普通商品住房、经济适用住房和廉租住房。2007年8月8日，国务院下达《关于解决城市低收入家庭住房困难的若干意见》，明确提出"进一步建立健全城市廉租住房制度"、"改进和规范经济适用住房制度"以及"逐步改善其他住房困难群体的居住条件"。进入2008年，各地政府推进保障性住房建设的力度进一步加大。这表明，买不起商品房的老百姓，有望借助保障性住房满足自己基本的生活需求，实现并不奢华的住宅梦想。相信随着保障性住房的推广，"广厦千万间，百姓俱欢颜"的梦想，离我们的距离将越来越近。

●●●●经济学家提醒你●●●●

对"衣食住行"四大生活支柱来说，住房显得尤为关键。近十年来，房价一路上涨，已经给百姓生活带来了沉重的负担。现在，国家推广保障性住房，必将逐步缓解"住房难"的问题，从而让更多的百姓实现拥有自主性住房的梦想。

扩大内需：消费就是作贡献吗

王叔是一家外企的高级管理人员，收入丰厚，家庭生活富足。可是，他却常常因两个人的花钱而生气，一个是他的父亲王大爷，另一个是他的儿子王小宝。这生气不是因为别的，是因为父亲的过分节俭和儿子的过度消费。

　　王叔的父亲王大爷是一个十分节俭的人，虽年已七旬，但勤俭的习惯却一直未改。为了节省一点电费，王大爷看电视时从来都不开灯，空调从装上到现在，如果不是王叔去他那里开上一会儿的话，他自己是舍不得开的。当王叔因此而说几句时，王大爷总是说："咱住在二楼这么阴凉，如果再开空调，浪费电不说，凉得也实在让人受不了。"为了防止蚊子咬他，王叔专门给父亲买了一盒蚊香让他记着晚上睡觉前点上。可王大爷总是说："不点也罢。过去在农村，有谁点蚊香。人瞌睡了自然就会睡着，这么大个人还在乎蚊子咬两口？"为了免费理发，王大爷能从城西步行到城东找义务理发摊儿。为了省钱，王大爷不仅坚持自己蒸馒头，而且也很少买菜，常常是逛菜市场时顺便就拣上一些菜回来。王大爷过生日时，王叔说到饭店里去吃顿饭，可王大爷却说："还是在自己家吃实惠，割斤肉，擀点儿面，比饭店吃强多了。"

　　与王大爷形成鲜明对比的是王叔的儿子王小宝。为了玩游戏，硬是让他妈给他买了一台好电脑，游戏光盘一买就是好几盘儿。想弹吉他，就让他妈给买了一把吉他，还专门请了老师教他。到了夏天，王小宝是进门就开空调，冰箱里好点的冰糕都是为他准备的。早上他动不动就要去喝10块钱一碗的羊肉汤。中午和晚上，饭桌上没有肉他是不会动筷子的。就这还不算，双休日王小宝还总要王叔带他去饭店里撮一顿。对此，王叔没有少说儿子，可是王小宝却振振有词："现在提倡消费，国家领导人都说要扩大内需，我们应该响应党的号召，为社会多作贡献。而且，您和我妈的收入也不应该在乎这点支出。"

　　王叔非常矛盾，常因父亲过分的节俭而心疼地责怪他，但对儿子的过度消费虽然生气却又无可奈何。其实，王叔在这里就遇到了一个经济学问题——节俭悖论。

　　18世纪，荷兰的曼德维尔博士在《蜜蜂的寓言》一书中讲过一个有趣的故事。一群蜜蜂为了追求豪华的生活，大肆挥霍，结果这个蜂群很快兴旺发达起来。而后来，由于这群蜜蜂改变了习惯，放弃了奢侈的生活，崇尚节俭，结果却导致了整个蜜蜂群体的衰败。

蜜蜂的故事说的就是"节俭的逻辑"，在经济学上叫"节俭悖论"。在西方经济学说史上，节俭悖论曾经使许多经济学家备感困惑，但经济学家凯恩斯从故事中却看到了刺激消费和增加总需求对经济发展的积极作用，受此启发，他进一步论证了节俭悖论。

凯恩斯是20世纪最有影响的经济学家，一生对西方经济学作出了极大贡献，一度被誉为资本主义的"救星"、"战后繁荣之父"。节俭悖论就是他最早提出的一种理论，也称为"节约反论"、"节约的矛盾"。

如何解读这个悖论呢？我们都知道，节俭是一种美德，是个人积累财富最常用的方式。如果某个家庭能勤俭持家，减少浪费，增加储蓄，那么这个家庭往往可以致富。但是，根据凯恩斯的总需求决定国民收入的理论，节俭对于经济增长并没有什么好处。实际上，这里蕴涵着一个矛盾：公众越节俭，降低消费，增加储蓄，往往会导致社会收入的减少。因为，人们的收入通常有两种用途——消费和储蓄，而消费与储蓄呈反方向变动，即消费增加储蓄就会减少，消费减少储蓄就会增加。所以，储蓄与国民收入呈现反方向变动，储蓄增加国民收入就减少，储蓄减少国民收入就增加。根据这种看法，增加消费减少储蓄会通过增加总需求而引起国民收入增加，就会促进经济繁荣；反之，就会导致经济萧条。由此可以得出一个蕴涵逻辑矛盾的推论：节制消费增加储蓄会增加个人财富，对个人是件好事，但由于会减少国民收入引起萧条，对整个国民经济发展却是件坏事。

节俭悖论告诉我们：节俭减少了支出，迫使厂家削减产量，解雇工人，从而减少了收入，最终减少了储蓄。储蓄为个人致富铺平了道路，然而如果整个国家加大储蓄，将使整个社会陷入萧条和贫困。也就是说，在资源没有得到充分运用、经济没有达到潜在产出的情况下，只有社会每个成员都尽可能多地消费，整个经济才能走出低谷，迈向更加充分就业、经济繁荣的阶段。

凯恩斯还说明了，需求增加所引起的GDP的增加一定高于原来需求的增加。这被称为"乘数效应"。比如说，需求增加了1亿元，但最后GDP的增加一定大于1亿元。这是因为各种物品有互补性，国民经济各部门之间是相关的。比如，富人买别墅花了1亿元，GDP增加了1亿元。住在别墅里一定要有汽车，买车又用了1000万元。买汽车要买汽油、买保险，购买各种服务（使用高速公路、维修等）又要用1000万元。仅就这些支出已达1.2亿元。用于买别墅的1亿元带动了建筑、装修等行业，这些部门的人收入增加，消费增加。用于买汽车和相关物品与劳务支出的1000万元也带动了这些行业的人收入和消费增加。住房和汽车又带动了钢材、水泥、机械等行业。这样一轮一轮带动之下，整个经济GDP的增加肯定不止原来买别墅的1个亿元。在这个过程中，经济发展了，所有的人——无论是作为股东和高管的富人，还是作为管理和技术人员的中等收入者，以及低收入者工人——都会受益。

古老的美德何以成为现代的罪恶？有两点我们必须考虑，它们有助于我们对于问题的理解：一是我们必须永远记住：在经济学中一加一不一定等于二。也就是说，对单独个人有益的事情不一定就对全体有益，在有些情况下，社会成员个人的精明可能是整个社会的愚笨。二是节俭悖论是否成立与经济是否处于萧条的水平相关。在一个古老的社会中，我们总是处在充分就业状态，因此，我们把国民产品越多地用于当前消费，可用于资本形成的产品就越少。如果产出可以确定总是处在其潜在水平，那么传统的节俭理论就是绝对正确的，即从个人和从社会角度来说都是正确的。也就是说，节俭悖论的存在，是有它的社会经济发展的特定条件的，并不是说任何时候都如此。

●●●●经济学家提醒你●●●●

刺激国内消费是必需的，因为只有增加消费量，才能真正拉动经济，提高国家的综合国力。但是，无论如何，消费都应该控制在自己的经济能力和经济条件的范围内，而不是盲目消费，甚至是浪费！

市场经济：消费者与商家的双赢

近几年来，随着经济的不断发展和科技的日益进步，产品更新换代的速度越来越快，市场竞争也越来越激烈，几乎所有行业的所有产品都在降价，从彩电、冰箱到服装、手机、电脑等。降价对消费者来说无疑是好消息，因为消费者可以用更低的价格买到更优质的商品。对生产者而言，降价迫使生产者改善管理，改进生产技术，提高劳动生产率，从而使企业的竞争力增强，使其得以在激烈的竞争中立于不败之地。

从经济学角度讲，上述双赢的经济现象体现的正是"市场是组织经济活动的一种有效方法"这一重要的经济学原理，此原理其实解释的就是市场经济体制在经济活动的组织中的重要性。市场经济与人们生活是息息相关的，因此对于每个人来说，了解这一经济学原理都是至关重要的。人们的日常生活充满了市场经济的影子，国家经济的发展和进步更是离不开市场这一经济组织形式。

那么，市场究竟在经济活动中有什么样的神奇魔力呢？

市场通过价格机制、竞争机制、供求机制等方式来调节经济活动，指引个体决策者作出正确的经济决策，从而实现对资源的最优配置，是一只调节经济的"无形的手"；另外，市场还会在实现资源优化配置的同时，增加社会整体利益。而市场经济则是市场在资源配置中起主导作用和基础作用的经济模式，是一种经济制度。了解市场经济这一重要概念，有利于人们在经济生活中做出更利于自己也更利于社会的选择。

为了更清晰地理解这一重要的经济概念，让我们先看一个平价眼镜超市的例子。

随着眼镜零售行业的竞争越来越激烈，曾经被媒体列为十大暴利行业之一的眼镜行业，其发展面临着重重阻碍。为了吸引更多的顾客，眼镜生产企业不得不改变传统的高价经营模式，开始想尽一切办法降低生产成本，通过"超市"销售的模式来减少销售渠道，同时更加注重眼镜的加工和服务质量。眼镜生产企业的这一策略使顾客得到了更多的实惠，同时也成功地实现了自身利益的最大化。

平价眼镜超市的低价经营策略，正是市场这只"看不见的手"指引和促进的结果，那么市场为什么能够对经济产生如此巨大的影响呢？这是因为市场是依据经济人理性原则而运行的。在市场经济体制中，消费者根据效用最大化原则自主选择购买何种商品，而生产者根据利润最大化原则自主选择生产和销售何种商品。市场根据价格的变动，促使生产者展开激烈的竞争，优胜劣汰，从而实现引导资源向最具效率的方面配置。

市场经济原理告诉人们，物美价廉在生活中随处可见。作为消费者，人们不能片面地认为"便宜没好货，好货不便宜"，而是应该具体问题具体分析，在琳琅满目的商品中选择最实惠的商品，这样才不会错过市场经济带给自己的好处，合理分配自己的每一分钱。作为生产者，明白市场经济的原理之后，应该努力降低生产成本，提高产品质量，进而不断降低产品价格，向消费者提供最物美价廉的产品，在不断让利于消费者的同时，实现自身利益的最大化。

在市场经济的指导下，无论是消费者还是产品生产者，只要对各自的利益作出理性的考虑和选择，都会带来满意的市场结果，实现社会整体利益的最大化和国家的经济繁荣。

市场是组织经济活动的一种有效方法，但是市场也会有失灵的时候。一旦市场失灵的现象出现，短时期内往往不可能具备自我修复的能力。这个时候，政府就要负起责任，采取有效措施干预市场，恢复市场参与主体的信心。

第三章
学经济学不累，用经济学颇爽

——18岁后要懂点牛奶可乐经济学

为什么AA制也让人烦恼

出生小康之家的大伟经常遇到这样的事：几个好朋友在外面吃饭，彼此让着点菜。如果是平时大伟一个人吃，不一定会选择那些很贵的菜，但是在朋友面前，往往会为了"面子"，点的都是那些价格昂贵的菜。每次吃完饭结账时，都会让他暗自心惊。

那么，AA制是不是可以解决这个问题呢？假设大伟和两个好朋友一起去吃西餐，讲好花费三个人平均分担，那么，当大伟点自己的餐饮时，他不太会慷他人之慨地搞"多多益善"。因为，虽然他点的东西有三分之二的花费是由另外两位朋友负担，可是他也要负担整个餐费的三分之一。如果大伟多点的话，朋友就要多负担，即使别人不说出来，大伟心里也会有些不安。反之亦然。

因此，将心比心的结果是每个人点的大概会和自己一个人单独进餐时所点的差不多。三个人也许会有一点儿浪费，但绝不会多。

可是，如果大伟现在是参加聚餐，总共有30个人，花费也是大家平均分担，情况很可能就大不相同了：大伟少点一些，别人只少付三十分之一；大伟多点一些，别人也不过多负担三十分之一。因此大伟又何必当傻瓜，浪费一点又有何妨。人同此心、心同此理的结果是每个人最后所点的会远超过三个人吃饭或自己一个人进餐时所点的。而每个人最后所分担的，也就远远高过自己单独进餐时的花费。

透过AA制这种现象，大伟明显感觉到：在小团体里人数少，彼此观察约束比较容易，所以每个人都比较容易有理有节。当团体变大时，个人的重要性下降，责任感也因而减少，最后呈现出来的往往就是一盘散沙的局面。而且，这种大组织导致的效率低下，在现代生活里几乎随处可见：尖峰时段的塞车（谁都不愿意停在路边休息，让别人先走）、社区鱼池里的一摊死水（反正自己家里的水族箱生气蓬勃）……

这些现象虽然令人难过，但却不令人困惑——这是人多时很自然的现象。对于这些现象，光作"人心不古，世风日下"的感叹，或者作"复兴文化，发扬传统"之类的呼吁没有用。我们真正应该做的是利用经济学知识，了解事情背后的原因，以及各种条件的相关结构，然后再考虑用现有的资源进行调整和改变。

例如，现在大伟再遇到多人聚餐的场合，就会建议约定每个人花费的上限，这样一顿饭下来，就不会出现太大的浪费了。同理，在社区里，大家可以共同出钱雇请专人，在负责安全之外也负责照料鱼池。总之，办法有的是，就看你是不是花时间去思考了。

●●●●经济学家提醒你●●●●

AA制的来源："AA"是英文"Acting Appointment"的缩写。16世纪至17世纪时的荷兰和威尼斯是海上商品贸易和早期资本主义的发迹之地。终日奔波的意大利、荷兰商人们已经衍生出聚时交流信息、散时各付资费的习俗来。因为商人的流动性很强，一个人请别人的客，被请的人说不定这辈子再也碰不到了，为了大家不吃亏，彼此分摊便是最好的选择了。而荷兰人因其精明、凡事都要分清楚，逐渐形成了"let's go dutch"（让我们做荷兰人）的俗语。而幽默的美国人将这句话引申成为"AA制"。

为什么中国人要交漫游费

某电信部门的领导回到当年插队的地方看望老朋友，刚下车他就住进了镇里的一家招待所。经过一路的颠簸，领导身上汗津津的，他便想洗个热水澡。由于招待所条件有限，只有一个公用的澡堂。

领导来到澡堂门口却被一个服务生拦住："先生，您要洗澡的话请先交纳15元的初装费。我们将会为您安装一只喷头。"领导马上一愣，心想这招待所怎么这么宰人！但碍于身份，领导没有发作。他交了钱刚想进去却又被服务生拦住："先生，对不起，为了便于管理，我们的每只喷头都有编号，请您先交纳10元的选号费，选好的号码只供您一人使用。"领导有些生气，但还是交了钱选了"8"号。服务生又说："您选的是个吉利号码，按规定您还得交8元的特别号码附加费。""见鬼！"领导压了压火，说，"那我改成4号。4号也不是什么吉利号码，总用不着交什么特别号码附加费了吧？"服务生说："4号是普通号码，当然不用交特别附加费，但您得交5元的改号

39

费。"领导无奈地摇摇头，心想当年这里的民风是何等淳朴，没想到如今为了赚钱竟如此巧立名目，真是世风日下啊！

领导交了钱后便理直气壮地问："这下我可以进去洗澡了吧？"服务生笑着说："当然可以，您请。"领导瞪了他一眼，踱着步往里走。服务生突然又补充说："对不起，我还得告诉您：由于4号喷头仅供您一人使用，所以不管您是否来洗澡，您每月还要交纳7元5角的月租费。此外您每次洗澡要按每30分钟6元的价格收费。另外，每月交费的时间是20日之前，如果您逾期未交，还要交纳一定的滞纳金……""够了，够了，我不洗了！"领导气坏了，扭头就想走。服务生便问："您真的不洗了吗？"领导声色俱厉地说："对！我永远也不在你们这里洗澡了！"服务生微笑道："如果您不再使用4号喷头了，那您还得交9元8角的销号费。只有这样您以后才能再也不用向我们交纳任何费用了。"领导大怒，和服务生大吵了起来。不一会儿，招待所的经理闻声赶来。领导一见经理来了，便高声嚷嚷着要投诉。经理了解了事情的经过后，笑着对领导说："先生，对不起，也许您还不知道，就像你们电信行业一样，洗澡业在我们这里也是垄断经营的……"领导一听这话，哑口无言。

所谓"垄断"，源于孟子"必求龙断而登之，以左右望而罔市利"这句话，原指站在市集的高地上操纵贸易，后来泛指把持和独占。在资本主义经济里，垄断是指少数资本主义大企业，为了获得高额利润，通过相互协议或联合，对一个或几个部门商品的生产、销售和价格进行操纵和控制。经济学的垄断一般指唯一的卖者在一个或多个市场上，通过一个或多个阶段，面对竞争性的消费者。由于垄断者是其所生产产品的唯一卖者，可以通过控制产品价格，或者产量来最大化自己的利益。

中国的移动公司、联通公司就属于典型的行业垄断。虽然电信业似将实行新的重组，但正如有人所说的"合来合去仍挨宰，分分秒秒搞不清，漫天开价自己定，厘厘毫毫都不放"——无论是合并还是重组，这些运营商们都是不断地靠垄断优势坚守着自己的利益堡垒。现在的漫游费成本几乎为零的知识已经不再是一个秘密，我们的漫游费却一直继续交着。由于这些通信行业的垄断优势，始终没有在市场上形成一个有效的竞争格局，漫游费始终降不下来，更不提最终的取消了。

对于垄断，我们完全可以用亚当·斯密的那一段颇为辛辣的描述来概括："不论是在哪一种商品和制造业，商人的利益在若干方面往往和公众利益不同……一般来说，在于欺骗公众，甚至在于压迫公众。事实上，公众亦常为他们所欺骗所压迫。"

●●●●经济学家提醒你●●●●

一般认为，垄断的基本原因是进入障碍，也就是说，垄断者能在其市场上保持唯一卖者的地位，是因为其他企业不能进入市场并与之竞争。进入障碍的产生垄断的原因有三个：

资源垄断：关键资源由一家企业拥有（如无线电视的配音业）。

政府创造垄断：政府给予一家企业排他性地生产某种产品或劳务的权利。

自然垄断：生产成本是一个生产者比大量生产者更有效率。

为什么会出现天价吉祥号码

在一个偶然的场合下，小高发现手机号码竟然大有玄机，有人竟提出要花千元购买他的手机号，原因就是他的号码中含有多个6，被视为吉祥手机号码。

一个吉祥手机号码价值是多少？重庆一位李先生拥有一个尾数7位都是"8"的手机号，他将这个吉祥手机号码，以22万元天价转让给了一位福建来渝做陶瓷生意的老板。

为什么有人要花天价购买吉祥手机号码呢？据知情人士称，买家几乎全部是生意人，他们不仅仅是因为便于记忆和对吉祥数字的崇拜，更重要的是用来"撑门面"，当然也可当做礼物送人。

正因为吉祥手机号有市场价值，自然成为收藏爱好者的宝贝。李先生称，他从事手机号码收藏已两三年，一共收藏了20多个吉祥号。其中多数号码都是花钱买来的，像尾数为7个"8"的号码，几年前的收购价就超过10万元。此外，尾数为5个"8"和"6"的号码，手头还有好几个。

尾数为5个"8"和尾数为7个"8"的号码，差价多少？李先生称，少了两个"发"，掉价20万。由于尾数为5个"8"或"6"的号码较常见，身价大跌，约在2万元。

"吉祥号码"又称为"个性号码"，是指由于人们的传统观念和个人喜好而产生的对某个或某组数字的崇拜。有人认为这些数字能够给自己带来好运，于是就像我们通常所说的"图腾崇拜"一样，受到人们的青睐。

这些数字往往是由于谐音或传统的思维习惯形成。就像图腾崇拜一样，不同的部落和民族，往往有各自不同的崇拜对象。不同地方的人由于有不同的观念和生活习惯，即使是对同一个号码，也会产生不同的吉祥观念。比如说，我国许多地方都有人认为"8"能给自己带来好运。主要是因为"8"与"发"谐音，常让人联想到"发财"。何人不希望发财呢？于是"8"就受到人们的喜爱。还有"168"作"一路发"解释，"888"是"发发发"的意思，"666"意为"六六大顺"等等。

正是出于对"吉祥号码"的崇拜，我国普遍存在着吉祥号码拍卖的现象。吉祥日子、吉祥时辰早已成为人们迎新嫁娶、开张庆典、签约剪彩等经济活动的首选日子。许多地方也曾经在这些所谓的吉祥日子里出现了交通拥挤异常、喜庆气氛非凡等现象。而带有7、4等数字的号码，则被人们所厌弃。比如带有4的手机号码，往往可以免费赠送，而带有8的号码，则加价卖出。

有人问，这种现象正常吗？从经济学的角度来说，是吉祥号码的需求和供给共同决定了它的高价位，这种供给和需求都是"物以稀为贵"的市场规律的正常表现。

经济学上有个著名的理论：有用的水，不值钱；无用的钻，天上价。水，源源不断，随地可掬，所以不值钱；钻，稀罕物，所以值钱。也有例外，"上甘岭"上一滴水，比生命还珍贵。

聪明人有意消灭多余，牟取暴利。如果世间只剩两张清朝大龙邮票，各值10万元，善贾者必然撕毁一张，另一张不是两枚之和的20万元，而可能是30万、40万元，因为它的唯一性。唯一比稀缺更稀缺，无竞争比价。

资源的稀缺性，有些是天生的，如金子、钻石。有些是衍生的，如中国土地，100年前就是如此大，但人口越来越多，使今天的土地越来越稀缺。有些稀缺可以创造，上海的地铁磁卡，每天大量供应使用，只值票面价格，永远有求必有，无增值可能。但地铁旅游公司发行纪念卡，比如《水浒》人物系列，限量发行1.5万套，凭空创造出一个稀缺资源，求大于供，于是80元面值一套9枚，现在的市面溢价280元。但是出版一部《水浒》充其量平价，可能折价，不可能溢价。因为书可以一版版无限量供应，无稀可言。龙票案例是以毁灭求稀缺，磁卡是创造稀缺以增加文化品种，后者更高明、更有益。

有钱的当资本家，缺钱的当知本家。资本家投资规模；知本家投资稀缺，他们以小博大，且少风险。商战中最大的诱惑是利润，最大的风险是竞争，竞争可能发财，也可能使你血本无归。但是资源的稀缺性具有天然的垄断利润。

虽然吉祥号码的拍卖也许给社会带来一定的负面影响，但是，从经济学的角度来看，它的出现是完全符合经济规律的。

●●●**经济学家提醒你**●●●

稀缺性的概念在经济理论中起着至为重要的作用。瓦尔拉给"社会财富"下定义时说："所谓社会财富，指的是所有稀缺的东西，物质的或非物质的（这里无论指何者都无关紧要），也就是说，它一方面对我们有用，另一方面它可以供给我们使用的数量却是有限的。"

瓦尔拉解释，"有用"是指"能满足我们的某种需要"，而"数量有限"，则意味着有一些东西"存在的数量之多使我们每一个人都感到随手可取，可以完全满足个人的需要"，如空气、水等，这些东西任何人都能随心所欲地获取，称不上是社会财富。只有当它们稀有时，才能被认为是社会财富的一部分。

为什么比尔·盖茨会放弃学业

1973年，比尔·盖茨进入哈佛大学法律系学习，可是他对法律没什么兴趣，反而对计算机情有独钟。19岁那年，盖茨有了创办软件公司的想法，随之而来的就是他要面临一项选择，是继续读书直到拿到很多人梦寐以求的哈佛大学学位证书，还是辍学开办自己的软件公司？

比尔·盖茨热爱学习，顺利完成学业是他的梦想，哈佛大学的毕业证书是他所渴望的，可是，经营自己的软件公司也是他所钟爱的。在经过一番艰难的抉择后，他毅然决定放弃学业，开办软件公司。

事实证明了他的选择是对的，在1999年美国《福布斯》杂志的世界富豪评选中，比尔·盖茨以净资产850亿美元理所当然地登上了榜首。当年的3月27日，比尔·盖茨回母校参加募捐活动时，有记者问他是否愿意继续回哈佛上学，弥补他曾经的遗憾。对此，比尔·盖茨只是微微一笑，没有作出任何回答。不难看出，比尔·盖茨已不愿意为了哈佛的学位证书而放弃自己已有的事业。

这是为什么呢？按照常理，上学是盖茨喜欢的事情，在实现了创办软件公司的愿望后，他完全可以静下心来继续学习，实现他的哈佛梦想。可是他为什么又选择放弃呢？如果从经济学的角度看，这个问题就不再那么令人困惑了。因为，对于当时的盖茨而言，比起放弃学业选择经营公司，放弃经营公司去上学的机会成本更大；而且，他在计算机领域的技术水平已经相当高，上学对他来说得到的利益不可能比他经营公司的利益大，所以他当然会选择机会成本较小、利益较大的一方。

机会成本又称择一成本或替代性成本，是指在经济决策过程中，因选取某一方案而放弃另一方案所付出的代价或丧失的潜在利益。众所周知，有选择就有代价。当你得到一个机会时，你也就失去了另一个机会。而该选择哪个机会，人们则需要通过计算机会成本来加以权衡，即选择一件东西的机会成本是为了得到这件东西所放弃的其他东西的价值。

面对有限的资源，为了能够得到想要的，人们必须选择放弃。

选择有时很容易，但有时却很难，难就难在备选的双方都有多种多样或者不相上下的优势。不过，只要了解了其中的经济学原理——机会成本，人们就会明智地作出最经济、所获利益最大化的选择。

要想对备选方案的经济效益作出正确的判断与评价，必须在作决策前进行分析，将已放弃的方案可能获得的潜在收益作为被选取方案的机会成本计算在内。机会成本并非会计学意义上的成本，而是一个纯粹的经济学概念。从经济学角度来说，人们计算机会成本一般只是为了找到最佳的要素组合，从总体上得到最大的利益。我国也有一个与盖茨类似的不愿意上大学的例子，那就是姚明。姚明同火箭队签订了5年的合同，火箭队付给他的总薪酬是

7000多万美元，加上他平时代理的广告收入，据说他的年收入已超3亿元人民币，但是如果他选择去读大学的话，这些收入很可能都会失去，也就是说，与在NBA打球相比，他选择上大学的机会成本要大得多。

机会成本不仅仅是名人作出选择时才会用到的，人们在日常的生活中，也都会面临各种各样的选择，有选择就需要计算机会成本，因此，这是一个对于任何人都很重要的经济学概念。人们在决策时，经常会比较各个备选项的成本和收益，只有所获利益高于成本，人们才更倾向于采取行动。

●●●●经济学家提醒你●●●●

关于机会成本的概念要点：

（1）机会必须是决策者可选择的项目：机会成本所指的机会必须是决策者可选择的项目，若不是决策者可选择的项目便不属于决策者的机会。例如某农民只会养猪和养鸡，那么养牛就不会是某农民的机会。

（2）机会成本必须是指放弃的机会中收益最高的一个项目：放弃的机会中收益最高的项目才是机会成本，即机会成本不是放弃项目的收益总和。例如某农民只能在养猪、养鸡和养牛中择一从事，若三者的收益关系为养牛＞养猪＞养鸡，则养猪和养鸡的机会成本皆为养牛，而养牛的机会成本仅为养猪。

为什么收入高的人多交税

小林的父母在同一家单位上班，他的妈妈是普通员工，每月实发工资3500元；爸爸是一名经理，每月实发工资5000元。小林父母的收入不同，所交的个人所得税也不同，爸爸每个月要比妈妈多交不少钱，这是为什么呢？

所谓个人所得税，是指国家对本国公民、居住在本国境内的个人的所得和境外个人来源于本国的所得征收的一种所得税。在有些国家，个人所得税是主体税种，在财政收入中占较大比重，对经济亦有较大影响。

为什么收入高的人多交税？原来，税收的一个重要功能就是调节收入差距。其原则是从富人那里多征一点，用于帮助低收入阶层的教育、医疗、市内交通等开支。一般所采取的办法是累进税，按照课税对象数额的大小，规定不同等级的税率。课税对象数额越大，税率越高；课税对象数额越小，税率越低。通俗地讲，就是谁收入越高，谁交的税就越多。

累进税率的形式有全额累进税率和超额累进税率。

（1）全额累进税率简称全累税率，即征税对象的全部数量都按其相应等级的累进税率计算征税额。

采用全额累进税率进行征税，方法简单，易于计算。但在两个级距的临界部位会出现税负增加不合理的情况。例如，某甲月收入1000元，适用税率5%；某乙月收入1001元；适用税率10%。甲应纳税额为50元，乙应纳税额为100.1元。虽然，乙取得的收入只比甲多1元，而要比甲多纳税50元，税负极不合理。这个问题，要用超额累进税率来解决。

（2）超额累进税率简称超累税率，是把征税对象的数额划分为若干等级；对每个等级部分的数额分别规定相应税率，分别计算税额，各级税额之和为应纳税额。超累税率的"超"字，是指征税对象数额超过某一等级时，仅就超过部分，按高一级税率计算征税。

例如，我国个人所得税的起征点原来是1600元，从2008年3月份起是2000元，使用超额累进税率的计算方法如下：

缴税 = 全月应纳税所得额 × 税率 − 速算扣除数

全月应纳税所得额 = （应发工资 − 四金） − 2000

实发工资 = 应发工资 − 四金 − 缴税

以上面所列举的小林的妈妈和爸爸为例，小林的妈妈应缴个人所得税 ＝（3500－2000）×10％－25＝125（元）；小林的爸爸应缴个人所得税＝ （5000－2000）×15％－125＝325（元）。在这里，小林的爸爸比妈妈收入 高1500元，就要多交200元的个人所得税。

累进税率的特点是税基越大，税率越高，税负呈累进趋势。在财政方面， 它使税收收入的增长快于经济的增长，具有更大的弹性；在经济方面，有利于 自动地调节社会总需求的规模，保持经济的相对稳定，被人们称为"自动稳定 器"；在贯彻社会政策方面，它使负担能力大者多负税，负担能力小者少负 税，符合公平原则。累进税的这些优点，决定了其为多国所采用。

● ● ●**经济学家提醒你**● ● ●

收入越多，缴税越多；收入越少，缴税越少。

累进税率的特点是税基越大，税率越高，税负呈累进趋势。在财政方 面，它使税收收入的增长快于经济的增长，具有更大的弹性，为各国所 采用。

为什么缺一个人包不好饺子

过春节吃顿年夜饺子，是每个中国人都熟悉的事。大年三十，大家围坐 在一起，一边包饺子，一边话家常，欢歌笑语，其乐融融。但是今年，家明 的姐姐出嫁了，在家过年的成员少了一个，连包饺子都变成了一件麻烦事。 原来，四口之家自然形成分工：爸爸和面，家明拌馅，家明的姐姐擀皮，妈 妈负责包。由于分工明确，他们家包饺子的效率非常高。往往是晚上一两个 小时之内，包好三五天吃的饺子。然后收拾停当，围坐在电视机前看春节晚会。当新春的钟声敲响，大家吃着热腾腾的饺子，庆祝新年的到来。

为什么缺一个人就包不好饺子呢？原来，在简单的包饺子行为里，蕴涵着"分工协作"这一经济理论。这个理论是亚当·斯密的不朽思想结晶。

说到"经济学之父"亚当·斯密，他有两个最为著名的发现：一是所谓的"看不见的手"；二是所谓的绝对成本论。"看不见的手"强调市场的力量，实行市场经济的国家无须政府过多操心，诸如生产、交换、流通这些看起来很复杂的问题市场会自动调节。"看不见的手"强调在一个国家内部政府对经济活动不要干涉；绝对成本论认为在国际贸易活动中政府也不应当干涉，那就是自由贸易。自由贸易可使贸易双方的福利增加。但这里有个前提，即必须发挥自己的优势，每个国家只有生产自己最具优势的产品参与国际贸易活动，双方才能获利。至今，还有许多国家把绝对成本论作为制定外贸政策的依据。

亚当·斯密的绝对成本论实际上是从推导中得出的。亚当·斯密认为分工可以提高劳动生产率。分工之所以能提高劳动生产率有三个原因：一、分工使劳动专门化，提高了工人的熟练程度；二、分工可以省却工人从一种工作转换到另一种工作的时间，免除因转换工序或工作而造成的损失；三、分工可以使工人因专门从事某项操作而容易改进工具和发明机器，从而使一个人能够完成许多人才能做的工作。

亚当·斯密以针的制造为例进行说明。针的制造共有18道工序，在没有分工的情况下，一名工人每天最多可以制造20枚，但有时可能一枚也造不出来。如果分工生产，则一天可以制造4800枚，劳动生产率可以提高240倍。分工的原则是，人们各自集中生产具有优势的产品，然后用自己的产品交换其所需要的产品，这样可以大大提高劳动生产率，增加各自的福利。

一个人是这样，一个工厂是这样，一个地区是这样，一个国家同样是这样。当分工越出国界时，分工就成了国际分工。亚当·斯密就是从这种简单的推导中得出了他那伟大的绝对成本论。这理论与"看不见的手"共同奠定了亚当·斯密作为伟大经济学家的地位。而这两大理论可以说是市场经济的最基本的理论。

回头看家明家的大年三十包饺子，我们发现，这就是充分利用了分工协作的优势。

包饺子现象说明我们日常忽视的几个问题：伟大的经济理论看起来最平实不过；有时我们会不自觉地运用经济法则做事；分工协作是人类目前所能探索出来的最好的合作方式。无论人与人相处，还是单位与单位相处，还是地区与地区相处，还是国家与国家相处，这是最基本的原则。

●●●**经济学家提醒你**●●●

　　从经济学角度看，要把最合适的人放到最合适的岗位上，让其各尽所能，就是要运用比较优势，让每个人只做自己最专业的工作，不擅长的事情就交给别人完成。

　　无论个人、企业还是国家，只要善于应用"比较优势"，就可以在与别人的竞争和合作中获得对自己来说最大的效用和收益。

为什么广州美食物美价廉

去过广州的人都知道，所谓"美食天堂"，广州的饮食称得上是广州的招牌。饮食界都有"吃在广州"一说。"吃在广州"不仅是指广州美食味道鲜美、品种丰富。还有一个十分重要的方面，那就是，广州的饮食价格比许多城市要便宜很多，是实实在在"物美价廉"！这才是广州美食吸引人的重要原因。

　　几十年来，广州的物价一直是比较高的。经济学中有个"物价指数"的概念，就是指某一时点的总体物价加权，与过去某一时点进行比较，用"物价指数"来表示总体物价水平的变化程度。

　　比如说，买一瓶啤酒，今年要6元，而去年只要5元。那么，我们可以说，啤酒的价格，今年相对于去年的物价指数是120%，上涨了20%。但是，计算整个国民经济的物价指数要比单个商品复杂得多。主要是在选择哪些商品作为样本和每一种样本的权数是多少这两个问题上存在着统计上的困难。但我们可以大致知道的是，物价指数反映的是一个地区或是整个国家国民经济中物价总体水平较以往某个时点的变化程度。据统计，广州这些年来的物价指数是位居全国前列的，比北京还要高。但是，一个出人意料的现象是，在广州，餐饮业的平均水平要比北京低。本来，物价水平比北京高的广州，劳动力价格、食品原料价格等方面都会比北京贵，于是食品的成本也应该比北京贵才对，那么，为什么广州餐饮业的价格却比北京要便宜呢？从经济学的角度来看，这主要得益于广州餐饮业比较成熟的、有规模的市场竞争体系。

　　举个例子：卤水鹅是广州独具特色的菜肴之一，现有A、B、C、D、E五个人有购买欲望。但是，由于他们的饥饿程度、饮食习惯、消费能力等许多方面的不同，他们愿意出的价格也是不一样的。分别为A90元、B80元、C70元、D60元、E40元。而与此同时，有四家卖卤水鹅的店，每家由于生产能力的原因，都只能提供2只卤水鹅。但是，由于他们的店面租金、工人工资、制作工艺等方面的不同，导致了他们愿意出卖的最低价格是甲70元、乙60元、丙50元、丁40元。

　　下面我们来分析，市场上将会以什么价格来交易。假设，如果是以70元每只的价格，那么，甲乙丙丁都愿意把所有的鹅卖掉。于是，市场上有8只鹅的供给。而在A、B、C、D、E这五个人中，只有A、B、C三个人愿意购买。于是会出现供过于求的情况。同理，价格定在60元，一样是供过于求。在自由竞争的市场中，供过于求时，商品价格是会下降的。于是，如果市场价格定为50元，那么，这时候，只有丙、丁两人提供4只卤水鹅，而市场上有A、B、C、D四个人愿意以此价格购买。于是，市场上供给与需求达到平衡。这就是在此市场上卤水鹅应该的价格。而如果以40元的价格出卖，就只有丁能提供2只鹅，而会有A、B、C、D、E这五个需求。供不应求时，价格会上升到50元的平衡点。

由此我们可以清楚地发现，在自由竞争的市场上，似乎有一个组织者，在调节着市场价格，使之在该价格水平下，市场的需求与供给达到平衡。而且，在50元的价格下，A比原来省了40元，B省了30元，C省了20元，D省了10元。消费者总共省下了100元。西方经济学家把这称为"消费者剩余"。而在50元的价格下，丙按原来预定的价格出卖，而丁比原来多赚了10元。西方经济学把这叫做"生产者剩余"。如果把消费者剩余也看成是社会的节余，那么我们说，这总共的110元是所有情况下能够让社会节省最多的价格。这也就是我们经济学中常说的，在实现个人效用最大化的同时，也实现社会效用最大化的道理。我们说，正是广州餐饮业的高度发达，商家们在激烈而有序的竞争中，不断地为广大消费者推出了"物美价廉"的可口美食。

可见，一个成熟、全面的市场体系，不仅能够给厂商，而且能够给消费者带来许多的利益。

●●●●经济学家提醒你●●●●

市场体系是相互联系的各类市场的有机统一体。商品市场、资本市场、劳动力市场是市场体系的最基本内容，是市场体系的三大支柱。

商品市场是指有固定场所、设施，有若干经营者入场经营、分别纳税，由市场经营管理者负责经营物业管理，实行集中、公开交易有形商品的交易场所。

资本市场是指进行长期资本（即股票和债券）交易的市场。长期资本是指还款期限超过1年、用于固定资产投资的公司债务和股东权益——股票。它与调剂政府、公司或金融机构资金余缺的资金市场形成鲜明的对照。

劳动力市场是交换劳动力的场所，即具有劳动能力的劳动者与生产经营中使用劳动力的经济主体之间进行交换的场所，是通过市场配置劳动力的经济关系的总和。

为什么有人只买贵的，不买对的

乐乐家搬进了新房子，打算添置一台电视机。周末，乐乐陪着妈妈逛商场，发现家电市场上差价很大，同样29寸的彩电，有的4000多元，有的2000多元。令人奇怪的是，越是价格高的产品，反而卖得越好。这种现象让乐乐感到很困惑，她曾听爸爸说过，国内家电特别是电视产品质量相差不大。为什么人们选择价格高的呢？如果其他产品的质量不如名牌的，这种选择无可厚非，而在产品质量相同的情况下，这样的选择显然不太合理。

仔细想一下，乐乐遇到的这一状况在不同的场合、不同的领域都可以见到。清华大学的一般毕业生和其他一般高校的拔尖学生比，其水平不一定高，但在人才市场上，用人单位大多选择前者。这种并非由产品质量而是由其他因素引起的排斥现象，就被称为经济领域的歧视。

人们对电视产品的质量的认识，并不是通过实践得来的。电视不像日常低值易耗品那样经常更换，购买一台电视通常要用上几年甚至十几年，因此人们无法积累感性经验。居民的购买行为大多受报纸上公布的评比和调查结果影响，如哪种电视销量最大，哪种电视评比第一，哪种电视寿命最长等。

在人才市场上，由于各校的评分标准不同，用人单位很难根据各校提供的学习成绩单对学生进行评估和比较，只能根据社会对毕业学校的认识和统计结果来选择学生。大量统计资料表明，清华大学毕业生平均生产率比其他一般高校高，因此他们只有选择清华的学生。

当歧视扭曲了某些团体的工作努力和人力资本投资激励的时候，它就特别有害于经济。歧视的损害效果首先表现在商品和劳务的供给者，他们花费同样的成本，生产出同样质量的产品，却无法按同样的价格卖出去，甚至根本卖不出去。

那么歧视对购买者是否有利呢？得出的结论应该是否定的，因为购买者购买同样质量的产品却要花费更多的钱。最为可悲的是绝大多数购买者没有认识到这一点，反而乐此不疲。

商品的歧视迫使被歧视的企业花费大量的精力和费用去做广告，宣传自己的产品，企业的成本大大增加。

虽然企业的品牌建立起来了，但它们的成本都追加到了消费者身上，因此那些名牌彩电能卖得更高。一旦成为名牌，自然就有了名牌的价格，也就有了丰厚的利润。

这就是名牌背后的秘密。

●●●●经济学家提醒你●●●●

品牌是一个非常中性的词汇，并不总是正面的，也有负面的，它是品牌的消费者和经营者共同作用的结果。品牌定义是品牌经营者（主体）和消费者（受众）互相之间心灵的烙印，烙印是美是丑，是深是浅，决定着品牌力量的强弱、品牌资产的多寡和品牌价值的高低。

为什么现在流行捆绑销售

在商场、超市里，我们会经常看到各种各样、五花八门的产品附加赠送活动。这不禁让人困惑，难道精明的商家一夜之间都成为乐善好施的慈善家了吗？

正如有人所说的，经济人中关于经济人和利益最大化的假设是永远存在的，商家的慈善就如同太阳会从西边出来的概率一样——几乎为零。那么这种现象发生的原因是什么呢？原来，这种看似附加赠送的活动其实是一种捆绑销售行为。

从经济学角度来说，捆绑销售是共生营销的一种形式，是指两个或两个以上的品牌或公司在促销过程中进行合作，从而扩大它们的影响力，它作为一种跨行业和跨品牌的新型营销方式，开始被越来越多的企业重视和运用。

捆绑销售的形式主要有以下几种：优惠购买，消费者购买甲产品时，可以用比市场上优惠的价格购买到乙产品；统一价出售，产品甲和产品乙不单独标价，按照捆绑后的统一价出售；统一包装出售，产品甲和产品乙放在同一包装里出售。

对于企业来说，捆绑销售可以逼近帕累托最优。意大利经济学家帕累托认为：如果改变资源的配置已经不可能在不损害任何一个人利益的前提下，而使任何一个人的处境变得比以前要更好，这就意味着社会资源的配置达到了最好状态。共享资源优势互补的捆绑销售可以使联合双方变得比以前更好，使企业资源的配置得到进一步的优化。

就像可口可乐与北京大家宝薯片共同演绎的"绝妙搭配好滋味"促销活动就是绝妙地运用了捆绑销售的营销策略。那么，可口可乐为什么要采取这样的销售方式呢？我们可以这样看，饮料和薯片"捆绑"在一起销售，年轻人在吃薯片的时候，喜欢喝碳酸饮料，薯片降价，自然会促进这种饮料的销售。这是一个成功的案例。如果将可口可乐和另外一种饮料"捆绑"在一起销售，那效果就会适得其反。可口可乐公司成功地利用了消费者习惯进行产品的捆绑，使其与大家宝薯片双方达到共赢。

面对商家形形色色的捆绑销售策略，消费者应该怎么做呢？

采取捆绑销售的商品组合往往比单价要便宜很多，这种热烈的让利氛围很容易让人不知不觉地打开腰包，需要的不需要的东西都买回了一大堆。如果我们买的东西是生活中的必需品，而且是可以长期使用的商品，如果不考虑商品的储藏成本以及货款提前支付成本，我们的这种捆绑消费行为是能够获得一定收益的。但是，商场上很多捆绑销售的东西是把一个近期的产品和一个快到保质期的商品捆绑起来进行销售，通常情况下，我们还没来得及使用就已经过了使用期，结果是白白花了冤枉钱。

所以，对于普通的消费者来说，弄清楚这些捆绑销售里面的学问是很重要的。我们要在商家促销面前保持理性消费，而不要因为一时"头脑发热"后悔莫及。当然，有时商家的促销手段也力图从消费者的真实需求出发，力争和消费者达到共赢，而不是简单地激发消费者的购物冲动。这就要求我们仔细辨别，使自己的消费收益达到最大化而不至于陷入商家的小把戏中。

●●●●经济学家提醒你●●●●

根据市场营销学的观点，按照人们职业、收入、财富和教育水平等变量可以把社会划分成不同的社会阶层。处于一定社会阶层的人，具有特定的行为标准和价值观，其购买需要的层次也是特定的。所以，进行捆绑销售的相互促进，依赖于两个产品都能满足这个需求层次的消费者需求。

为什么餐厅会提供免费续杯

薇薇走在街上，正为晚饭吃什么而发愁时，这时有两家餐厅映入眼帘。这两家餐厅从表面上看档次不相上下，环境都很好，唯一不同的是第一家餐厅的招牌上标示着：本店饮料免费续杯，而第二家店的招牌上什么也没有。这时，薇薇毫不犹豫地进了第一家店。

当薇薇走进提供饮料免费续杯的餐厅时，她不禁在想：为什么这家餐厅会提供饮料免费续杯的服务呢？它提供这种服务的目的真的是为消费者着想，将消费者当做上帝吗？

"民以食为天"，没有人可以不吃饭过日子，所以，不可能有哪一家餐厅能垄断整个餐饮业。为了在激烈的竞争中取胜，餐厅老板们只有绞尽脑汁想对策以保证自己在存活下来的同时还能够获得更多的利润。餐厅提供免费续杯就是在市场竞争日益激烈的情况下餐厅决策者所做的一种策略。那么，在这个策略中，谁是最大的赢家呢？

一般情况下，餐厅里冰茶和苏打水的成本和价格与市场价相差很大，若为顾客提供冰茶和苏打水的免费续杯，经营者其实不会损失什么，然而在消费者眼里，自己已经是占了大便宜。

餐厅提供免费续杯还涉及商品的价值，商品的需求弹性，商品在消费者中边际成本问题。如：一杯"雪碧"的价格由原料、服务、品牌等组成。如果其中的原料的价格比重小于服务和品牌，那么餐厅续杯的可能性就很大；如果顾客对雪碧的需求弹性小，也就是说雪碧从每瓶5元降到每瓶3元，售出的价格变化也不是很大，那么续杯的可能性就更大。顾客对雪碧的边际成本也可以这样理解，为顾客设置一个满足的标准。若设置满足的标准为一杯，也就是说顾客喝一杯基本上就满足了；若设置标准为两杯，那么餐厅续杯的可能性就会很大。

随着人们生活水平的不断提高，就餐顾客的人数也在逐渐增长，餐厅为顾客提供服务的平均成本就会下降，而且餐厅为顾客所做的每一顿膳食所收取的费用都会远远高于这顿饭的边际成本。在经济学中，边际成本就是在任何销售量的水平上所增加的，就像一个单位的销售量所需要增加的员工工资、原材料和燃料等可变成本。所以，只要能吸收来额外的顾客，餐厅的利润就会有所增加。提供免费续杯吸引到的顾客不在少数，因此，无论从哪个角度来说，餐厅都是最后的赢家。

其实，像饮料这一类的商品，不仅需求弹性大，而且边际效用也很高，所以很多餐厅都会为顾客提供免费续杯的服务，在赢得顾客的同时赚取更多的利润。

●●●●经济学家提醒你●●●●

作为商家，追求的都是利润最大化，提供"免费的午餐"一定是为了从其他方面获取更大的利润。

每个人都是经济人，也追求自身利益的最大化，但是，理性人的理性是有限的，在能轻易获得的利益面前容易失去理性。因此应该清醒地提醒自己"天下没有免费的午餐"。

为什么普通大众买不起房

"居者有其房"是生活在现代社会的人们生存保障的最起码的物质需求。房子不是汽车，却和粮食一样，是生活中所必需的，而买房就成为生存所必需的也是最为常见的投资行为。但随着房价越炒越热，随着房价的不断"调控"，普通大众买不起房已经成为现实社会中最为普遍的一种现象。

住房问题一直以来都是人们极为关注的话题，尤其是在社会发展中的今天，大多数人都在为解决自己的住房问题而奔波劳碌。而普通大众买不起房的最主要的原因就是"房价与收入之间的巨大落差"，这也是人们一直耿耿于怀的问题。

为什么在我国的房子越建越多的情况下，却有越来越多的人在喊着买不起房子？在普通大众买不起房子的背后，究竟存在着什么样的原因？这不得不令人疑惑。

一是房价的不断上涨。从企业开发的角度看，房价上涨有它自身的原因：①在对土地进行公开拍卖后，地价高了，"地王"不断，也就是"楼王"不断；②开发的品质提升了，附加值高了；③建材涨价了，钢材、水泥一天一个价；④从土地开始，操作过程中的灰色开支不少，形成了事实上的房价高涨。而最重要的因素是，房地产业的高利润，不赚钱、亏本的买卖谁也不会做。但是，在住房中，高级商品房和普通商品房鱼龙混杂，优劣一个价，这也是老百姓买不起房的原因。

二是房价与预期不对称。房价虽高，但是高房价自有适合它的目标客户。普通大众之所以买不起房子，一方面有收入不稳定的原因；另一方面是自己的预期不对称所致。一位收入不高的大学毕业生，想在市区买房子，除非他的父母是富人，否则光靠他的力量，是不可能完成了。对于一个低收入的家庭来说，买一个70平方米的房子没有什么压力，但是为了面子硬要买一个100多平方米的房子，这样自然会喊买不起。还有的情况是，买市郊的房子基本上没有压力，但要是买市中心的，压力自然会增加。如果你只能买普通商品房，却要买高级住宅，那肯定不合适。在一定程度上，人们买房时应抛弃地域情绪，还要勇于改变生活观念，用时间成本、交通成本换取买房成本。住近郊，可以很宽敞，很轻松。

三是可供选择的住房过少。从社会房价的角度来讲，普通商品房的需求相对来说，确实有点少。因此，要把经济型适用住房的适用人群范围扩大，增加供应的量，很有必要。政府加大市政配套的建设力度也相当关键，在一些偏远地区形成聚居地，要优先解决交通问题、购物问题。这样才能形成有效的引导，也就是把不属于高级商品房的目标人群，从排队买房的群体中解脱出来，才可能从根本上解决问题。炒房没有什么利润可图，卖房也不用那么浮躁，房价问题、民生问题才有可能从根本上缓解。

就现实社会而言，在长期的发展过程中买不起房的人还将是多数。除了上面所述的几个方面之外，还有其他方方面面的原因使普通大众买不起房。

●●●●经济学家提醒你●●●●

房价是指特定时间段内房产的市场价值。国际上公认的房价上的"合理的价格水平"，应该是相当于每户居民3至6年的平均收入。需要指出的是，欧美等发达国家公民用3至6年家庭收入所买到的住房，首先是在人均面积的拥有上要比我们人均30平方米的小康水平要大得多，而且他们所计算的"面积"，都是实实在在的"使用面积"，走廊、阁楼和阳台等都不在计算之列。

为什么会出现8分钱的机票

聪明的中国留学生小朱在欧洲旅行时，准备从巴黎乘飞机飞回伦敦。如果按正常航班来买票，票价是181英镑，这对不太富裕的小朱来说显然有点贵了。于是他仔细搜寻报纸信息，希望能买到最便宜的机票。结果他做到了。你猜最后机票价是多少？他仅用了6.3英镑！但这还不算最便宜的机票，有一次他从比利时飞回伦敦，竟然只花了0.01欧元，合人民币8分钱！小朱后来把这种现象写进自己的畅销书《3000美金，我周游了世界》里。

为什么欧洲的机票能这么便宜？这就要提到一个不容忽视的经济学现象：价格歧视。

超级市场里，顾客出示会员卡或积分券，便能买到便宜货；提前半年通过旅行社预订的机票价格，与即买即走的机票价格相比，可以相差好几倍；日本汽车远销到美国，竟然比在日本本土的售价还要低廉；餐厅里同样的一桌饭菜，如果客人是最近一个星期曾经光顾过的，就可以打个八折；两个学生即使成绩相当，但贫穷学生却可以得到助学金，实际上是缴了较低的学费……

同样的产品、同样的服务，但针对不同的顾客，价格却大不一样，这种现象无处不在。你可以说这是"价格歧视"、"不公平"、"不正当竞争"、"欺骗顾客"、"倾销"，也可以说这是"让利"、"优惠"、"补贴"、"扶持"。但经济分析可以让你识破词语色彩的误导，认识市场定价行为本身的意义。

我们来设想厂商定价的情形。价格如果定得过高，虽然每件产品所赚取的利润大，可是能卖出的产品总数很少，总的利润并不高；反过来，价格如果定得过低，虽然能卖出大量的产品，但由于每件产品所赚取的利润小，总的利润也还是低。

事实上，厂商定价的时候，"价格"的高低并不是主要的研究对象，切中要害的是"总利润"，就是说，必须锁定具体的顾客，根据顾客的需求特点，根据顾客对产品价格的敏感程度，探索一个恰当的价格水平，使得总利润达到最大。否则，价格高，未必赚；客人多，还是未必赚。

欧洲的机票价格变化多端，不要说头等舱、商务舱和经济舱座位标价悬殊，就是相邻的两个座位也照样可以相差一倍，有时候经济舱的座位就比头等舱的还贵！针对这种现象，什么"价值决定价格"理论，什么"成本决定价格"理论，都是根本没有解释力的。除非你引入"剥削"、"欺骗"等概念。但问题其实还是没有得到解释，只是转成了新的问题：为什么"剥削"和"欺骗"偏偏在这里这么盛行？

从需求原理出发的经济分析是这样解释的：航空公司根据各种"线索"，将乘客加以甄别（即"歧视"），根据乘客对飞行服务的不同需求，制定完全不同的价格，从而在不同类别的乘客身上分别实现收益的最大化。

这些"甄别"或"歧视"的线索，可以是顾客自己声明的，比如顾客开口就要头等舱，显然他愿意为了双脚可以伸得稍微长一点，或者为了在那十来个小时里独占一个电视屏幕，或者为了在旅途中喝点好酒而多付很多很多的钱。

请注意！这些尊贵的享受本身，并不足以说明超出的价格。实际上，这些额外的享受本身是次要的，航空公司提供这些服务的目的，是为了以此将那些对价格上涨不敏感的人甄别出来，索取更高的价格。

另外，对于那些不仅临时更改机票，而且不愿意等待后续航班的空位，说走就要走的"要人"们，航空公司还会增收一笔可观的罚款。

还有一些"线索"是顾客不由自主表现出来的，如顾客是否愿意花更多的时间在报纸和旅行社之间搜寻，是否愿意提前两个星期甚至半年预订机票，是否愿意耐心填写"里程奖励计划"的表格并随时留意各种优惠活动等等。航空公司根据这些线索，把"闲人"（也就是时间的成本较低的乘客）甄别出来，用低得多的价格吸引他们，从而创造本来不会发生的营业额，增加公司的总收益。

所以，即使卖8分钱的机票，航空公司也不会亏本；相反，敢卖8分钱的机票，正证明了航空公司的精明。

●●●●经济学家提醒你●●●●

价格弹性：即需求量对价格的弹性，指某一产品价格变动时，该种产品需求量相应变动的灵敏度。而价格弹性分析，就是应用弹性原理，就产品需求量对价格变动的反应程度进行分析、计算、预测、决策。

弹性人群与非弹性人群：哪怕只降价一点点，也会跑到百货商店购买商品的人们，被称为"弹性人群"；因为嫌降价时百货商店太拥挤而不愿去购物的人们，被称为"非弹性人群"。

弹性商品与非弹性商品：不买也无妨的奢侈品就属于弹性商品。生活必需的农产品、其他生活必需品都属于非弹性商品。

对于经销商来说，需要了解其经营商品的价格弹性，这样不仅有助于提升商品促销的投资收益，更有助于在与零售商合作的过程中进行定价决策，帮助他们分析是否应该由自己承担持续的降价的损失以及可能是只对零售商有利的促销费用。

第四章
不是教你诈，是教你不吃亏的学问
——18岁后要懂点博弈经济学

囚徒困境：出卖，还是合作

1950年，数学家塔克任斯坦福大学客座教授，在给一些心理学家作讲演时，他用两个囚犯的故事，将当时专家们正研究的一类博弈论问题，作了形象化的解释。从此以后，类似的博弈问题便有了一个专门名称——"囚徒困境"。借着这个故事和名称，囚徒困境广为人知，在哲学、伦理学、社会学、政治学、经济学乃至生物学等学科中，获得了极为广泛的应用。所谓囚徒困境，大意是这个样子的：

甲、乙两个人一起携枪准备作案，被警察发现抓了起来。警方怀疑，这两个人可能还犯有其他重罪，但没有证据。于是分别进行审讯，为了分化瓦解对方，警方告诉他们，如果主动坦白，可以减轻处罚；顽抗到底，一旦同伙招供，你就要受到严惩。当然，如果两人都坦白，那么所谓"主动交代"也就不那么值钱了，在这种情况下，两人还是要受到严惩，只不过比一人顽抗到底要轻一些。在这种情形下，两个囚犯都可以作出自己的选择：或者供出他的同伙，即与警察合作，从而背叛他的同伙；或者保持沉默，也就是与他的同伙合作，而不是与警察合作。这样就会出现以下几种情况(为了更清楚地说明问题，我们给每种情况设定具体刑期)：

如果两人都不坦白，警察会以非法携带枪支罪而将二人各判刑1年；

如果其中一人招供而另一人不招，坦白者作为证人将不会被起诉，另一人将会被重判15年；

如果两人都招供，则两人都会因罪名各判10年。

这两个囚犯该怎么办呢？是选择互相合作还是互相背叛？从表面上看，他们应该互相合作，保持沉默，因为这样他们俩都能得到最好的结果——只判刑1年。但他们不得不仔细考虑对方可能采取什么选择。问题就这样开始了，甲、乙两个人都十分精明，而且都只关心减少自己的刑期，并不在乎对方被判多少年(人都是有私心的嘛)。

甲会这样推理：假如乙不招，我只要一招供，马上可以获得自由，而不招却要坐牢1年，显然招比不招好；假如乙招了，我若不招，则要坐牢15年，招了只坐10年，显然还是以招认为好。无论乙招与不招，我的最佳选择都是招认。还是招了吧。

自然，乙也同样精明，也会如此推理。

于是两人都作出招供的选择，这对他们个人来说都是最佳的，即最符合他们个体理性的选择。照博弈论的说法，这是本问题的唯一平衡点。只有在这一点上，任何一人单方面改变选择，他只会得到较差的结果。而在别的点，比如两人都拒认的场合，都有一人可以通过单方面改变选择，来减少自己的刑期。

也就是说，对方背叛，你也背叛将会更好些。这意味着，无论对方如何行动，如果你认为对方将合作，你背叛能得到更多；如果你认为对方将背叛，你背叛也能得到更多。你背叛总是好的。这是一个有些让人寒心的结论。

为什么聪明的囚犯，却无法得到最好的结果？两个人都招供，对两个人而言并不是集体最优的选择。无论对哪个人来说，两个人都不招供，要比两个人都招供好得多。

囚徒困境这个问题为我们探讨合作是怎样形成的，提供了极为形象的解说方式，产生不良结局的原因是因为囚犯二人都基于自私的角度开始考虑，这最终导致合作没有产生。陷入囚徒困境的两个人，忠于协议和相互背叛哪个更为优势策略？面对困境，如何共同努力走出来，实现双赢？如何巧妙利用困境，解决棘手的难题？如何制造困境，降低商业的成本？在面对困境时，你应该注意哪些问题呢？

其实，囚徒困境给我们提出了两个问题，第一是人的自私问题，第二是对别人的信心问题。在生活中，囚徒困境可能会随时发生在我们身上，所以，一个很现实的问题，就是如何走出囚徒困境。由于博弈的双方都是想取得一个令自己满意的结果，所以，首先应该要保证自己对对方充满信任是非常重要的。摒除猜疑的想法，建立起一种相互信任的气氛，可以极大地帮助人们走出困境。

1944年的圣诞夜，两个迷了路的美国大兵拖着一个受了伤的兄弟在风雪中敲响了德国西南边境亚尔丁森林中的一栋小木屋的门，它的主人，一个善良的德国女人，轻轻地拉开了门上的插销。

家的温暖在一瞬间拥抱了三个又冷又饿的美国大兵。女主人开始有条不紊地准备着圣诞晚餐，没有丝毫的慌乱与不安，没有丝毫的警惕与敌意。因为她相信自己的直觉：他们只是战场上的敌人，而不是生活中的坏人。美国大兵们静静地坐在炉边烤火，除了燃烧的木柴偶尔发出一两声脆响外，静得几乎可以听见雪花落地的声音。

正在这时候，门又一次被敲响了。站在满心欢喜的女主人面前的，不是来送礼物和祝福的圣诞老人，而是四个同样疲惫不堪的德国士兵。女主人同样用西方人特有的方式告诉她的同胞，这里有几个特殊的客人。今夜，在这栋弥漫着圣诞气息的小木屋里，要么发生一场屠杀，要么一起享用一顿可口的晚餐。在女主人的授意下，德国士兵们垂下枪口，鱼贯进入小木屋，并且顺从地把枪放在墙角。

于是，1944年的圣诞烛火见证了或许是"二战"史上最为奇特的一幕：一名德国士兵慢慢蹲下身去，开始为一名年轻的美国士兵检查腿上的伤口，而后扭过去向自己的上司急速地诉说着什么。人性中善良的温情的一面决定了他们的感觉是奇妙而美好的，没有人担心对方会把自己变成被用来请赏的俘虏。第二天，睡梦中醒来的士兵们在同一张地图上指点着，寻找着回到己方阵地的最佳路线，然后握手告别，沿着相反的方向，消失在白茫茫的林海雪原中。

在上面这个故事中，美国士兵和德国士兵可以说是战争的死敌，但是由于受到客观条件的影响，共同陷入了困境。庆幸的是，他们和女主人一起建立了一种和谐的相处关系，并最终一同走出了困境，令人称奇。

试想一下，如果在这个困境中，双方有一方产生了不和谐的想法，势必会引发杀戮，结果必然是两败俱伤。所以，保持这种和谐信任的关系，是双方的明智之举，而这种关系必须依赖相互信任的态度。

囚徒困境的核心问题在于，一方由于担心对方会出卖自己、不跟自己合作，所以便会为了维护自己的利益而先采取有利于自己的措施。产生这种现象的根源在于，两方当事人事先不能通气，互相不知道对方会做出什么样的选择，完全在猜测中进行决策，自然也就缺乏对对方准确的判断。那么在生活中，如果能够避开这种信息的沟通不畅，就可以很好地合作，得到想不到的效果。

加利福尼亚州有两个互为敌手的商店——美西日用品商店和莱特廉价品商店。它们正好紧挨着，两店的老板是死敌，他们一直进行着没完没了的价格战。

"出售爱尔兰亚麻床单，甚至连有鹰一般眼睛的贝蒂·瑞珀女士都不能找出任何疵点，不信请问她；而这床单的价格又低得可笑，只需 6美元50美分。"

当一个店的橱窗里出现这样的手写告示时每位顾客都会习惯地等另一家廉价品商店的回音。

果然，大约过了两小时，另一家商店的橱窗里出现了这样的告示："瑞珀女士该配副近视眼镜了，我的床单质量一流，只需5美元95美分。"

价格大战的一天就这样开始了。除贴告示以外，两店的老板还经常站在店外尖声对骂，经常发展到拳脚相加，最后总有一方的老板在这场价格战中停止争斗，价格不再下降。骂那个人是疯子，这就意味着那方胜利了。

这时，围观的、路过的还有附近每一个人都会挤入获胜的廉价品商店，将床单和其他物品抢购一空。在这个地区，这两个店的争吵是最激烈的，也是持续时间最长的，因此竟很有名声，住在附近的每个人都从他们的争斗中获益不少，买到了各式各样的"精美"商品。

突然有一天，一个店的老板死了，几天以后，另一个店的老板声称去外地办货，这两家商店都停业了。过了几个星期，两个商店分别来了新老板。他们各自对两个商店前任老板的财产进行了详细的调查。一天检查时，他们发现两店之间有条秘密通道，并且在两商店的楼上两老板住过的套房里发现了一扇连接两套房子的门。新老板很奇怪，后来一了解才知道，这两个死对头竟是兄弟俩。

原来，所有的诅咒、谩骂、威胁以及一切相互间的人身攻击全是在演戏，每场价格战都是装出来的，不管谁战胜谁，最后还是把另一位的一切库存商品与自己的一起卖给顾客。真是绝妙的骗局。

在现实生活中，只要摒除了囚徒困境不通信息的弊端，就可以在知情的情况下做出有利于两方的选择，这也就是所谓的"串谋"。

●●●●经济学家提醒你●●●●

如果你能够在作出决策之前与相关方取得最直接的联系，那么一定要选择双赢的策略，这才是长期合作的战略家眼光；

即便是在不知情的情况下，要相信你的朋友和战友，只有信任才能让同一利益战线上的人不被击垮；

人的本质是自私和自利的，如果你能够很好地利用这一点，便可以变不利为有利，让自己走出困境。

囚徒困境是对生活的简单抽象，不管如何，你一定要做一个掌握主动权的强悍的"囚徒"，让自己成为事情的主宰，这样才不会被对手出卖。

智猪博弈：搭个便车最省力

"搭便车"是经济学中很普遍的名词，它的意思就是不付成本而坐享他人之利。所谓不费力气就能有所收获，这样的便宜事谁不想要呢？博弈论中有个著名的模型叫"智猪博弈"，能够帮助我们理解搭便车行为，这个模型的主角便是我们熟悉的猪：

假设猪圈里有一头大猪、一头小猪。猪圈的一头有猪食槽，另一头安装着控制猪食供应的按钮，按一下按钮会有一定单位的猪食进槽，两头隔得很远。假设两头猪都是理性的猪，也就是说它们都是有着认识和懂得实现自身利益的猪。再假设猪每次按动按钮都会有10个单位的饲料进入猪槽，但是并不是白白得到饲料的，猪在按按钮以及跑到食槽的过程中要付出的劳动会消耗相当于2个单位饲料的能量。此外，当一头猪按了按钮之后再跑回食槽的时候，它吃到的东西比另一头猪要少。也就是说，按按钮的猪不但要消耗2单位饲料的能量，还比等待的那个猪吃得少。

再来看具体的情况，如果大猪去按按钮，小猪等待，大猪能吃到6份饲料，小猪4份，那么大猪消耗掉2份，最后大猪和小猪的收益为4∶4；如果小猪去按按钮，大猪等待，大猪能吃到9份饲料，小猪1份，那么小猪消耗掉2份，最后大猪和小猪的收益为9∶-1；若两头猪同时跑向按钮，那么大猪可以吃到7份饲料，而小猪可以吃到3份饲料，最后大猪和小猪收益为5∶1；最后一种情况就是两头猪都不动，那它们当然都吃不到东西，两头猪的收益就为0。

这些文字的表达比较繁杂，我们用以下的表格来表示。数字就表示不同选择下每头猪能吃到的饲料减去消耗后的纯收益量。

智猪博弈的收益表

大猪/小猪	按按钮	等待
按按钮	5/1	4/4
等待	9/-1	0/0

从这个表格中我们可以看到一个均衡点，那就是大猪按按钮、小猪等待的策略，这个时候，大猪和小猪的净收益都是4个单位的饲料。

而且我们还可以看到的一个奇怪现象就是，如果小猪主动劳动，那么小猪的收益居然是-1，对于小猪来说，这比都躺在那儿还要吃亏，当然小猪是不会干的。也就是说，如果是小猪按动按钮，则大猪会在小猪到达食槽前把食物全部吃光，如果是大猪按动按钮，则大猪到达食槽时只能和小猪抢食剩下的一些残羹冷炙。既然小猪劳动不得食，则小猪不会主动按钮，而大猪为了生存，尽管只能吃到一部分，还是会选择劳动（按按钮）。那么，在两头猪都有智慧的前提下，最终结果是小猪选择等待，只要搭顺风车就可以了。

对于大猪来说，既然小猪有了这个选择，那么大猪就只有两种结果了，要么也不动，那么两头猪就等死了，要是自己去按按钮的话还有4份饲料可以吃。所以，对大猪来说，等待是一种劣势策略。我们已经说过了，假设了大猪和小猪都是理性的智猪，那么当大猪知道小猪不会主动去按按钮的时候，它亲自去动手总比不动要强，因此它会为了自己的利益而主动地奔走于按钮和食槽之间。

结论就是，不管大猪采取什么样的策略，对于小猪来说劳动都是一种劣势策略，因此最开始就可以除掉这种可能。在剔除了小猪按按钮这种方案以后，大猪就只有两种方案可供选择。在这两种策略里面，等待是一种绝对的劣势策略，所以也被剔除掉。所以在剩下的策略里面就只剩下小猪等待、大猪按按钮这个可以供选择的策略了，这就是智猪博弈的最后均衡。

智猪博弈给我们的启示就是：生活中有些事情其实用不着自己费力，不妨找机会搭个便车，又省力又有实惠，这样的美事谁不希望呢？历史上有名的草船借箭的故事，其实讲的就是如何搭便车、吃免费午餐的诀窍：诸葛亮真是一只贪心的"小猪"，让大猪即曹军白费力气却毫无收获，一半的箭沉入了江水，一半的箭白白送给了东吴，而东吴丝毫没有费力气便得了一个大便宜，无异于天上掉下大馅饼，还有比这更好的顺风车吗！这样做"小猪"还真是有智谋、有胃口。

生活中也还有很多这样的例子，比如我们所熟知的名人效应，其实都是搭便车的"小猪"在借"大猪"的力量为自己谋取收益。

TCL为了打造"国产手机第一品牌"的国际化形象，斥巨资1000万元聘请"韩国第一美女"金喜善，并力邀国际级导演张艺谋担纲广告片的拍摄。金喜善美丽、高贵、大方，符合产品本身的特质，同时她的国际化背景和对中国年轻时尚群体的巨大感召力也是TCL品牌可以搭便车的重要因素。在金喜善出演的TCL手机品牌形象的广告中没有一句台词，金喜善只是利用自己的肢体语言和表情表达出她对TCL手机的喜爱和信赖。这部广告片在中央电视台的黄金时段进行了投放，取得了很好的传播效果，TCL"中国手机新形象"的传播语传遍全国。应该说，邀请金喜善的策略对于迅速打响TCL手机品牌而言是正确而有效的。

还有许多企业，看到市场上的龙头企业推出了新的产品而且风靡一时，便立刻模仿跟进，也是一种搭便车的小猪策略。让大猪花费前期的研究开发、市场推广等费用，等市场前景明朗了，自己再跟进就有稳定的收益了。

● ● ●经济学家提醒你● ● ●

在适当的时候，不妨搭个便车，省点力气，吃点免费的午餐，以便达到事半功倍的效果；

在自己是"小猪"的时候，要找准值得跟随的"大猪"，这样才能借力发展自己；

如果你是大猪，不要将事情做绝，要给小猪们留点口粮，才会有对彼此都是最好的结果；

对于小猪来说，既然如果不仔细思考就开始劳动的话却得不到任何的好处，那么，有时候慢一点反倒是好的。

不管你是大猪，还是小猪，你的周围总会充满了各种各样的大猪、小猪，心里盘算着如何让自己获取最大的收益。开动脑筋，让自己更聪明一点，事半功倍地达到想要的结果！

斗鸡博弈：狭路相逢勇者胜

我们都知道狭路相逢勇者胜的古语，事实上，不管是不是勇者，只要身处这种针锋相对的情况，就应该好好研究一下斗鸡博弈的理论，这对于不费力气地击败对手很有借鉴意义。

在斗鸡场上有两只好战的公鸡发生遭遇战，公鸡有两个行动选择：一是退下来；二是进攻。

如果自己退下来，而对方没有退下来，对方获得胜利，这只公鸡则很丢面子；如果对方也退下来双方则打个平手；如果自己没退下来，而对方退下来，自己则胜利，对方则失败；如果两只公鸡都前进，则两败俱伤。因此，对每只公鸡来说，最好的结果是，对方退下来，而自己不退。

从量化的角度来看，不妨假设两只公鸡如果均选择"前进"，结果是两败俱伤，两者的收益是-2个单位，也就是损失为2个单位；如果一方"前进"，另外一方"后退"，前进的公鸡获得1个单位的收益，赢得了面子，而后退的公鸡获得-1的收益或损失1个单位，输掉了面子，但没有两者均"前进"受到的损失大；两者均"后退"，两者均输掉了面子获得-1的收益或1个单位的损失。当然这些数字只是相对的值。

如果博弈有唯一的均衡点，那么这个博弈是可预测的，即这个均衡点就是事先知道的唯一的博弈结果。但是如果博弈有两个或两个以上的均衡点，则无法预测出一个结果来。斗鸡博弈则有两个均衡：一方进另一方退。因此，我们无法预测斗鸡博弈的结果，即不能知道谁进谁退，谁输谁赢。

由此看来，斗鸡博弈描述的是两个强者在对抗冲突的时候，如何能让自己占据优势，力争得到最大收益，确保损失最小。斗鸡博弈中的参与者都是处于势均力敌、剑拔弩张的紧张局势。这就像武侠小说中描写的一样，两个武林顶尖高手在华山之上比拼内力，斗得是难分难解，一旦一方稍有分心，内力衰竭，就会被对方一举击溃。

斗鸡博弈最直接的意义在于揭示了这样一个道理：既然对每只公鸡来说，最好的结果是对方退下来而自己不退，那么如何才能够达到这种"不战而屈人之兵"的效果呢——"不战"不是不采取措施，而是说应该巧妙营造声势，让对手处于不利的地位，那么自然你就是胜者。在生活和工作中，难免会出现你争我夺的情况，这个时候就体现出斗鸡博弈的影响了。谁能够在你进我退之中占领上风，谁将会取得最终的胜利，成为那只赢的斗鸡。

1980年，美国总统竞选的决战是在共和党候选人里根与民主党候选人卡特之间进行，由于二人当时的实力旗鼓相当，因此他们二人展开了美国竞选史上最激烈的争夺战。

当时的卡特是已经当政4年的在职总统，但政绩并不突出，而且内政方面不能令人满意，国内通货膨胀加剧，失业人数猛增。人们对这些有关国计民生的问题十分不满，怨声载道。而这些正好成了里根手中的王牌，他集中火力攻击卡特经济政策失误，并耸人听闻地宣称他要消除"卡特大萧条"。而这时的卡特也抓住广大民众关心的战争与和平问题，指责里根增加防务开支的主张是好战之举。里根与卡特就是这样唇枪舌剑，拳来脚往，双方一时难决雌雄。

20世纪80年代的美国，广播、电视、报纸等大众传播媒介对人们的影响极为广泛。一个人的形象，在美国民众的心中往往占有重要位置，有时甚至直接决定了选民投谁一票。所以，总统选举，与其说是选民在选择候选人的政策纲领，不如说是在品味候选人的性格、智慧、精力、风度。在这方面，里根可以说是占据了得天独厚的优势。

在里根当选共和党总统候选人之后，他当年在好莱坞演过的电影，一下子成了热门，全国各地影剧院、电视台争相放映。这股里根影视热风，无疑替里根做了一次绝好的宣传。人们从影视中看到，当年的里根英俊潇洒、精明强干，而现在仍然生机勃勃、干劲十足，风度不减当年。这给人们留下了一个很好的印象。

在里根影视风兴起的同时，里根还借电视媒体极力展示自己的风采。在与卡特的电视辩论中，里根表现得能言善辩、妙语连珠，而卡特则相形见细、呆板迟钝、结结巴巴。因此在投票之前关键性的一场电视辩论后，民意测验的结果，支持里根的人上升到67%，支持卡特的人下降为30%。1980年11月4日大选结果，里根以绝对优势大获全胜。

里根的胜利，要归功于在他巧妙地利用了大众传播媒介，通过电影、电视、广播等手段，让自己的形象深入民众。在这场斗鸡博弈中，里根成功地把握了进攻的主动，成为了胜利的斗鸡。而卡特则显得捉襟见肘，被里根牵着鼻子走，最终走向失败。

设想一下斗鸡场上有两只公鸡，其中一只雄赳赳、气昂昂，摆出一副久经沙场、无所畏惧的样子，如果另一只公鸡在气焰上短了一筹，自然就被对手的声势给震慑住了，自然节节败退，这就是斗鸡博弈告诉我们的道理：不必针锋相对，大可做一些虚张声势的表面功夫，让对手自己软下去，这才是斗争的最高境界。

有时候，你的对手也不是那么好惹的，万一他是一个"不蒸馒头争口气"的呆子，那么你怎么营造声势都没有用，他不吃这一套，还是会琢磨着怎么拼个鱼死网破，这时候你不妨主动进攻，给他一点颜色看看，让他知道你的厉害不是纸面上的，也不是口头上的，他自然就乖乖地后退了。

一个面带菜色、衣着简朴的小伙子乘坐长途汽车，因为带的杂物太多，被司机训斥后蜷缩在车尾角落里。

车行半路，忽然冒出来几个歹徒持械抢劫，原来他们混在旅客堆里，逃避了司机的注意。这时候，司机已经被凶狠的歹徒用刀顶住脖子，眼见一场面对全体乘客的抢劫就要发生。那个小伙子突然站了起来，大叫一声："给我住手！"然后写了一张纸条递了过去。几个歹徒读罢字条，互相对视片刻，竟然迅速下车逃跑了。

一场风波化险为夷，大家诧异地问小伙子："你是警察？"

"不是。"

"你是军人？"

"也不是。"

"那你怎么这么厉害？"

"老实说，我今天正好带着借来的大笔钱，被他们抢走的话我也只有死路一条，所以只得铤而走险了。我在纸条上写的是：快滚蛋！我是一个持枪在逃犯，惹火了我就杀了你们。"

"横的还是怕不要命的"，"威慑战略"在某些时候还真管用。你给别人的威慑不一定代表你真会那么去做，只是给别人一种震慑力或假象。在生活中采用一些假的威慑，或许可以解决一些难题。恰如在斗鸡博弈中，有一只公鸡气势汹汹地向前迈一步，意味着："小样，你胆子还真不小，等我给你点颜色看看！"这样对手就被吓得屁滚尿流啦！

从科学的角度上来说，斗鸡博弈对人的作用和达尔文生物进化论的观点相一致：在自然界中，到处都存在着一种竞争的法则，在这种竞争法则的作用下，这个世界才显得生机勃勃。如果一个物种失去了竞争，这一物种就会失去活力，死气沉沉而陷入灭种的边缘。如果一只斗鸡永远都不战斗，那么它只会变成一只普通的公鸡，整日在沙地上溜达觅食。所以，如果要成为一只战无不胜的常胜将军，你必须学会让你的对手成为你前进的动力，让你变得越来越强壮。

●●●经济学家提醒你●●●

善于营造声势，不用真刀实枪地战斗，就可以不战而屈人之兵；

获取主动权，勇敢前进一步，将对手打出去；

以退为进，以达到目的为胜利；

用对手鞭策自己，获得更大的进步。

生活永远给予勇者以最丰厚的奖赏，如果你是一只斗志昂扬的斗鸡，那么请鼓起勇气，让自己成为沙场上的常胜将军！

猎鹿博弈：从合作走向共赢

社会学告诉我们，在人类文明之初的原始社会，人们为生的方式主要是狩猎。博弈论中有一个著名的"猎鹿模型"，讲述了两个猎人共同猎鹿的故事。

某一天他们狩猎的时候，看到一头梅花鹿。于是两人商量，只有这两个人齐心协力，都去猎鹿时，才会得到那只鹿。如果猎鹿的时候一只兔子突然在其中一人身边经过，而这个人转而抓兔子，这人会得到兔子，但鹿就跑掉了。两人得到一只鹿的效用远比分别得到一只兔子大。

因此我们可以看到一共有四种方案供选择，每一行都代表一种博弈的结果。具体说来：

$$X, X$$
$$X, 0$$
$$0, X$$
$$1, 1$$

第一行，猎人A和B都抓兔子，结果是猎人A和B都能吃饱4天；

第二行，猎人A抓兔子，猎人B打梅花鹿，结果是猎人A可以吃饱4天，B则一无所获；

第三行，猎人A打梅花鹿，猎人B抓兔子，结果是猎人A一无所获，猎人B可以吃饱4天；

第四行，猎人A和B合作抓捕梅花鹿，结果是两人平分猎物，都可以吃饱10天。

（1）如果双方都选择了猎鹿，效用为1，（猎鹿，猎鹿）具有帕累托最优，为深入合作的最佳结果。

（2）如果双方都选择了猎兔，即双方没有合作，（猎兔，猎兔）称为风险上策（Risk Dominant）均衡。

（3）如果一人选择了猎鹿，而对方选择了猎兔，即对方没有诚信，背叛了原来的协议，则选择猎鹿者将一无所获，选择猎兔者将保证得到一定效用X（0<X<1）。

我们可以看到，在这个博弈中，根据纳什的均衡原理，应用博弈论中的"严格劣势删除法"，可以得到两个比较好的结果，那就是：要么分别打兔子，每人吃饱4天；要么合作，每人吃饱10天。

当然人心是不一定的，最终会采取哪一种策略就不是纳什均衡能决定的了。比较[1，1]和[X，X]两个纳什均衡，明显的事实是，两人一起去猎梅花鹿比各自去抓兔子可以让每个人多吃6天。按照经济学的说法，合作猎鹿的纳什均衡，相对于分头抓兔子的纳什均衡，具有帕累托优势。相比之下，[1，1]不仅有整体福利改进，而且每个人都得到福利改进。

可以看得出来，两个猎人自己单独行动的话是最不利的，得到的结果只能让其中一人吃4天，那么我们从这里就得到这么一个原理，我们不要单独战斗，要学会与他人的合作，一个人的力量不足以让团队都好。

在现代的社会里，一个人做事情能影响的范围十分有限，一个人能调动的资源也屈指可数。想要做出一番大事，必须学会与别人合作。

对于普通人，学会与别人合作，可以相互取长补短，相互协助共同达到目标，实现大家价值的最大化；

对于领导人，与下属不仅是领导关系，更是合作关系——在下属的配合下完成重大任务，协助下属、指导下属完成其力所不及的事情。合作出金，何愁企业不欣欣向荣；

对于企业，与别的企业合作经营，形成资源共享的机制，才能在激烈的竞争中立于不败之地；

对于国家，形成战略合作伙伴关系，才能时刻洞悉世界的变化，实现民族的崛起和国家的富强；

……

合作的重要性不胜枚举，然而可惜的是还是有很多人认识不到这一点，仍然将"自立自强"的品质形而上学起来，固执地认为凡事必须自己来，结果往往在孤军奋战中功亏一篑。

有些人也许会说个人英雄也是存在的，例如电影里常有的那些超人、蜘蛛侠之类的。首先来说，他们是虚构的人物；第二就是他们也不是单独战斗的，每次总是有人给他们做好准备。

一个人的战斗是打不好的，抗战的时候我们还需要有后勤的支援，还需要有人提供各种设备等等。生活中，我们都离不开朋友、家人甚至是陌生人，有时候别人的一个眼神都可以给予你极大的鼓励。人是社会的人，单独的存在是没有意义的，千万不要觉得自己什么都行，想着一个人能解决所有的问题，每个人都不是万能的神。有个笑话说得好，每天这么多人在祈祷，而且祈祷的内容也许刚好相反，万能的上帝也忙不过来了。

每个人都是社会的成员，社会的发展需要我们大伙团结努力，共同推进社会的进步。没有人能主宰世界，我们只有团结起来才能发挥整体的功能，共同创造世界的辉煌。就好比，一个公司要在市场中立于不败之地，就必须团结公司成员的力量，开拓创新，与时俱进，那么这个公司才会不断地发展，不断地壮大。团结的力量就显而易见了。

今天的时代是市场经济时代，市场经济是广泛的交往经济，离不开与各种类型的人合作；今天的时代是竞争的时代，只有选择合作，才能成为最具竞争力的一族；今天的时代是全球一体化的时代，要成为"国际人"，更需要高超的合作能力。没有合作能力，就不可能适应我们这个时代。成功者善于与别人合作，也乐于与别人合作，这样才使得他们发挥出千百倍于自己的能量，成就不一样的伟业。

1904年夏天，美国即将举行世界博览会，有一个制作糕点的小商贩把自己的糕点工具搬到了会展地点路易斯安那州。庆幸的是，他被政府允许在会场的外面出售他的薄饼。

他的薄饼生意实在糟糕，而和他相邻的一位卖冰淇淋的商贩的生意却好得不得了，一会儿工夫就售出了许多冰淇淋，很快他把带来的用来装冰淇淋的小碟子用完了。

心胸宽广的糕饼商贩见状，就把自己的薄饼卷成锥形，让它来盛放冰淇淋。卖冰淇淋的商贩见这个方法可行，便要了大量的薄饼。大量的锥形冰淇淋便进入客商们的手中。但令他们意料不到的是，这种锥形的冰淇淋被客商们看好，而且被评为"世界博览会的真正明星"。

从此，这种锥形冰淇淋开始大行其道，这就是现在的蛋卷冰淇淋。它的发明被人们称为"神来之笔"，有人这样假设，如果两个商铺不靠在一起，那么今天我们能不能吃上蛋卷冰淇淋也很难说。

两个小商贩简单的合作思维竟然为世界创造了如此美味的经典，我们是不是也应当反思一下，自己是否也曾错过了很多只要合作就可以创造奇迹的机会呢？

每个人的能力和时间都是有限的，凡事自己来、完全不靠别人帮助的人是走不了多远的。一根筷子容易被折断，一棵独木也构不成森林。兄弟同心，其利断金。只有学会与他人合作，才能将自己的力量放大千百倍，就像杠杆一样，撬动磐石。

今天的时代要求我们广泛的合作，我们也只能适应时代的要求，没有人能够独自成功；唱独角戏，当独行侠，是不能成大事的。俗话说得好："双拳难敌四手。""三个臭皮匠，顶个诸葛亮。"只有运用合力，善于合作，才有强大的力量，才能把蛋糕做大，把事业做大、做强。这就迫切要求我们每个人都应具有合作能力；合作能力，是指在工作、事业中所需要的协调、协作能力。其突出的特点是指向工作和事业，这正是许多企业、组织极端重视员工的合作能力的原因所在。

●●●●经济学家提醒你●●●●

如果你不想不留痕迹地被消灭，就不要一个人去战斗；

一根筷子易折，但是一把筷子却可以发挥顽强的抵抗力量；

合作出金，如果找到合适的人，那么就一起创造非凡的事业吧；

有首歌词写道：一支竹篙呀，难渡汪洋；海众人划桨哟，开动大帆船；一棵小树呀，弱不禁风雨；百里森林哟，并肩耐岁寒……从这首歌里，我们不仅要学会怎么去唱，更要学会它的哲学原理。一只手拥抱不了成功，借助他人的力量，把他人的力量变成自己的左膀右臂助你完成要进行的事业才是成功者的决定。合作是聪明人最明智的选择！

协和谬误：放弃沉没的成本

假设你是一家科学仪器公司的总裁，正在进行一个新的仪器开发项目。据你所知，另外一家科学仪器公司已经开发出了类似的仪器。通过那家公司的仪器在市场上的销售情况可以预计，如果继续进行这个项目，公司有将近90％的可能性损失500万元，有将近10％的可能性盈利2500万。到目前为止，项目刚刚启动，还没花费什么钱。从现阶段到产品真正研制成功能够投放市场还需耗资50万。你会把这个项目坚持下去还是现在放弃？

有10％的可能性会盈利2500万，有90％的可能性会损失500万，而且该项目还没有任何投资。正常人会选择放弃。

让我们再来看下面这道题：你同样是这家科学仪器公司的总裁，对于这个新的仪器开发项目，你们已经投入了500万元，只要再投50万，产品就可以研制成功、正式上市了。成败的概率与上述案例相同，你会把这个项目坚持下去还是放弃？

除了你已经投入500万之外，第2个问题与前1个问题是完全一样的。假如你已经懂得了沉没成本误区，你对以上的2道题应该会作出一致的决定。

但是把这两道题分别给老板们做，那些企业老总们绝大多数对第2题的回答是"坚持继续投资"。他们认为已经投了500万，再怎么样也要继续试试看，说不定运气好可以收回这个成本。殊不知，为了这已经沉没的500万，他们将有90%的可能非但收不回原有投资，还会再赔上50万啊。

在经济学上，我们把那些已经发生、不可回收的支出，如时间、金钱、精力，称为"沉没成本"。这个意思就是说，你在正式完成交易之前投入的成本，一旦交易不成，就会白白损失掉。从理性的角度来说，沉没成本不应该影响我们的决策，然而，挽回成本的心理作用往往在博弈中让人作出非理性的决策，从而导致更大损失。博弈论专家经常将这种困境中的博弈称为"协和谬误"。

举个简单的例子就可以看出来协和谬误的危害有多么大：假设你买进一只股票，股价下跌；于是你又在这个价位买进(股民称此为"摊平")，可是它又下跌……你再次购买的本意是减少损失，可是却越陷越深！

对于协和谬误的博弈来说，在没有100%胜算的把握下，及早退出是明智的选择。如果你不及时收脚回来，那你可能血本无归！

20世纪60年代，英国和法国政府联合投资开发大型超音速客机，即协和飞机。开发一种新型商用飞机简直可以说是一场豪赌。单是设计一个新引擎的成本就可能高达数亿美元，想开发更新更好的飞机，实际上等于把公司作为赌注押上去。难怪政府会被牵涉进去，竭力要为本国企业谋求更大的市场。

该种飞机机身大，设计豪华并且速度快。但是，英法政府发现：继续投资开发这样的机型，花费会急剧增加，但这样的设计定位能否适应市场还不知道；而停止研制将使以前的投资付诸东流。随着研制工作的深入，他们更是无法作出停止研制工作的决定。协和飞机最终研制成功，但因飞机的缺陷(如耗油大、噪音大、污染严重等等)，成本太高，不适合市场竞争，最终被市场淘汰，英法政府为此蒙受很大的损失。在这个研制过程中，如果英法政府能及早放弃飞机的开发工作，会使损失减少，但他们没能做到。

后来，英国和法国航空公司宣布协和飞机退出民航市场，才算是从这个无底洞中脱身。这也是"壮士断腕"的无奈之举。

无独有偶，在中国的航空工业历史上，也发生过类似的例子。

中国航空工业第一集团公司在2000年8月决定今后民用飞机不再发展干线飞机，而转向发展支线飞机。这一决策立刻引起广泛争议。

该公司与美国麦道公司于1992年签订合同合作生产MD90干线飞机。1997年项目全面展开，1999年双方合作制造的首架飞机成功试飞，2000年第二架飞机再次成功试飞。

就在此时，MD90项目下马了。在各种支持或反对的声浪中，讨论的角度不外乎两大方面：一是基于中国航空工业的战略发展，二是基于项目的经济因素考虑。在这里不想就前一角度展开讨论，只有航空专家才在这方面最有发言权。单从经济角度看，干线项目上马、下马之争可以说为沉没成本提供了最好的案例。

许多人反对干线飞机项目下马的一个重要理由就是，该项目已经投入数十亿元巨资，上万人倾力奉献，耗时六载，在终尝胜果之际下马造成的损失实在太大了。这种痛苦的心情可以理解，但丝毫不构成该项目应该上马的理由，因为不管该项目已经投入了多少人力、物力、财力，对于上下马的决策而言，其实都是无法挽回的沉没成本。

事实上，干线项目下马完全是"前景堪忧"使然。从销路看，原打算生产150架飞机，到1992年首次签约时定为40架，后又于1994年降至20架，并约定由中方认购。但民航只同意购买5架，其余15架没有着落。可想而知，在没有市场的情况下，继续进行该项目会有怎样的未来收益？

然而就是这个已经沉没了的成本，却还让许多不明就里的人难以割舍。他们把它当做"鸡肋"，食之无味而又弃之可惜。实际上这些人不明白：沉没成本永远是决策的非相关成本，与其相伴随的机会成本才是决策相关成本，需要在决策时予以考虑。

沉没成本和机会成本之所以会对决策产生这样微妙的作用，原因就在于机会成本不是现实的成本，是隐性的，而沉没成本却是实实在在的，让人有一种"割肉"的痛楚。成本沉没在水里着实令人感到可惜，然而伤心懊悔不是于事无补吗？还不如适时放弃，抓紧时间，创造更多的价值出来。

协和谬误给我们的直接警示就是，在投资时应该注意：如果发现是一项错误的投资，就应该立刻悬崖勒马，尽早回头，切不可因为顾及沉没成本，错上加错。事实上，这种为了追回沉没成本而继续追加投资导致最终损失更多的例子比比皆是。许多公司在明知项目前景暗淡的情况下，依然苦苦维持该项目，原因仅仅是因为他们在该项目上已经投入了大量的资金（沉没成本）。

摩托罗拉的铱星项目就是沉没成本谬误的一个典型例子。摩托罗拉为这个项目投入了大量的成本，后来发现这个项目并不像当初想象的那样乐观。可是，公司的决策者一直觉得已经在这个项目上投入了那么多，不能半途而废，所以仍苦苦支撑。但是后来事实证明这个项目是没有前途的，所以最后摩托罗拉只能忍痛接受了这个事实，彻底结束了铱星项目，并为此损失了大量的人力、财力和物力。

现实经济中，陷入协和谬误困境的投资项目比比皆是，投资过半，行情却急转直下。到底是继续投资还是决然退出，总是令投资决策者左右为难。

实际上，一个理性的经济人在作出决策的时候，总是要涉及沉没成本和机会成本。然而现实中往往由于决策者思维的错位，将这两种成本相混淆，反而作出了不利的选择。

走出协和谬误的怪圈其实并不难，只要你敢于放弃，有胆量、有勇气经历失败，不要为打翻的牛奶哭泣，对不可追求的东西要及时放手，做一个敢于放弃的聪明人。

在一次关于生活艺术的演讲中，教授拿起一个装着水的杯子，问在座的听众："猜猜看，这个杯子有多重？"

"50克"、"100克"、"125克"……大家纷纷回答。

"我也不知有多重，但可以肯定人拿着它一点不会觉得累。"教授说，"现在，我的问题是：如果我这样拿着几分钟，结果会怎样？"

"不会有什么。"大家回答。

"那好。如果像这样拿着，持续一个小时。那又会怎样？"教授再次发问。

"胳膊会有点酸痛。"一名听众回答。

"说得对。如果我这样拿着一整天呢？"

"那胳膊肯定变得麻木，说不定肌肉会痉挛，到时免不了要到医院跑一趟。"另外一名听众大胆说道。

"很好。在我手拿杯子期间，不论时间长短，杯子的重量会发生变化吗？"

"没有。"

"那么拿杯子的胳膊为什么会酸痛呢？肌肉为什么可能痉挛呢？"教授顿了顿又问道，"我不想让胳膊发酸、肌肉痉挛，那该怎么做？"

"很简单呀。您应该把杯子放下。"一名听众回答。

"正是，"教授说道，"其实，生活中的问题有时就像我手里的杯子。我们埋在心里几分钟没有关系。如果长时间地想着它不放，它就可能侵蚀你的心力。日积月累，你的精神可能会濒于崩溃。那时你就什么事也干不了了。"

教授这番话的另一层含义是，如果你手中的成本正在逐渐增加，你越来越感到吃力的话，你应该及时放弃。否则，你的身心将被拖垮。选择放弃很难受，但是不放弃，则更加痛苦。

●●●**经济学家提醒你**●●●

做事情时不要用沉没成本来衡量，不要因为做了，而继续做下去；

该放手时就放手，不要踏上不归路，放弃也是成功的必修课；

不要因已经付出的成本影响对未来的决策；

沉没成本，就像是沉没在冰山之间的泰坦尼克一样，如果你不放弃它，就会跟它一起沉没。不要奢望你能够打捞起已经沉没下去的成本，放弃包袱，重新上路，你会看到崭新的明天正在扬帆起航！

蛋糕博弈，讨价还价智慧大

有一家外企招聘员工面试时出了这样一道题：要求应聘者把一盒蛋糕切成八份，分给八个人，但蛋糕盒里还必须留有一份。

面对这样的怪题，有些应聘者绞尽脑汁也无法完成；而有些应聘者却感到此题很简单，把切成的八份蛋糕先拿出七份分给七个人，剩下的一份连蛋糕盒一起分给第八个人。应聘者的创造性思维能力从这道题中就显而易见了。

这个问题就是著名的蛋糕博弈，也就是分配问题。分蛋糕的故事在很多领域都有应用。无论在日常生活、商界还是在国际政坛，有关各方经常需要讨价还价或者评判对总收益如何分配，这个总收益其实就是一块大蛋糕。

这块大蛋糕如何分配呢？我们知道最可能实现一半对一半的公平分配的

方案，是让一方把蛋糕切成两份，而让另一方先挑选。在这种制度设置之下，如果切得不公平，得益的必定是先挑选的一方。所以负责切蛋糕的一方就得把蛋糕切得公平，才能让博弈的双方都满意。

但是，这个方案极有可能是无法保证公平的，因为人们容易想象切蛋糕的一方可能技术不老到或不小心切得不一样大，从而不切蛋糕的一方得到比较大的一半的机会增加。按照这样的想象，谁都不愿意做切蛋糕的一方。虽然双方都希望对方切、自己先挑，但是真正僵持的时间不会太长，因为僵持时间的损失很快就会比坚持不切而挑可能得到的好处大。也就是说，僵持的结果会得不偿失，会出现收益缩水的现象。

对于处于蛋糕博弈局面的人来说，无非就两种选择：第一是将现有的蛋糕分配得尽量公平，让大家满意；第二就是想办法将蛋糕"做大"，让每个人都能分到更多的蛋糕，大家就都满意了。

在分蛋糕的过程中，一定要注意讨价还价，千万不要让自己应得的利益白白被别人侵占。这就需要动用智慧，维护自己的权利和利益。台湾著名作家刘墉在《我不是教你诈》中讲了这样一个故事：

从乡下的老房，搬进台北的高楼，小李真是兴奋极了。楼高十八层，小李住十七楼，站在阳台上，正好远眺市中心的十里红尘。唯一美中不足的是小李那十几盆花。阳台朝北，不适合种。适合种的是东侧，却只有窗，没阳台。

"何不钉个花架呢？什么都解决了！"有朋友建议，并介绍了专门制作花架的张老板给小李。

只是自从订做了花架，虽然还没有钉上去，小李却一直做噩梦。梦见花架钉得不牢，花盆又重，突然垮了下去，直落十七层楼，正好落到路人的头上，当场脑浆四溅……

小李满身冷汗地惊醒，走到窗前，把头伸出去往下看。深夜两点了，居然还人来人往，热闹非常。想想！这时候花盆掉下去，都得砸死人。要是大白天出了事，还不得死一堆？

想到这儿，小李打了个寒战。可是花架已经订做了，花盆又没处放，看样子，是非钉不可了。

钉花架的那天，小李特别请假，在家监工。

张老板果然是老手，十七层的高楼，他一脚就伸出窗外，四平八稳地骑在窗口。再叫徒弟把花架伸出去，从嘴里吐出钢钉往墙上钉。

张老板活像变魔术似的，不知道嘴里事先含了多少钉子，只见他一伸手就是一颗，也不晓得钉了多少。突然他跳进窗内：

"成了，你可以放花盆了。"

"这么快！够结实吗？花盆很重的！"小李不放心地问。

"笑话！我们三个人站上去跳，都撑得住，保证20年不是问题，出了问题找我。"张老板豪爽地拍拍胸口。

"这可是你说的。"小李马上找了张纸，又递了纸笔给张老板，"麻烦你写下来，签个名。"

"什么？你要……"张老板好像不相信自己的耳朵。可是，看小李一脸严肃的样子，又不好不写，正犹豫，小李说话了：

"如果你不敢写，就表示不结实。这样掉下去，可是人命关天，不结实的东西，我是不敢收的。"

"好！我写，我写。"张老板勉强地写了保证书，搁下笔，对徒弟一瞪眼，"把家伙拿出来，出去！再多钉几根长钉子，出了事，咱可要吃不了兜着走了。"

说完，师徒二人又足足忙活了半个多钟头，检查再检查，才气喘吁吁地离去。

故事中的小李考虑到了一点，就是未来很可能出现花架不结实的问题，于是他抓住了张老板的一句话，在自己还能和他讨价还价的时候，达成了协议，从而保护了自己的利益，避免未来可能存在的质量问题。保护自己讨价还价的能力，就是保护自己的利益。在生活中，这一点尤为重要。如果你是买家，你的优势策略就是等验完商品再付款；如果你是卖家，就应该争取对方先支付部分货款再交货。总之，一定要牢牢保护好自己的利益，千万不能让属于自己的蛋糕被别人分走！

从另一个角度来看，社会总是在变化的，如果你总是固守着属于自己的蛋糕，那么可能等着等着你的蛋糕就变馊了；或者你待在原地不动以为自己拿了铁饭碗，可能到头来你只能拿着可怜的口粮，眼巴巴地看着别人获得更好的收益。如果你想与时俱进，就得学会将自己的蛋糕做大。

娃哈哈品牌多年来产销量一直位居全国第一，其总产量约占全国同行业总份额的18%，从国际通行标准来说，这样的份额基本上是属于"垄断性占有率"。市场人士称之为娃哈哈的"赢家通吃"现象。

娃哈哈最初进入市场时，面临着大量的竞争对手，但是娃哈哈并没有被这些已有的对手击垮，反而后来者居上。在残酷尖锐的竞争中，娃哈哈凭借其精确的产品定位、有效的品牌延伸，终于从根本上提高了自己的现代化生产能力和生产水平，使娃哈哈具有了和国内外企业全面抗衡的强大实力。

做大以后，娃哈哈时刻不忘巩固自己的优势地位，不失时机进行了品牌延伸，使产品品牌上升为了企业品牌。通过品牌延伸，娃哈哈已经推出了30多个系列产品，它们都已成为拳头产品，极大地提高了娃哈哈的市场占有率。

对于企业来说，如果不想在激烈的市场竞争中被淘汰，如果想在市场蛋糕的分配中占据最有发言权的一席之地，只有通过做大做强，才能获得更多的资源与优势，进而形成规模优势，为进一步发展壮大奠定坚实的基础。只有将自己的蛋糕做大，才能避免僧多粥少的尴尬局面。

对于很多小企业来说，一开始根本就不是分蛋糕的问题，而是没有蛋糕可以分，所以需要尽快做出属于自己的蛋糕来，然后再下工夫将蛋糕做大，这样才能实现一个企业的成长、强大之路。

如今"美特斯·邦威"已经成为了年轻一代的时尚品牌，它的创建人周成建在一开始的时候花费了很多的精力考虑它的名字，起初不过是想借一个时尚的名字吸引年轻人的眼球，不过"美特斯·邦威"确实成功了。如今的"美特斯·邦威"已经成为了全国大型服装业中的一员。

在"美特斯·邦威"的成长历程中，周成建为了专卖店的跨越式发展，考虑了很多策略，如率先采取了将经营品牌与销售相分开、采取特许连锁经营策略、共担风险、实现双赢，使"美特斯·邦威"这个品牌在广东、上海等大城市中占据了一席之地。"借鸡下蛋"和"借网捕鱼"的服装产业供应链就这么搭建起来了。周成建说他在创业初期，也没有制定过特别的营销策略，不过是想尽方法实干一番。也许正是他这种先做的策略，让他在不断地摸索中找到了适合自己企业生存的方式。

提及"美特斯·邦威"的成功，很多人认为是它赶上了市场经济的好的发展时期。周成建对此没有做过多反驳，他认为：邦威发展到如今，不能单纯地归为偶然或者必然。只要你敢做自己敢想的事情，并努力去实现的话，你就一定可以成功。很多人也认为他品牌的名字起得好，属于天时地利人和。因为"美特斯·邦威"的含义是创造美丽独特的产品、品牌、企业文化，扬国邦之威。可是周成建的回答是：这个含义也是当"美特斯·邦威"的成绩取得以后才对媒体发布的。

"美特斯·邦威"正是凭借自己的实力才在服装界打出一番自己的天地，而不是凭借大张旗鼓的宣传，或者依靠亮丽抢眼的名字去市场中浑水摸鱼。不管未来的不确定性有多大，有想法就要立刻付诸行动，而不要只付诸语言。这样才能打下坚实的基础，铸就事业的平台。"美特斯·邦威"正是经历了从无到有、从小到大的发展历程，这种奋斗的精神，也是值得很多小企业学习的地方。

●●●●经济学家提醒你●●●●

不患寡而患不均，千万不要因为利益分配的失衡而失掉人心；

与其守着一块小蛋糕等着分配，不如另谋出路，为自己做一块更大的蛋糕。

做大做强并不是一句空洞的口号，而需要忍耐常人所不能忍的苦难，付出超出常人的努力和汗水，才可能实现飞跃。蛋糕也好，利益也罢，请永远记住，守护自己应得的，并为更好的去奋斗！

信息博弈：买的不如卖的精

一个古董商发现一个人用珍贵的茶碟做猫食碗，于是假装对这只猫十分喜爱，要从主人手里买下。猫主人不卖，为此古董商出了大价钱。成交之后，古董商装作不在意地说："这个碟子它已经用惯了，就一块送给我吧。"猫主人不干了："你知道用这个碟子，我已经卖出多少只猫了？"这就是一个"信息博弈"的例子。古董商掌握"碟子是古董"这个信息，他认为猫主人不知道，这种"信息不对称"对他有利。可他万万没想到，猫主人不但知道，而且利用了他"认为对方不知道"的错误大赚了一笔。

信息是博弈论中重要的内容。从知识的拥有程度来看，博弈分为完全信息博弈和不完全信息博弈。完全信息博弈是指参与者对所有参与者的策略空间及策略组合下的支付有"完全的了解"，否则是不完全信息博弈。严格地讲，完全信息博弈是指参与者的策略空间及策略组合下的支付，是博弈中所有参与者的"公共知识"的博弈。对于不完全信息博弈，参与者所做的是努力使自己利益最大化。

和上文中买猫的古董商一样，信息不对称造成的劣势，几乎是每个人都要面临的困境。谁都不是全知全觉，那么怎么办？首先，为了避免这样的困境，我们应该在行动之前，尽可能掌握有关信息。人类的知识、经验等，都是这样的"信息库"。古诗有云："不识庐山真面目，只缘身在此山中。"这句诗，影射出信息博弈中的一种常见情况，就是在博弈中，往往会出现某一方所知道的信息而对方不知道的情况，这种信息就是拥有信息一方的私有信息。正是有这种私有信息的存在，才会出现信息不对称的现象，从而导致博弈双方一个占优，一个占劣。

1830年，法国侵略阿尔及利亚。经过多年战争，法国于1905年占领阿尔及利亚全境。在后来的五六十年间，阿尔及利亚人民奋起反抗，要求独立。法国政府为了镇压阿尔及利亚人民的反抗，派去了不少军队，动用了不少财力和物力。

20世纪60年代初，法国在阿尔及利亚的战争泥潭中越陷越深，总统戴高乐决定同阿尔及利亚人谈判，以便尽快结束战争。然而，驻守在阿尔及利亚的殖民军军官们却密谋发动政变，以阻止戴高乐的和平计划。为瓦解兵变，戴高乐以慰问为名义，向驻守在阿尔及利亚的军人发了几千架晶体管收音机，供士兵收听。这个做法得到了军官们的肯定，他们认为这并非是件坏事。

然而，就在正式会谈开始的那天夜里，收音机里传来了戴高乐总统的声音："士兵们，你们面临着忠于谁的抉择。我就是法兰西，就是它命运的工具，跟我走，服从我的命令……"这声音，这语气，跟当年戴高乐流亡国外，号召法国人民反击德国法西斯时的声音一样。过去他们跟着戴高乐，取得了反法西斯战争的胜利，今天还能有别的选择吗？于是，大部分士兵已经发现事态的真相，都开了小差，整个兵营变得空空荡荡。军官们只好放弃兵变的图谋。

由于博弈双方对信息的掌握通常是不对称的，获得信息优势的人会占据上风，他可以通过披露信息的方式来改变双发的资源配置情况，从而实现影响博弈的结果。戴高乐正是通过披露信息，不费一枪一弹便成功地控制了局面，赢得了政治上的一大胜利。

信息传递不光是一门科学，甚至已经成为了一种博弈智慧。如何获得信息、利用信息，是决策者进行博弈决策的一个关键。如果能把信息准确快速地传递出去，就可能为自己赢得成功的机会，反之，如果传递的是错误信息，就会导致失败。

据说美军在1910年一次部队的命令传递中闹了很大的笑话。

一天，营长对值班军官说："明晚大约八点钟左右，哈雷彗星将可能在这个地区看到，这颗彗星每隔76年才能看见一次。命令所有士兵着野战服在操场上集合，我将向他们解释这一罕见的现象；如果下雨的话，就在礼堂集合，我为他们放一部有关彗星的影片。"

值班军官对连长说："根据营长的命令，明晚八点哈雷彗星将在操场上空出现，这颗彗星每隔76年才能看见一次。如果下雨的话，就让士兵穿着野战服列队前往礼堂，这一罕见的现象将在那里出现。"

连长对排长说："根据营长的命令，明晚八点，非凡的哈雷彗星将身穿野战服在礼堂中出现。如果操场上下雨，营长将下达另一个命令，这种命令每隔76年才会出现一次。"

排长对班长说："明晚八点，营长将带着哈雷彗星在礼堂中出现，这是每隔76年才有的事。如果下雨的话，营长将命令彗星穿上野战服到操场上去。"

班长对士兵说："在明晚八点下雨的时候，著名的76岁的哈雷将军将在营长的陪同下身着野战服，开着他那辆彗星牌汽车，经过操场前往礼堂。"

这是一个很好笑的笑话，信息在传递的过程中，从上到下不断发生变化，最后传到底层士兵耳朵里的，是令人啼笑皆非的信息。在现实生活中，也有同样的例子，信息在"上传"与"下达"的过程中必然会出现误差，常常因为这样的差异就会导致很大的损失。因此，为了避免这样的事情发生，一定要制定有效的信息传递方式，确保信息在传递过程中不会被误解、被误传，引致更大的损失。

我们并不一定知道未来将会面对什么问题，但是你掌握的信息越多，正确决策的可能就越大。再来看一个故事：

有一个卖草帽的人，有一天，他叫卖归来，到路边的一棵大树旁打起瞌睡。等他醒来的时候，发现身边的帽子都不见了。抬头一看，树上有很多猴子，而且每一只猴子的头上都有顶草帽。他想到猴子喜欢模仿人的动作，于是就把自己头上的帽子拿下来，扔到地上。猴子也学着他，将帽子纷纷扔到地上。于是卖帽子的人捡起地上的帽子，回家去了。后来，他将此事告诉了他的儿子和孙子。

很多年之后，他的孙子继承了卖帽子的家业。有一天，他也在大树旁睡着了，而帽子也同样被猴子拿走了。孙子想到爷爷告诉自己的办法，他拿下帽子扔到地上。可是猴子非但没照着做，还把他扔下的帽子也捡走了，临走时还说：我爷爷早告诉我了，你这个老骗子会玩什么把戏。

信息的不对称，决定了掌握信息的人比没有掌握信息的人更具有优势，在经济领域，这种利用信息不对称而赚取丰厚回报的做法比比皆是。例如在股市中，有可靠信息来源的人，就比无信息来源的人更容易赚到钱。既然信息对博弈决策至关重要，那么，对于每个人来说，掌握信息是一种必不可少的人生智慧。而财富就隐藏在信息中，看你能不能把握它，能不能应用它作出正确的判断。

宋国有一户人家，世代以漂染丝绸为业。他家有一种祖传秘方，是能调制防治手脚龟裂的药膏。有位游客听说后，出价百两银子收买这种药方。

漂丝人全家商量，认为一家人辛辛苦苦漂染丝绸一年，只不过能赚几两银子，现在一下子可以得到上百两银子，于是一致决定把药方卖给了那位游客。

游客买下药方，来到吴国。吴国正与越国交战，时值隆冬腊月，北风刺骨，吴国水军士兵的手脚都开裂了，无法持戈作战，吴王为此很着急。这时，游客献上药方，吴王封他为将，调制药膏治愈了士兵们手脚上的龟裂，最后吴军打败了越军。

吴王很高兴，赐封给游客大片土地作为奖赏，并封他为侯。

同样是治龟裂的药膏，漂丝者只为一家人在冬天漂丝用，游客用于两国交战，结果得到了大片的封地。游客聪明就聪明在他利用信息的智慧，一方面，他掌握了"吴王为士兵在冬天出现手脚龟裂而担心"的信息，另一方面，他掌握了"宋国人能够调制预防手脚龟裂药膏"的信息。这个信息的利用，让他起到了雪中送炭的效果，因此大赚了一笔。

《羊皮卷》上有一句很著名的话，可以用来说明财富就隐藏在信息中："即使是风，也要嗅一嗅它的味道，你就可以知道它的来历。"在当今这个信息瞬息万变的时代，关注信息就是关注金钱，任何的风吹草动都有可能包含着让我们成功的信息。信息已经成为这个时代的决定性力量，及时拥有信息的人，才能拥有财富。在当今社会里，什么都是用信息来衡量的，信息已经成为了这个时代的象征。

●●●●经济学家提醒你●●●●

知己知彼，百战不殆，如果你想打败对手，就先要充分了解对手；

不打无准备之仗，任何时候都要让自己的心里有一盘清楚的棋局，掌握最充分的信息；

信息为王的时代里，请擦亮眼睛寻找商机，如果你留心，财富就会滚滚而来。

对于每个人来说，掌握信息是一种必不可少的人生智慧。财富和事业就隐藏在信息中，就看你能不能把握它，能不能应用它做出正确的判断！

博傻理论：别做最大的笨蛋

著名的经济学家凯恩斯，为了能够专注地从事学术研究，免受金钱的困扰，曾出外讲课以赚取课时费，但课时费的收入毕竟是有限的。于是他在1919年8月，借了几千英镑去做远期外汇这种投机生意。

仅仅4个月的时间，凯恩斯净赚1万多英镑，这相当于他讲课10年的收入。但3个月之后，凯恩斯把赚到的利润和借来的本金输了个精光。7个月后，凯恩斯又涉足棉花期货交易，又大获成功。

凯恩斯把期货品种几乎做了个遍，而且还涉足于股票。到1937年他因病而"金盆洗手"的时候，已经积攒起一生享用不完的巨额财富。

与一般赌徒不同，作为经济学家的凯恩斯在这场投机的生意中，除了赚取可观的利润之外，最大也是最有益的收获是发现了"笨蛋理论"，也有人将其称为"博傻理论"。凯恩斯曾举过这样一个例子来说明这一理论：

从100张照片中选出你认为最漂亮的脸，选中的有奖。但哪一张脸是最漂亮的脸，要由大家投票来决定的。

试想，如果是你，你会怎样投票呢？此时，因为有大家的参与，所以你的正确策略并不是选自己认为的最漂亮的那张脸，而是猜多数人会选谁就投谁一票，哪怕丑得不堪入目。在这里，你的行为是建立在对大众心理猜测的基础上而并非是你的真实想法。

凯恩斯说，专业投资大约可以比做报纸举办的比赛，这些比赛由读者从100张照片中选出6张最漂亮的面孔，谁的答案最接近全体读者作为一个整体得出的平均答案，谁就能获奖；因此，每个参加者必须挑选的并非是他自己认为最漂亮的面孔，而是他认为最能吸引其他参加者注意力的面孔，这些其他参加者也正以同样的方式考虑这个问题。现在要选的不是根据个人最佳判断确定的真正最漂亮的面孔，甚至也不是一般人的意见认为真正最漂亮的面孔。我们必须作出第三种选择，即运用我们的智慧预计一般人的意见，认为一般人的意见应该是什么……这与谁是最漂亮的面孔无关，你关心的是怎样预测其他人认为谁最漂亮，又或是其他人认为其他人认为谁最漂亮……

人们都会跟随别人的选择、猜测别人的选择，进而依据这些信息来做出自己的判断，而不是依据自己的理性推断。这就是博傻理论产生的根源，敢于博傻的人，都是在利用人们内心中存在的"从众心理"，找到更大的笨蛋，那么你就是胜者。

最简单的例子莫过于股票市场，股指越高的时候，人们越敢进入，也是这个道理。人们之所以完全不管某个东西的真实价值，而愿意花高价购买，是因为他们预期有一个"更大的笨蛋"，会花更高的价格，从他们那儿把它买走。比如说，你不知道某个股票的真实价值，但为什么你会花20块钱去买一股呢？因为你预期当你抛出时会有人花更高的价钱来买它。

博傻理论所要揭示的就是投机行为背后的动机，投机行为的关键是判断"有没有比自己更大的笨蛋"，只要自己不是最大的笨蛋，那么自己就一定是赢家，只是赢多赢少的问题。如果再没有一个愿意出更高价格的更大笨蛋来做你的"下家"，那么你就成了最大的笨蛋。可以这样说，任何一个投机者信奉的无非是"最大的笨蛋"理论。

这一理论的直接恶果，就是促成了投机的氛围，使得人们偏离理性的行为决策范畴，成为跟风、投机的大笨蛋，最终都损失惨重。人们绝难想到世界经济发展史上第一起重大投机狂潮，是由一种小小的植物引发的。这一投机事件是荷兰由一个强盛的殖民帝国走向衰落而被载入史册的，它也是迄今为止证券交易中极为罕见的一例。经济学上的特有名词"郁金香现象"便由此而出！

郁金香是一种百合科多年生草本植物，原产于小亚细亚，在当地极为普通。一般仅长出三四枚粉白色的广披针形叶子，根部长有鳞状球茎。每逢初春乍暖还寒时，郁金香就含苞待放，花开呈杯状，非常漂亮。郁金香品种很多，其中黑色花很少见，也最珍贵。郁金香的花瓣上，多有条纹或斑点，容易受病毒的侵袭。

17世纪的荷兰社会是培育投机者的温床。人们的赌博和投机欲望是如此强烈，美丽迷人而又稀有的郁金香难免不成为他们猎取的对象，机敏的投机商开始大量囤积郁金香球茎以待价格上涨。在舆论鼓吹之下，人们对郁金香的倾慕之情愈来愈浓，最后对其表现出一种病态的倾慕与热忱，以致拥有和种植这种花卉逐渐成为享有极高声誉的象征。人们开始竞相效仿疯狂地抢购郁金香球茎。起初，球茎商人只是大量囤积以期价格上涨抛出，随着投机行为的发展，一大批投机者趁机大炒郁金香。一时间，郁金香迅速膨胀为虚幻的价值符号，令千万人为之疯狂。

郁金香在培植过程中常受到一种"花叶病"的非致命病毒的侵袭。病毒使郁金香花瓣产生了一些色彩对比非常鲜明的彩色条或"火焰"，荷兰人极其珍视这些被称之为"稀奇古怪"的受感染的球茎。

"花叶病"促使人们更疯狂的投机。不久，公众一致的鉴别标准就成为："一个球茎越古怪其价格就越高！"郁金香球茎的价格开始猛涨，价格越高，购买者越多。欧洲各国的投机商纷纷拥集荷兰，加入了这一投机狂潮。

1636年，以往表面上看起来不值一钱的郁金香，竟然达到了与一辆马车、几匹马等值的地步。就连长在地里肉眼看不见的球茎都几经转手交易。

1637年，一种叫Switser的郁金香球茎价格在一个月里上涨了485%！1年时间里，郁金香总涨幅高达5900%！

所有的投机狂热行为有着一样的规律，价格的上扬促使众多的投机者介入，长时间的居高不下又促使众多的投机者谨慎从事。此时，任何风吹草动都可能导致整个市场的崩溃。一时间，郁金香成了烫手山芋，无人再敢接手。郁金香球茎的价格宛如断崖上滑落的枯枝，暴跌不止。荷兰政府发出声明，认为郁金香球茎价格无理由下跌，让市民停止抛售，并试图以合同价格的10%来了结所有的合同，但这些努力毫无用处。一星期后，一根郁金香的价格几乎一文不值，其售价不过是一个普通洋葱的售价。千万人为之悲泣。一夜之间多少人成为不名分文的穷光蛋，富有的商人变成了乞丐，一些大贵族也陷入无法挽救的破产境地。

暴涨必有暴跌，客观经济规律的作用是任何人都无法阻挡的。下跌狂潮刚过，市民们怨声载道，极力搜寻替罪羊，却极力回避全国上下群体无理智地投机这一事实。他们把原因归结为政府调控手段不力，恳请政府将球茎的价格恢复到暴跌以前的水平，这显然是自欺欺人。

人们紧接着把求援之手伸向法院。恐慌之中，那些原已签订合同要以高价购买的商人全部拒绝履行承诺，只有法律才能督促他们依照合同办事。然而，法律除了能干预某些具体的经济行为外，它是决不能凌驾于经济规律之上的。法官无可奈何地声称，郁金香投机狂潮实为一次全国性的赌博活动，其行为不受法律保护。

人们彻底绝望了！从前那些因一夜乍富喜极而泣之人，而如今又在为乍然降临的一贫如洗仰天悲哭了。宛如一场噩梦，醒来之时，身心疲乏的荷兰人每天用呆滞的目光盯着手里的郁金香球茎，反省着梦里的一切……

世界投机狂潮的始作俑者为自己的狂热付出的代价太大了，荷兰经济的繁荣仅昙花一现，从此走向衰落。郁金香球茎大恐慌给荷兰造成了严重的影响，使之陷入了长期的经济大萧条。17世纪后半期，荷兰在欧洲的地位受到英国有力的挑战，欧洲繁荣的中心随即移向英吉利海峡彼岸。郁金香依然是郁金香，荷兰却从此从世界头号帝国的宝座上跌落下来，从此一蹶不振。"郁金香现象"也成了经济活动特别是股票市场上投机造成股价暴涨暴跌的代名词，永远载入世界经济发展史。

不是人人都能够保持理性思考的习惯，在诱人的利益面前，谁都心动，明知道泡沫是支持不住的，还存在侥幸心理，希望自己不是最大的笨蛋。可是现实永远无情，总会有人成为最后的笨蛋。1720年，英国股票投机狂潮中就有这样一个插曲：一个无名氏创建了一家莫须有的公司。自始至终无人知道这是一家什么公司，但认购时近千名投资者争先恐后差点把大门挤倒。没有多少人相信他真正获利丰厚，而是预期有更大的笨蛋会出现，价格会上涨，自己能赚钱。饶有意味的是，牛顿参与了这场投机，并且最终成了最大的笨蛋。他因此感叹："我能计算出天体运行，但人们的疯狂实在难以估计。"

●●●经济学家提醒你●●●

没有人比你更傻，如果你存在侥幸心理，那么最笨的就是你！

任何事情显现出泡沫化的倾向时，一定要尽早离开，否则将损失惨重！

只要自己不是最大的笨蛋，那么自己就一定是赢家，只是赢多赢少的问题。如果再没有一个愿意出更高价格的更大笨蛋来做你的"下家"，那么你就成了最大的笨蛋了！

第五章
你的人脉价值百万

——18岁后要懂点社交经济学

人脉小投资，换来大回报

麦凯小时候，他的父亲就教育他说："麦凯，如果你想成功，从现在开始，你要关心自己所见到的每一个人。"从那以后麦凯见到的每一个人，他都很关心，先把名字记下来，然后再了解他的其他情况。到了对方的生日，他会送上祝福的卡片，到了对方过结婚纪念日，他就送去一束玫瑰以表心意。后来他为此设计了一个系统，叫做麦凯66档案，表示每个人有66个空格的问题，包括姓名、性别、年龄、生日、星座、血型、嗜好、学历等，甚至包括他的孩子和爱人的相关信息……

有一次，麦凯去拜访一个大企业的老板，希望说服这位老板来买他的信封。可是，不管麦凯怎么说，这个老板都不肯买。麦凯还在他的66档案上更新了记录，并且不断地和这个老板保持联系。有一天，他得知这个老板去了医院，原来是老板的儿子出了车祸。他马上翻开档案，一看，老板的儿子，12岁，崇拜篮球明星迈克尔·乔丹。

麦凯的人缘颇好，他正好认识迈克尔·乔丹所在的公牛队的教练。麦凯买了一个篮球，寄给公牛队的教练，并拜托他请乔丹和全体球员签了名。公牛队的教练将签好名的篮球寄给了麦凯。麦凯把篮球送到了医院里，小孩一看，篮球上有乔丹的签名，兴奋得活蹦乱跳，整夜都睡不着觉。

老板来看他的儿子时，见他高兴得抱着球坐在那里，老板问："儿子，你怎么不睡觉？"

他说："爸，你看这是什么？"

老板一看就问："这是乔丹的签名篮球，你怎么会有？"

"是麦凯叔叔送我的！"他兴奋得答道。

老板一听，说道："麦凯，就是想卖给我信封的那个人吧？我一直都没有买过他的信封啊。"

这时，儿子说了这么一句话："爸，你应该买麦凯叔叔的信封。他这么关心我，你也应该关心他才对啊！"

第二天，老板就找到了麦凯向他道谢，并向他订购了大量的信封。

麦凯的工作是卖信封，然而谁能想到，他通过卖信封，结交到了美国政界、新闻界、体育界的知名人物，还能让他们对他产生一种惊讶、佩服的感觉。那是因为麦凯是个有心人，他懂得"攻心为上"的道理，投其所好，给你惊喜，你又怎会拒绝与他结交并帮他一把呢？正是由于他舍得在人脉关系上投资，才让他的生意越做越好，获得了巨额的回报。

一个人要想聚财，就先要聚人；有了人气，才会有财气。正是由于他们主动结交别人、主动与别人沟通，才使得自己的人脉关系不断拓展；具有广阔人脉关系的人往往更容易取得成功，那么进一步又会有更多的人乐于与他们结交，成为新的集合体，人脉资源更广阔了。成功与人脉就是这样一个相互促进的共生体。成功者总是注意人脉、创造人脉，绝不会将这些资源闲置在旁白白浪费的，他们更懂得在什么时候用什么人脉、在什么时机求助于人脉。比尔·盖茨就是成功的人脉经营大师。

创业之初，他懂得利用自己亲人的人脉资源。因为比尔·盖茨的母亲是IBM的董事会董事，所以比尔20岁时签到了第一份合约，钓到了IBM这条大鱼。

在企业发展阶段，他充分利用合作伙伴的人脉资源。保罗·艾伦和史蒂芬不仅为微软贡献他们的聪明才智，也贡献了他们的人脉资源。

比尔·盖茨自己也这样说："在我的事业中，我不得不说我最重要的经营决策是必须挑选人才，拥有一个完全信任的人，一个可以委以重任的人，一个为你分担忧愁的人。"外界的关系和能力，对于比尔·盖茨的成功有着极为重要的作用。成功人士就是这样主动拓展自己的人脉，不断维护自己的资源，并懂得在恰当的时候起用，为自己助一臂之力。人脉广，则机会多。只要用心经营你的人脉，必将受益无穷。

曾经有一个著名的理论，说一个人通过6个人就可以与世界上的所有人取得联系。这个理论的意义在于，让我们拓宽了对人脉的理解。有时候，人脉并不是那么轻易就能获得的，那些达官显贵、权力中人怎么会轻易帮助你呢？这就需要你绕圈子，先从实力人物的身边人入手，在这些小人物身上下本钱，也是一条捷径。

清光绪某年，镇江知府大人想为他的母亲做80大寿，消息传到周炳记木行，周老板愁眉顿开，高兴万分。周老板为何高兴？清政府每年要向镇江木行的索纳几千两银子的税贴。木行的老板们为了放宽税贴，只好向知府大人送礼献媚。可这位知府自称清正廉明，所赠礼品均拒之门外。

周老板正在设法寻找接触的机会，听说知府的老母要做大寿，顿时觉得这是一个机会。他知道知府大人是位孝子，对老夫人的话是百依百顺。只要打动了这位老夫人，也就等于说服了知府大人。

周老板派人打听老夫人喜欢什么，得知她最喜欢花。可眼下初入寒冬，哪来的鲜花呢？周老板灵机一动，有了办法。

老夫人做寿这天，周老板带着太太一行人早早来到知府大人的后衙。周太太一下轿，丫环们就用绿色的绸缎从大门口一直铺到后厅，周太太在地毯上款款而行，每一步就留下一朵梅花印。朵朵梅花一直"开"到老夫人的面前，祝老夫人"福如东海，寿比南山"。老夫人听了笑得合不拢嘴，连忙请他们入席。

宴席期间，上了24道菜，周太太也换了24套衣服，每套衣服都绣着一种花，什么牡丹、桂花、荷花、杏花……看得老夫人眼花缭乱，眉开眼笑。直到宴席结束，周太太才说请知府大人高抬贵手，放宽木行的税贴。老夫人正在兴头上，忙叫儿子过来，吩咐放宽周炳记木行的税贴。既然母亲开了"金口"，孝子又岂有不点头答应之理？

从此，周太太成了知府家中的常客，每次来都借"花"献佛。那孝顺的知府大人也因母命难违，就对周老板另眼相看。

史坦芬·艾勒说过："把鲜花送给'实力人物'身边的人，即使他们看来只是你心目中的小角色。"哪怕他们只是一个小小的秘书、一位家庭主妇，甚至是未及弱冠的小孩子，也不要放过结交和讨好他们的机会。有了情义和信任，同时也会带来效益。说不定，这些"小角色"会在某个关键时刻影响你的前程和命运。不仅对于身边的小角色要认真对待，对于那些实力人物特别在意的人，更要倍加用心，博得了这些人的欢心，实力人物自然也就甘当你的贵人，给你巨额的回报了！

人脉这个东西很奇妙，这个规律遵循经济学的基本常识，那就是有投资也有回报；可是却超出了经济能够解释的范围，因为在人脉上不起眼的小投资，可能换来日后的大回报。俗话说，好风凭借力，送我上青云。人脉圈是迈向成功的必经之途。人脉是金，却贵甚黄金；黄金有价，人脉却无价。20岁靠体力赚钱，那30岁靠脑力赚钱，40岁以后则靠交情赚钱，可见人脉资源是事业成功必不可少的保证。从现在开始，擦亮双眼，为你的人脉进行投资吧！

●●●经济学家提醒你●●●

　　事情都是要靠人来办成的，可见关系和人脉具有非常重要的意义。如果你在人脉中投资得当，那么你将收获的是无穷的利益。

　　一个人的知识总是有限的，一个人的能力也总有力所不及的时候，一个人也做不成全部事情。我们从涉世之初，就应该逐渐培养自己的人脉：朋友、亲人、同学、同事等，所有能够扯上联系的人，都是不可多得的资源。而要让这些资源为自己所用，你就要将功夫用在平时，在你要结识的人最需要的时候，及时给其满足和惊喜。即使他们尚未意识到你的关怀和爱心，当他们一旦知道你一直在为他们做着什么，他们就会感激你，并加倍地回报你，这时，你的人脉资源就开始发挥它举足轻重的作用了！

说话只三分，收益百分百

　　金雯曾在部队当文书，连队的几个干部都比较喜欢她，也愿意与她交谈，或让她替他们办一些私事。尤其是连队的副指导员，对她非常信任，有时把连队领导之间的一些事情也讲给她听。

　　他们连队有几十个女兵，个别女兵为了入党或考军校就想方设法接近部队教官，副指导员对此十分反感，曾经对金雯埋怨过不少。埋怨时间长了，金雯觉得非常"苦闷"，因为副指导员倒是有了倾诉对象，可是她自己呢？

因为这些事情很敏感，她不知道向谁倾诉。后来在一次聊天中，金雯把这些事情跟一个十分要好的朋友说了。把秘密和别人一起分享，心里痛快多了。没想到，她的那位好朋友为了让连队党支部推荐自己上军校，就把她的话一五一十地告诉了副指导员，还添油加醋说了一番。后来她这位朋友如愿以偿上了军校，而金雯则在副指导员找她做了一番貌似肯定实则否定的谈话以后，离开了文书岗位。

古人说"知无不言，言无不尽"，这也是许多人奉行的人生准则。可是现实生活中却往往出现因为"言多"而导致麻烦的例子。从经济学的角度来看，说话也是要讲求经济效益的，如何让自己的话不招人反感，又获得很好的效果呢？这就要学学说话的学问了。

首先就是注意言多必失的古训，不能说的就不要说，以避免造成不必要的麻烦。省一句话，就省下多少事儿。不仅工作中严肃的事情不能轻易泄漏，生活中也是如此。千万不要因轻信别人而把自己全盘托出，那样无异于将自己的把柄送给别人。和人初次见面，或才见过几次面，就算你觉得这个人不错，而你也喜欢他，也不该把你的心一下子就掏出来。对还不了解的人，无论说话或做事，都要有所保留，不可一厢情愿。

谁没有心事呢？可是千万别轻易将自己的所想所思告诉别人。处理心事要慎重，因为心事的倾吐会泄露一个人的脆弱面，这脆弱面会让人改变对你的印象，虽然有的人欣赏你"人性"、"真实"的一面，但有的人却会因此而下意识地看不起你，最糟糕的是脆弱面被别人掌握住，有可能成为日后争斗时你的致命伤。当然，我们并不是要以恶毒的心思去揣测别人，只是如果能少让人掌握自己的弱点也是明智之举。

聪明的人在交谈时，会掌握好透露秘密的分寸，也会知道哪些话该说，哪些话不该说。说无关紧要的心事给周围的人听，可以让你变得有亲和力；知道把握分寸，守住自己和别人的秘密则会让你更加受到人们的欢迎。话只说到三分，就给自己留下了余地。

说话至少是两个人的事，因此你不可以只顾自己瞎吹，把对方晾在一边；也不能不考虑对方的感受，连触了对方的霉头还不自觉。说话就要小心谨慎，试探性地一步一步前进，这样才能确保万无一失。

通过试探得到真情，就能够避免自己掉进别人的局里。试探性地说话，说话只说三分，无疑是一种保护自己的方式，即便结果并不成功，至少可以让自己不至于完全暴露。

有时候，有的人即便你说上一大篇利害关系他都不买账，不会同意你的意见，那么就要摸准对方的性子，适当激他一将，只要一句话，就能顺利达到目的。

有一位富豪决定在芝加哥为公司总部兴建一座办公大楼，为此他出入无数家银行，但始终没贷到一笔款。于是，他决定先上马后加鞭，设法将自己的200万美元凑集起来，聘请一位承包商，要他放手进行建造，好让他去想方设法筹集所需要的其余500万美元。假如钱用完了而他仍然拿不到抵押贷款，他就得停工待料。

建设开始并持续施工，到所剩的钱仅够再花一个星期的时候，他恰好和大都会人寿保险公司的一个主管在纽约市一起吃晚饭。他拿出经常带在身边的一张蓝图，正准备将蓝图摊在餐桌上时，那位主管就对他说："在这儿我们不便于谈工作，明天到我的办公室来。"

第二天，当他断定大都会公司很有希望给自己抵押贷款时，便说："好极了，唯一的问题是今天我就需要得到贷款的承诺。"

"你一定是开玩笑，我们从来没有在一天之内给过这样贷款的承诺。"那位保险公司的人回答。

他把椅子拉近，说："你是这个部门的主管。也许你应该试试看你有无足够的权力，能把这件事在一天之内办妥。"

保险公司的人微笑说："你这是逼我上梁山，不过，还是让我试一试看。"试过后，本来说办不到的事终于办到了，而这个富豪也在自己的钱花光之前的几个小时回到芝加哥。他利用激将法，逼迫主管尝试自己的能力，终于在紧要关头获得了贷款。

激将法是从古至今屡试不爽的方法。性格倔强的人，十分坚持自己的想法，这其实就是一种逆反心理，对所有不符合自己想法的观念都听不进去。对于这种人来说，"请将不如激将"，如果正面劝说没有效果，就反其道而行之，就能顺利地达到自己的目的啦。只要几句话，就可以达到目的，这种省力的方法为什么不好好学一学呢？

●●●●经济学家提醒你●●●●

就像开水太烫一样，话说得太满总有种种弊端。话说三分，点到为止，既给自己留了余地，也很好地保护了自己，还能让对方明白你的心意，剩下的事情大家就都心照不宣了。这样的好事谁不想学呢？从经济学的角度来看，这真是无本万利的好事啊！

首因效应好，省时又省力

在经济上大家都追求一本万利，在工作中都追求事半功倍，其实这并不是什么独门绝技，而是很好掌握的小窍门，只要你留心就一定能学会。我们都知道第一印象很重要，其实这就是一个不费力又高收益的社交好方法。

第一印象效应在经济中有个专门的名词，叫做"首因效应"，也就是指两个素不相识的人，第一次见面时彼此留下的印象。最早的时候，美国心理学家洛钦斯于1957年首次采用实验方法研究首因效应。洛钦斯设计了四篇不同的短文，分别描写一位名叫杰姆的人：

第一篇文章整篇都把杰姆描述成一个开朗而友好的人；

第二篇文章前半段把杰姆描述得开朗友好，后半段则描述得孤僻而不友好；

第三篇与第二篇相反，前半段说杰姆孤僻不友好，后半段却说他开朗友好；

第四篇文章全篇将杰姆描述得孤僻而不友好。

洛钦斯请四个组的被试者分别读这四篇文章，然后在一个量表上评估杰姆的为人到底友好不友好。

结果表明，篇幅的前后是至关重要的，开朗友好在先，评估为友好者为78%，在后，则降至18%，首因效应极为明显。

首因效应就是说人们根据最初获得的信息所形成的印象不易改变，甚至会左右对后来获得的新信息的解释。首因效应是人之常情，人人都有其切身体验。首因效应是双方往后交往的依据。正性的、良好的印象，希望继续交往，增进关系；负性的、不好的印象，则拒绝继续交往，使关系了结。你若问他为什么？当事人似乎很难说得清，只是笼统地感到"喜欢"或"不喜欢"。

实验证明，第一印象是难以改变的。因此在日常交往过程中，尤其是与别人的初次交往时，一定要注意给别人留下美好的印象。要做到这一点，首先，要注重仪表风度，一般情况下人们都愿意同衣着干净整齐、落落大方的人接触和交往；其次，要注意言谈举止，言辞幽默，侃侃而谈，不卑不亢，举止优雅，定会给人留下难以忘怀的印象。

首因效应在人们的交往中起着非常微妙的作用，只要能准确地把握它，定能给自己的事业开创良好的人际关系氛围。可是，如果不修边幅、大大咧咧，不注意自己的仪态言行的话，就很容易因不好的"首因效应"给自己带来损失。

有一次，一位朋友向林肯推荐了一位才识过人的阁员。但是总统在约见他之后，却不想起用这位人才，他告诉朋友说，这个人不修边幅、邋邋遢遢，他本人很不喜欢这样的人，因此不会用他。

这样一位伟大、英明的总统怎么也会犯以貌取人的错误呢？这也许让人感到奇怪。那位朋友也很气愤于林肯对此人的偏见，于是愤怒地责怪林肯以貌取人，说任何人都无法为自己的天生脸孔负责。这时林肯说："一个人过了40岁，就应该为自己的面孔负责。"那位阁员固然可能在某一领域做过大量深入的研究，就某些问题有着精辟过人的见解，但是如果他连约见总统的事都不放在心上，不能做到以自己最好的一面展示给总统，那么总统又怎么能够在最短的时间内判断出这个人是可用的、是值得信任的呢？

虽然林肯以貌取人也有可商榷之处，我们却不能忽视第一印象的巨大影响作用，因而必须通过提高自身修养来提升自己的形象，为将来的成功奠定基础，搭好台阶。

坏的首因效应无疑是事业和社交途中的绊脚石，但反过来，好的首因效应则能够助你一臂之力，让你不费吹灰之力就得到意外的惊喜。

一家企业正处在销售的旺季，几乎人人动员加入到热火朝天的工作中去，却没想到这时，一个毕业生贸然来到了人力资源部应聘。

"你们需要一个工程师吗？"

"不需要！"

"那么设计助理呢？"

"不需要！"

"那么现场指挥、连通员呢？"

"不，没有空缺。"

"呃，你们一定需要这个东西。"说着他从包中拿出一块精致的小牌子，上面写着"无空缺，暂不雇用"。

经理看了看牌子，微笑着点了点头，说："如果你愿意，可以到市场部工作。"

这个毕业生通过自己制作的牌子表达了自己的机智、乐观和幽默，给主管留下了很好的"第一印象"，引起对方极大的兴趣，从而为自己赢得了一份满意的工作。如果他没有这份幽默感，在被拒绝之后傻乎乎站在那里，肯定不出一分钟就被人家打发走了，哪还有可能获得赏识呢？帮助他在一秒钟内打动主管的，正是一个幽默的举动和一句玩笑话。

不过有时候，我们都难免大意，遇到出丑、抓狂的事情，如果又在最狼狈的时候被别人遇到，自然会产生不好的第一印象。但是也不要因此而灰心丧气，只要日后好好干，还是有机会展现自己最优秀的一面，让人刮目相看的。

一位刚毕业的女大学生来到一家企业工作。上班的第一天，因为路上不巧遇到车祸，她迟到了。随后，这位女大学生又因为不懂操作传真机，将办公室里的传真机弄坏了，耽误了不少工作。女大学生上班的"第一印象"，在她的上司和同事面前，简直是糟糕透了。

同事和上司觉得她既没有礼貌，又给别人的工作带来麻烦。逐渐，女大学生发现同事都不愿意和她打交道，公共的传真机、复印机等设备都不容许她使用。而她的上司则对她冷淡，甚至都不愿意给她委派工作。

女大学生并没有放弃，她努力地去扭转自己的第一印象。不懂的事情和工作，她主动向前辈求教，态度诚恳有礼；主动找朋友将自己弄坏的传真机修好，还帮其他同事检查了计算机；对同期进入企业的同事，她也表现出不耻下问的精神，主动向对方求教。

每天早上她都提前来到办公室，为一天的工作做好前期准备，对每个进办公室的人，包括上司都主动打招呼，而且面带笑容。大家对她的印象开始逐渐地转变，而她则不敢有任何的放松，继续努力做好自己的工作。终于功夫不负有心人,她逐渐和同事"打成一片",也赢得了上司的欣赏和肯定。

人人都有自尊感,希望自己的外貌、学识、地位等方面得到他人的肯定或承认。智者善于利用别人的这份好胜心,满足他人的自尊感,用礼貌谦和的态度对待别人。一句礼貌的赞美,一个礼貌的谦让,都可能让别人感受到你对他的尊敬和重视,从而感受到无比的快乐,也自然提升了对你的印象分。所以,不要为自己没有在一分钟之内展现最好的一面而气馁,有的是机会让你表现,只要你足够优秀。

既然有时候会被第一印象迷惑,那么我们也要注意避免首因效应让我们妄下评论,错失人才和良机。一个人外在的形象虽然在一定程度上表示了他的品位、地位等方面,但是光以外貌取人,难免会犯错误。有时候,身份显赫的人为了保持低调而表现的平易近人,甚至穿戴平平让你一点都看不出来,如果你一不小心"狗眼看人低"就会得罪人;有时候,一些别有用心的人抓住了人们趋炎附势的心理,穿成一副衣冠楚楚的样子,很容易让人上当受骗。有时以貌取人会识错人,如果要想使自己交的朋友上档次,就必须从其他方面着手,而不是光以貌就能看出一个人的为人处世和品质的。

《三国演义》中道号水镜先生的司马德操曾说:"伏龙、凤雏,两人得一,可安天下。""伏龙"即诸葛亮,"凤雏"即庞统。两人都是可安天下之才,但两人的境遇却截然不同:诸葛亮身居草庐,受刘备三顾而出;庞统只身无主,前后两次向孙权、刘备求荐,均遭到冷落。看来上苍实在很不公平。究其原因,其实与诸葛亮、庞统二人的形象有关。

孙权、刘备在见庞统之前,都久闻庞统大名,并都非常愿意与之相见。孙权说:"孤亦闻其名久矣。今既在此,可即请来相见。"刘备听说"江南名士庞统特来相投",也特别兴奋,"便教请入相见",足见二人当时的急切心情。

但是他们两人所见到的庞统是个怎样的形象呢?庞统的相貌是"浓眉掀

鼻，黑面短髯，形容古怪"，貌甚丑陋；庞统的衣着是"道袍竹冠，皂袍素履"，一副寒酸打扮。见到庞统的这副"尊容"，孙权"心中不喜"，刘备"心中不悦"。看来他们所喜欢的是庞统的"江南名士"之名，而不是"形容古怪"之人。

另外，庞统的行为也很不检点，不注意必要的礼节，这也使他的整体形象受到严重的影响。他见刘备时"长揖不拜"，这对刘备来说确实有失礼节之处。

爱才如刘备、孙权都难免会犯下以貌取人的错误，不过好在刘备知错就改，挽回了才子的心，可是孙权醒悟得慢了一步，就等于将人才拱手让人了。

俗话说，路遥知马力，日久见人心。我们既要避免凭先入为主的印象品评别人，也应该尽力给别人留下良好的第一印象，以获得无穷收益。一个好的第一印象，就是日后助你成功的最大资本！

●●●●经济学家提醒你●●●●

　　首因效应是指最初接触到的信息所形成的印象对我们以后的行为活动和评价的影响，实际上指的就是"第一印象"的影响。第一印象效应是一个妇孺皆知的道理，为官者总是很注意烧好上任之初的"三把火"，平民百姓也深知"下马威"的妙用，每个人都力图给别人留下良好的"第一印象"……

　　心理学家认为，由于第一印象主要是性别、年龄、衣着、姿势、面部表情等"外部特征"。一般情况下，一个人的体态、姿势、谈吐、衣着打扮等都在一定程度上反映出这个人的内在素养和其他个性特征，不管暴发户怎么刻意修饰自己，举手投足之间都不可能有世家子弟的优雅，总会在不经意中"露出马脚"，因为文化的浸染是装不出来的。

大树好乘凉，巧用名人效应

美国一出版商有一批滞销书久久不能脱手，他忽然想出了一个主意：给总统送去一本书，并三番五次去征求意见。忙于政务的总统不愿与他多纠缠，便回了一句："这本书不错。"出版商便借总统之名大做广告："现有总统喜爱的书出售。"于是，这些书被一抢而空。

不久，这个出版商又有书卖不出去，又送一本给总统。总统上过一回当，想奚落他，就说："这书糟透了。"出版商闻之，脑子一转，又做广告："现有总统讨厌的书出售。"不少人出于好奇争相抢购，书又售尽。

第三次，出版商将书送给总统。总统接受了前两次的教训，便不作任何答复。出版商却大做广告："现有令总统难以下结论的书，欲购从速。"居然又被一抢而空，总统哭笑不得，商人却善借总统之名大发其财。

经济最伟大的作用在于为我们提供了市场，让我们彼此能够互换有无。在社交场合中，也有这样一个市场，有名气就可以做品牌，做一个招风的大树。如果你想做好生意、做大事业，已经有资本、有技术，那么就需要借名人来充门面，借助名人的影响力来成就自己的事业。

在现代社会，借势这种手段已被政治、经济、文化以及外交等领域广泛运用，而且大有日趋扩展之势。巧借名人不失为一种提高自身形象，扩大自己影响的策略和技巧：如请社会名流为你题个词，请专家教授为你写的书作个序，作为提高你的身份和能力的资本等，借助名人的名声提高自己的社会知名度。

正如上文中美国总统也能帮人卖书那样，只要策划得法，巧借名目，"总统"这一神圣的王冠也可被人玩于股掌之上，为市场竞争活动增添爆炸新闻。

俗话说，大树底下好乘凉。打好名人这把"伞"，巧用名人效应改变自己的事业轨迹，其实也不是一件难事，关键看你会不会把握时机，变不利为有利。

很多品牌正是借助了名人效应，迅速地提升了产品的知名度，扩宽了市场。当年中国天津的自行车品牌飞鸽得以扬名海外，也是因为很好地利用了名人效应的结果。

飞鸽由于品质优良、价格合理，在国内自行车市场占据了半壁江山，但却在开拓海外市场时遇到了不小的阻力。1989年，正为开拓海外市场犯愁的自行车厂领导听说新当选的美国总统布什即将访华。众所周知，布什夫妇是一对自行车迷，酷爱自行车运动。领导们觉得机会来了。

天津自行车厂希望把飞鸽牌自行车作为礼品，送给布什夫妇。这个想法经过层层上报，最终得到了国务院的批准。后来，总理将两辆飞鸽自行车作为礼物送给布什夫妇时，他们显然十分高兴，并当场表示第二天就会骑一骑。后来这个骑车的场面被全世界上百家新闻单位进行了报道。通过新闻的传播，飞鸽牌自行车开始名扬全世界。天津自行车厂正是借助于布什夫妇，为飞鸽牌自行车增加了知名度，打开了海外市场。

名人本身不能为企业创造什么价值，但是其在公众中的无形影响力却是企业求之而不得的。所以，要想使产品迅速为大众所知，打开销路，最好的办法就是找名人做广告。很多名牌比如阿迪达斯、耐克等，都请过很多体坛健将和知名红星担当其代言人，正是通过这种名人效应，增加了产品的光环，最终获得了市场的认可。

生意场上如此，社交生活中其实也有着这样的潜规则。当你还是无名小卒的时候，如果能够凭借自己的实力得到名人或者实力人物的赏识，就可以平步青云，迅速提升。而在通常情况下，如果你走一条普通的道路，很可能要花费数倍的时间和精力，甚至还不一定成功，这辈子就被埋没了。如果能找到你生命中的贵人，找到一个可以作为乘凉大树的名人，你就可以事半功倍地获得成功了。

有一个18岁的男孩来到钢铁大王卡内基的建筑工地打工，别看他只不过是个乡村孩子，干的又是杂活儿，可是他志向不小，要做最优秀的人。

白天干活很累，到了晚上同伴们要么闲聊，要么喝酒，唯独他躲在角落里看书。一天，他又在看书，恰巧晚上来抽查工作的公司经理看到了这一幕，便问他学那些东西干什么。男孩儿礼貌地回答："我觉得公司并不缺少打工者，而是缺少既有工作经验、又有专业知识的技术人员，以及优秀的管理者，对吗？"

在场的人都付之一笑，以为他在说大话。可是男孩却回答说："我不是只为了赚钱，也不是在为老板打工，而是在为自己的梦想打工，为自己的远大前途打工。"

经理很赏识这个小男孩的志向和胆识，就破例让他到公司里发展，不在工地上干杂活了。后来，小男孩通过自己的不断钻研，一步步升到了总工程师、总经理，最后被卡内基任命为钢铁公司的董事长。最后，他终于自己建立了大型的公司，并创下了非凡业绩，实现了从一个打工者到创业者的飞跃。

他就是伯利恒钢铁公司的董事长齐瓦勃。

如果生命中没有出现这么个贵人，没有得到卡内基的赏识，齐瓦勃一辈子可能都只是一个泥水匠。因为遇到了名人，也遇到了贵人，齐瓦勃的人生从此与众不同，究其原因，还不就是在那一分钟内获得了名人的认可，并从此借着这股顺风直上青云了吗？

有时候，需要变通一下，能够给你遮风挡雨的不一定只是一个人，也可以是一个知名的企业、知名的机构，许多年轻人毕业后都喜欢去跨国企业发展，就是最好的例子。一个大的、知名的机构不仅稳定，还在于它有着很大的影响力，从这里面出来的人无疑具有了更高的平台。

曾经获普利策奖的记者伍德沃德现在早已是知名人物，可是谁想到他当年差点连进入新闻界的机会都没有呢？

当他刚刚开始自己的职业生涯时，就一心想进入《华盛顿邮报》做一名记者。当时，主管编辑部工作的喻利实在看不出这个小伙子有什么过人之处，就让自己的助手先安排他不带薪水实习两个星期。两个星期很快就过去了，伍德沃德虽然干得很卖力，但采写的17篇稿子一篇也没见报。他被报社辞退了。

无奈的伍德沃德只得在华盛顿附近的蒙特哥莫瑞找了一份工作。但他不甘心自己的命运被这两个星期的试用扼杀。没多久，他开始频频给喻利打电话，希望再给他一次机会。一次，正在度假的喻利又接到伍德沃德的电话，他不堪忍受伍德沃德的纠缠，禁不住大发脾气。倒是他的妻子冷静地说："你难道不认为这正是一个好记者必须具备的素质吗？"应该说，喻利是明智的，他听了妻子的话，让伍德沃德回到了《华盛顿邮报》。

对水门事件的报道使得伍德沃德成为了家喻户晓的记者，可是倘若伍德沃德在最初被《华盛顿邮报》拒绝之后就不再涉足新闻界，倘若他在离开邮报之后不再努力追逐自己的新闻梦，那么新闻界将永远不会留下这个传奇的名字。

事实证明伍德沃德是一个聪明人，他执著地选择了《华盛顿邮报》这棵大树，即便被拒绝也百折不挠，终于如愿以偿。倘若他当初气馁了，待在那个名不见经传的小地方，那么也就没有日后获得普利策奖的机会了。

●●●●经济学家提醒你●●●●

一个人想要发展、成长，应该是利用众多名人联合起来的效应，利用知名机构的平台效应，这样才能取长补短，形成属于你的雄厚的资本。名人效应能让你的一生改变，但大部分的人都是无意识地寻找能给自己带来这种效果的人。如果你能瞄准目标、精确出手，吸收名人的知识、人脉、视野，必然可以脱颖而出，成为最会借力的成功者。

锦上添花,不如雪中送炭

话说三国争霸之前,周瑜并不得意。他曾在军阀袁术部下为官,被袁术任命当过一个小县的县令罢了。

这时候地方上发生了饥荒,年成很差,兵乱间又损失不少,粮食问题日渐严峻起来。百姓没有粮食吃,就吃树皮、草根,活活饿死了不少人,军队也饿得失去了战斗力。周瑜作为父母官,看到这悲惨情形急得心慌意乱,不知如何是好。

有人献计,说附近有个乐善好施的财主鲁肃,他家素来富裕,想必囤积了不少粮食,不如去问他借。周瑜带上人马登门拜访鲁肃,刚刚寒暄完,周瑜就直说:"不瞒老兄,小弟此次造访,是想借点粮食。"鲁肃一看周瑜丰神俊朗,显而易见是个才子,日后必成大器,他根本不在乎周瑜现在只是个小小的居巢长,哈哈大笑说:"此乃区区小事,我答应就是。"

鲁肃亲自带周瑜去查看粮仓,这时鲁家存有两仓粮食,各三千石,鲁肃痛快地说:"也别提什么借不借的,我把其中一仓送与你好了。"周瑜及其手下一听他如此慷慨大方,都愣住了,要知道,在饥馑之年,粮食就是生命啊!周瑜被鲁肃的言行深深感动了,两人当下就交上了朋友。

后来周瑜发达了,当上了将军。他牢记鲁肃的恩德,将他推荐给孙权。鲁肃终于得到了干事业的机会。

经济学的核心思想是讲供给和需求的,这在现实的市场上表现很明显,如果一种产品生产多了,又没有那么多需要,那么价格自然就下跌了。在社交场合中,也是讲究供给和需求的。有人遇到了麻烦需要帮助,有人有可能正好能助一臂之力,这就是典型的供求关系。不过,社交活动的供求还要复杂一点，因为这里面涉及了供给和需求的时间问题。

为什么说时间是个问题呢？首先，并不是所有人都愿意帮助别人、结交别人的，他们根本就不愿意在社交场上供给什么；其次，有些人是很势利眼的，他们只愿意接近那些正红得发紫的人，根本不愿意理那些失意的人。这就犯了大错，往往错失了良机，如果等那些人发达起来，一想到以前你根本不理人家，他还怎么会反过来帮助你呢？

关键时刻，拉人一把。帮助别人就是在帮助自己，给别人一根火柴，自己的心也会亮起明亮的灯，给别人一只手，就等于是给了需要帮助者一片蓝蓝的天。如果我们用友好的行动去帮助别人，往往会得到同样友好的回报。

雪中送出一盆炭，日后获得的收益真是不可限量啊。对身处困境中的人仅仅有同情之心是不够的，应给以具体的帮助，使其渡过难关，这种雪中送炭，分忧解难的行为最易引起对方的感激之情，进而形成友情。这就是为什么成功可以招引朋友，挫败可以考验朋友。

命运就是爱开玩笑的，如果你没有慧眼，根本就认不出那些具有发展潜力的人。英雄起于毫末，大凡做出丰功伟绩的人，一开始往往并不为人所注意。倘若这个时候你能给他以帮助，岂不比日后他功成名就时再去趋炎附势更聪明一些？雪中送炭时，今天的一箪食一瓢饮，可以解他人饥饿之急，就能带来日后想不到的惊喜。

中国汉朝名将韩信在年轻的时候，生活极度贫穷。他经常找不到饭吃，无以充饥，只好在淮阴城下的小河边钓鱼。

当时有很多妇女在河边洗衣，其中有一个洗衣妇看到韩信面黄肌瘦，好像很久没有吃饭的样子，就主动把自己带来的饭食让给韩信吃。

这样的日子过了许久，一餐又一餐，充满恩情的饭食，就这样一连吃了十几天，天天如此。这让韩信既感动又感激，他觉得恩重如山，于是他对洗衣妇说："我将来一定要好好报答你。"不料想那个洗衣妇却以很平淡的口吻回答说: "男子汉大丈夫应当自食其力,我是见你可怜才给你饭吃,看到别人挨饿我也会这样做的,因此根本不希望得到你的任何回报。"

事过多年之后,洗衣妇自己也不知施舍了多少饭食,早把这区区小事忘记了,但韩信却把她的恩德一直牢记在心。等他功成名就回到故乡,第一件事就是找到当年的那位洗衣妇并且以重金酬谢。

想当年韩信平庸之时,谁想得到这个小子日后竟助刘邦成就大业?韩信不也是受过胯下之辱吗?可见,英雄并不一定写在脸上,并不一定带着记号;今天的穷小子,未必就不是明日的栋梁材。

洗衣妇是聪明的,她聪明在首先有一颗善良的心,肯帮助落难的人,帮助他们渡过难关;她更聪明在帮助人的时候并不时时在乎回报。与暂时不得势的人交往,其好处在于,一方面,可以未雨绸缪,超前蓄势;另一方面,由于没有多少功利色彩,更可能成为生死之交。

这个现象在经济上最明显不过了,就像买股票一样,买了最有价值的原始股,这跟"冷庙"烧香的道理一样。一般人烧香都选香火鼎盛的庙,是认为这种庙比较灵验,可以庇护自己各方面顺利如意。而越是香火鼎盛的庙,越是吸引香客。其实,人趋炎附势的行为和烧香的行为是一样的,总是向当权的人、当红的人靠拢,同道的当然奉承巴结,不同道的也要想尽办法拉上一点关系,就像人们走遍千山万水也要到某个名寺烧一炷香一样。

乔西亚从父亲的手中接过了一家饰品店,这家饰品店很早以前就存在而且出名了。乔西亚希望它在自己的手中能够发展得更加壮大。

一天晚上,乔西亚在店里收拾,第二天他将和妻子一起去度假。他打算早早地关上店门,以便为度假做准备。突然,他看到店门外站着一个年轻人,面黄肌瘦、衣衫褴褛、双眼深陷,一个典型的流浪汉。

乔西亚是个热心肠的人。他走了出去,对那个年轻人说道: "小伙子,有什么需要帮忙的吗?"

　　年轻人略带腼腆地问道："这里是乔西亚饰品店吗？"他说话时带着浓重的墨西哥味。"是的。"

　　年轻人更加腼腆了，低着头，小声地说道："我是从墨西哥来找工作的，可是整整两个月了，我仍然没有找到一份合适的工作。我父亲年轻时也来过美国，他告诉我他在你的店里买过东西。哦，就是这顶帽子。"

　　乔西亚看见小伙子的头上果然戴着一顶十分破旧的帽子，那个被污渍弄得模模糊糊的"V"字形符号正是他店里的标记。"我现在没有钱回家了，也好久没有吃过一顿饱餐了。我想……"年轻人继续说道。

　　乔西亚知道眼前站着的人只不过是多年前一个顾客的儿子，但是，他觉得应该帮助这个小伙子。于是，他把小伙子请进了店内，好好地让他饱餐了一顿，并且还给了他一笔路费，让他回国。

　　不久，乔西亚便将此事淡忘了。过了十几年，乔西亚的饰品店越来越兴旺，在美国开了许多家分店，他于是决定向海外扩展，可是由于他在海外没有根基，要想从头发展也是很困难的。为此乔西亚一直犹豫不决。

　　正在这时，他突然收到一封从墨西哥寄来的陌生人的信，原来正是多年前他曾经帮过的那个流浪青年的信。

　　此时那个年轻人已经成了墨西哥一家大公司的总经理，他在信中邀请乔西亚来墨西哥发展，与他共创事业。这对于乔西亚来说真是喜出望外，有了那位年轻人的帮助，乔西亚很快在墨西哥建立了他的连锁店，而且发展得异常迅速。

　　在别人困难时伸以援手，尽自己所能去真心诚意地在物质或精神上给他人以宽慰，不见风使舵，更不落井下石。在人际交往中，见到给人帮忙的机会，要立马扑上去，像一只饥饿的松鼠扑向地球上最后一粒松子一样。因为人情就是财富，人际关系一个最基本的目的就是结人情、有人缘。成功者就是这样善于发掘潜力股，更要懂得放宽心思不要紧盯着潜力股。多施舍一些于自己并不损失多少，而多付出一些自然会有更多人享受到帮助，渡过难关，还有什么比这更有意义的呢？

●●●●经济学家提醒你●●●●

积极发现"潜力股"，并加以细心培养，助其一臂之力，以成人之好；无时无刻不在积累自己的人脉，不断发掘潜在的新一代力量，只有这种先见之明，才能使你得到众人辅助，以一人之力借百人之力，以众人之能成就光辉事业。

狡兔三窟，多个朋友多条路

某钢材公司销售部门经理李文墨，听说某公司要进一批钢材，正在联系货主。李文墨于是和该公司联系，但是他发现已有数家钢材公司同时和这家公司联系，竞争十分激烈。李文墨通过调查该公司人员材料发现，该公司的一位部门经理竟是自己高中时的同学钱昊，虽然两人已有十多年没见面了，但是李文墨还是决定约见钱昊。

周六晚上，李文墨和钱昊二人在"聚仙楼"酒家相聚。见面后，自然是感慨万千，各自唏嘘不已。一阵寒暄后，李文墨就谈起了高中时的往事：

"钱昊，不知你还记不记得，高一时我们的那次春游。那时真是天真烂漫，记得爬山时的情景吗？咱班的马元元怎么也爬不动了，让你拉她一把，你脸红得不得了，还不好意思拉人家！"

钱昊不好意思地笑了起来："我那时哪有那么大的胆子，不比你，用一条橡皮'蛇'吓得女生们都不敢往前走了。还是我揭穿了你的诡计，把你的'蛇'扔到了山下，你还吵着让我赔来着！"说着两个人都笑了起来。

两个人又谈起了高中时的许多往事，不禁越谈越来劲，越谈越动情，两个人都落了泪。

时间已经不早了，两个人又聊到了当前的工作，李文墨顺势说："我们公司最近有一批好钢材，质优价廉，听说你们公司正需要，怎么样，咱兄弟也合作一回吧？"

当时的钱昊还正沉浸在高中的记忆之中，一听到老同学有所求，自己公司又需要，二话没说，当即就说："这不是太容易了嘛！回去我就跟我们的销售经理说，凭我和他的关系，保证没问题。"果不其然，几天后，在老同学的帮助下，李文墨顺利地签订了购销合同。

俗话说，多个朋友多条路。一个人不可能完成所有的事情，如果你有足够的人脉资源，那么你就可以把一个人的问题变成别人的问题，求助于朋友，帮你渡过难关。搭建丰富有效的人脉资源就是到达成功彼岸的不二法门，是一笔看不见的无形资产！

就像上文中的李文墨一样，他正是利用与钱昊的这层同学关系，先勾起对方的回忆，再顺水推舟，提出合作之事，钱昊也乐得做个人情。双方既增进了友情，又做成了生意，可谓是一举两得。

当今社会，不管是同学关系、亲人关系，还是同事关系，如果办事求到他们中间的任何一个，只要你用心去办了，再难的事也不难。像李文墨借用同学关系办事，这就是关系学的运用。要是没有这个朋友，他还真难找到出路呢。

好风凭借力，送我上青云。说的是柳絮在风的助力下，青云直上，飞上蓝天。生活中，这种"好风"，就是我们的朋友、同事、亲戚，甚至素不相识的人，当然还包括机遇等等无形的事物。一个人的力量总是有限，只有借助于外力，才能够实现自己的理想。

成功人士无一例外都善于经营自己的人际网络，他们的朋友圈子不仅有可能培养了助其日后成功的贵人,也有效地给自己创造了保护层。多个朋友多条路,多个小人多堵墙。想要成功,先要学会交朋友,给自己创造人脉圈!

有时候,很多人怀才不遇,没有遇到合适的机会来展示自己的能力,如果你能够在平时注意培养自己的人脉圈、朋友圈,多结交一些人,那么这些人就有可能成为助你成功的人。

康多莉扎·赖斯1954年11月14日出生在种族隔离制盛行的亚拉巴马州伯明翰,小名康迪。和那里的很多黑人儿童的悲惨命运不同,赖斯从小就受到了良好的教育,在家人的保护下顺利长大,并凭借个人的努力获得了成功。

赖斯家相信这样一条严峻的真理:黑人的孩子只有做得比白人孩子优秀两倍,他们才能平等;优秀三倍,才能超过对方。父母告诉康迪,在伯明翰以外有更多的机会,如果她勤奋学习,力争上游,就会得到回报。进入学校后,康迪学习十分出色,一年级和七年级都跳级了。赖斯说:"我上过芭蕾舞课,学过法语,还上过礼仪课。"康迪的外祖父母从各方面保证孩子们不受种族主义的伤害。

康迪的母亲是一位钢琴教师,因此康迪从幼年时起就开始接受母亲孜孜不倦的音乐教育。康迪一直梦想成为职业钢琴家,16岁那年她进入父亲所在的丹佛大学拉蒙特音乐学院学习钢琴演奏。除了钢琴,康迪在运动方面也很有天赋,网球和花样滑冰玩得都很出色。儿时的她受父亲影响,对美式橄榄球也十分着迷。她曾经开玩笑地说,如果能够当上美式橄榄球联盟主席,她宁愿不当国家安全顾问。

在大学里,一堂国际事务课改变了她的命运。那堂课的主讲者是约瑟夫·克贝尔,主题是列宁的继承者斯大林。赖斯突然发现,"苏联政治居然那么有意思"。她说:"俄罗斯让我从音乐中跳了出来。"19岁那年,赖斯大学毕业,26岁获博士学位,精通四门语言的她随后成为斯坦福大学的助教,专攻苏联的军事事务。

这些只是赖斯的基本功，真正助她成功的机会是在1987年斯坦福大学的一次晚宴上，当时赖斯几句简短而有特色的关于苏联问题的分析，引起了曾任福特总统国家安全事务助理的斯考克罗夫特的兴趣。1988年大选之后，斯考克罗夫特成为老布什总统的国家安全事务助理。赖斯随后被任命为国家安全委员会苏联事务司司长，并很快成为老布什总统和夫人芭芭拉的私人朋友。

1995年小布什刚刚当选为得克萨斯州州长后，老布什安排赖斯同自己的儿子首次会面。1998年，当两人再次见面时，话题已转为下任总统所面对的外交情势了。面对布什家族的邀请，赖斯没有丝毫犹豫，她迅速辞去了斯坦福的教职，专心辅佐小布什。在小布什当选美国总统后，赖斯出任美国国家安全顾问，成为美国政坛最耀眼的政治女明星之一。

若不是成为前总统夫妇的朋友，赖斯应该没那么顺利地成为小布什的幕僚，并迅速成为政坛明星。可见，你的朋友圈子里要有这样的权力人物，为你提供一个发展的平台，不然的话，再多的"臭皮匠"也只是臭皮匠，只会让你跟他们一样混日子，不会有大出息。

不过，朋友结交容易，维持一辈子患难相助的真情却不容易。相处难，任何感情都需要在交往过程中多一点包容和忍让，这样才能让朋友间的温度不会下降，距离不会疏远，永远作为支持你的后备军。

朋友之间，亲人之间，无时无刻都有"东风压了西风，西风压了东风"的事情发生，吃点眼前亏，退一步海阔天空，可以避免大家的关系僵化，避免因一时的冲动而白白失去珍贵的感情。历史上著名的"管鲍之交"，正是说明了这一点。

管仲和鲍叔牙一起做生意，管仲因为家境不好，经常会在分红的时候给自己多算一点，或者在其他地方占一点小便宜。旁人都在鲍叔牙面前说管仲的坏话，但是鲍叔牙却处处为管仲说话，后来还推荐他做了宰相。

正是因为鲍叔牙肯吃亏，才交到一位挚友，而且为国举才，利益了全国人民。所以一个人懂得付出，不计较吃亏，才可能有一个多彩的人生，相反过于精明，只知道接受，却吝于付出，必定是一个贫穷的人生。

●●●经济学家提醒你●●●

　　广泛结交朋友，培养人脉，有些时候不一定是为了谋求更多的利益。退一步讲，而是为了避免自己受到他人的潜在攻击，保证自己至少能够拥有一块立足之地，这也是自我保护的一种方式。所以，在努力提高自身能力的时候，千万不要忽略对自己人脉的关注。

　　做任何事情都是需要点经济头脑的，交朋友也一样，别把自己的感情都放在一个篮子里，多找几个篮子，你会受益无穷的。

第六章
高薪高位是设计出来的

——18岁后要懂点职场经济学

蝴蝶效应：小处不可随便

混沌学的创始人之一爱德华·洛伦兹在他的一次演讲中提出：一只南美洲亚马孙河流域热带雨林中的蝴蝶，偶尔扇动几下翅膀，可能在两周后引起美国得克萨斯州的一场龙卷风。

蝴蝶效应的含义是：一个细微的变化通过某种非线性的反馈系统可能会引发始料不及、影响巨大的后果。蝴蝶翅膀的运动，导致其身边的空气系统发生变化，并引起微弱气流的产生，而微弱气流的产生又会引起四周空气或其他系统产生相应的变化，由此引发连锁反应，最终导致其他系统的极大变化。这次演讲和结论给人们留下了极其深刻的印象，从此以后，所谓蝴蝶效应之说就不胫而走，声名远扬。

蝴蝶效应之所以令人着迷，不但在于其大胆的想象力和迷人的美学色彩，更在于其深刻的科学内涵和内在的哲学魅力。西方有一首民谣唱道：少了一颗钉子，坏了一只马掌；坏了一只马掌，毁了一匹战马；毁了一匹战马，伤了一个骑士；伤了一个骑士，输了一场战役；输了一场战役，亡了一个国家。马掌上少了一颗钉子，这本来是一个极其微小的初始条件，但正是这个极其微小的初始条件，经过不断地放大，最终导致了一个国家的灭亡。

生活中到处充满着蝴蝶效应。美国福特公司名扬天下，不仅使美国汽车产业在世界占据鳌头，而且改变了整个美国的国民经济状况。可是，谁又能想到该奇迹的创造者福特当初进入公司的"敲门砖"竟是"捡废纸"这个简单的动作。

那时福特刚从大学毕业，他到一家汽车公司应聘，一同应聘的几个人学历都比他高。在其他人面试的时候，福特感到没有希望了。当他敲门走进董事长的办公室时，发现门口有一张纸，很自然地弯腰将它捡了起来，看了看，原来是一张废纸，就顺手把它扔进了垃圾篓。董事长将这一切看在眼里。福特刚说了一句话："我是来应聘的福特。"董事长就发出了邀请，"很好！福特先生，你已经被我们录用了。"福特很惊讶。

董事长说："你的竞争对手们虽然学历比你高，但他们的眼睛只能看见大事，而看不见小事。你的眼睛能看见小事。我认为能看到小事的人，将来自然能看到大事。一个只看大事，而忽略小事的人，是不会成功的。"

原来这个让福特感到惊异的决定，实际上是源于他那个不经意的动作。从此以后，福特开始了他的辉煌之路。

福特的收获看似偶然，实则必然。他下意识的动作出自一种习惯，而习惯的养成源于他的积极态度，这正如著名心理学家、哲学家威廉·詹姆士所说："播下一个行为，你将收获一种习惯；播下一种习惯，你将收获一种性格；播下一种性格，你将收获一种人生。"

事实上，被科学家用来形容说明混沌理论的蝴蝶效应，对于学习和工作中的年轻人有很大的意义：一次大胆的尝试，一个灿烂的微笑，一种积极的态度和一个善意的举动，都有可能触发生命中意想不到的起点，它能带来的远远不止一点点的喜悦和表面上的报酬，或许，它能改变你的整个人生轨迹。

谁能捕捉到对生命有益的"蝴蝶"，谁就不会被社会抛弃，你找到属于自己的蝴蝶了吗?

●●●●经济学家提醒你●●●●

在如今的时代，每个人的命运都会受蝴蝶效应的影响。精简机构、下岗、取消福利房等措施，让越来越多的人远离传统的保障，随之而来的是靠自己决定命运。而组织和个人自由组合的结果就是：谁能捕捉到对生命有益的"蝴蝶"，谁就不会被社会抛弃。

木桶理论：迷失还是强化

木桶原理是由美国管理学家彼得提出的。它说的是由多块木板构成的水桶，其价值在于其盛水量的多少，但决定水桶盛水量多少的关键因素不是其最长的板块，而是其最短的板块。这就是说任何一个组织，可能面临的一个共同问题，即构成组织的各个部分往往是优劣不齐的，而劣势部分往往决定整个组织的水平。

木桶理论的直接意义有两个：其一，比最低木板高的所有木板的高出部分都是毫无意义的，高得越多浪费越大；其二，要想提高木桶的容量，应该设法加高最低的木板的高度，以增大木桶容量。这是最有效也是唯一的途径。

类似的现象在现实生活中屡见不鲜，不胜枚举。城市的道路系统是"木桶效应"极为显著的一个例子，道路的总体通车能力，不是取决于最宽的地方，而是取决于最窄的地方，也就是我们平常所说的"卡口路"。就是那些历史形成的卡口，制约着城市性能进一步提高。解决这些卡口等于是补齐了那最短的木条，能够即刻显著提高城市道路系统的整体效能，实为一种事半功倍之举。

然而彼德·杜拉克曾在《哈佛商业评论》撰文指出，"精力、资源和时间应该用于将一个能干的人变成一个出众的明星"，而不是"把注意力集中于无能的做事者"。这是一个与木桶理论相悖的忠告，我们暂称之为"杜拉克原则"。

彼德·杜拉克认为："从无能提高到中等水平所耗费的精力和劳动，远远超过从一流表现提高到卓越超群所需耗费的精力和劳动。"因而人们不应该把努力浪费在改善低能，而是应该使那些表现一流的人变得更加卓越超群。尽管我们还不能确切地知道这其中到底能节省多少精力、资源和时间，但这个道理是被人们普遍接受的。

木桶理论着眼于人的不足、人的缺点，而且认为人们的缺点、不足都是不好的，因而总是牢牢地盯住人的缺点和不足，千方百计地试图让人改正缺点。木桶理论在理论上是完全成立的，在现实的生活中，却很少有人这样做。因为短的木板通常是由于被损坏，而它又会损及周围的两块木板，因而增高一块木板是没有意义的。而同时更换三块木板，这成本也是相当高的，搞不好要把木桶拆开重新组装！我们要付出原材料、加工费、拆开、重组的劳动与时间。如果选材不当，木板之间的寿命不同，木桶还会有多次损坏的可能。

由于成本过高，我们很难见到加高短木板以增加木桶容量的实际案例，相反我们常常看到把大木桶截成小木桶的情形。因为一块木板损坏的同时，其他木板也会有不同程度的损坏，于是把高于最低木板的部分全部截去。这样既不会影响木桶的容量，又不会因木板的参差不齐而影响美观，同时还减轻了重量。这是实际的木桶理论。

而杜拉克原则则关注人的优点，千方百计地创造条件，使人们把精力、时间和金钱都用在尽量发挥人的优点上，而让人的缺点和不足不起作用，或者至少不干扰优点的发挥，即用己所长，避己所短。

"金无足赤，人无完人"，这是尽人皆知的道理。一般情况下，每个人都有最适合他的工作，也有他最不擅长的工作。如果一个人将有限的时间、精力和金钱都用在克服错误、改善不足上，也许他的优点永远得不到发挥，甚至他一生都不知道自己是否有优点，有哪些优点，这是极其可悲的。

因此，与其把眼睛盯在自己的不足上，不如把精力都放在关注自己的优点上。

研究表明，人的大部分性格与特点是与生俱来的，后天的因素只占40%左右。后天养成的习惯、形成的观念比较容易改变，而先天形成的性格、特点一般不容易改变，即所谓"江山易改，本性难移"。同一对父母所生的子女无论怎么相像，仍然各不相同；一个无论多么优秀的教师，教出来的学生也不会一样；无论人们怎样崇拜、敬仰爱因斯坦，去学习他，世界上也只有一个爱因斯坦。正如世界上没有两片完全一样的树叶。

也许正是每个人都保留了与其他人不同的外貌、体征、性格、人格特点，人类社会才会如此丰富多彩。如果强制人们的某些性格特点，人们就失去了自我。

坏习惯必须改掉，因为它妨碍你取得绩效。你在某一方面的不足并不一定要花大力气提高到哪怕只有中等水平。因为，这样做很可能不是改善你某一方面的能力，而是使你失去自我。

保留自我，把精力用在发挥你的优点上。当然，这需要你真正知道自己的优点究竟在哪里，你在哪些方面会有更大的作为，不要在你不可能有作为的领域浪费时间、金钱和精力，把有限的精力最大限度地放在发挥你的长处上。

●●●经济学家提醒你●●●

木桶理论认为，一个人成就的大小，就像木桶盛水的多少一样，往往不是取决于他的长处有"多长"，而是取决于他的短处有"多短"。他的长处只是表明他具有这方面的长处，并不代表他在这一方面一定能有所作为，而他的短处则往往决定他在这方面成就的大小。

二八法则：决定效益的关键

通常情况下，我们80%的努力，与我们得到的报酬和成果没有关系，或者说没有直接的关系。二八法则主张，以小的投入和努力，来获取大的结果、产出或酬劳。做到80%的产出，来自于20%的投入；80%的结果，归结于20%的起因；80%的成绩，归功于20%的努力。

1897年，帕累托在研究中偶然发现这样一件奇怪的事情：19世纪英国人的财富分配呈现一种不平衡的模式，大部分的社会财富都流向了少数人手里。偶然的发现引起了帕累托的研究兴趣，经过研究发现，这种不平衡的现象在不同时期不同国度都能见到，而且这种不平衡的模式有统计学上的准确性，而且在数学上呈现出一种稳定的关系。最终，帕累托归纳出了这样一个结论：如果20%的人口拥有80%的财富，那么就可以预测，10%的人将拥有约65%的财富，而50%的财富，是由5%的人所拥有。这就是二八法则，又被称为帕累托法则、帕累托定律、80/20定律、最省力法则、不平衡原则等。

由此，80/20便成了财富分配等诸多现象不平衡关系的简称，而二八法则也时刻在影响着我们的生活。

社会上20％的人占有80％的社会财富。也就是说财富在人口中的分配是不平衡的，反映在数量比例上，大体就是2：8。

在商品营销中，商家往往会认为所有顾客一样重要；所有生意、每一种产品都必须付出相同的努力，所有机会都必须抓住。而二八法则恰恰指出了在原因和结果、投入和产出、努力和报酬之间存在这样一种典型的不平衡现象：

80％的成绩归功于20％的努力；市场上80％的产品可能是20％的企业生产的；20％的顾客可能给商家带来80％的利润。

遵循二八法则的企业在经营和管理中往往能抓住关键的少数顾客，精确定位，加强服务，收到事半功倍的效果。美国的普尔斯马特会员店始终坚持会员制，就是基于这一经营理念。许多世界著名的大公司也非常注重二八法则。

比如，通用电气公司永远把奖励放在第一，它的薪金和奖励制度使员工们工作效率更高，也更出色，但它只奖励那些完成了高难度工作指标的员工。摩托罗拉公司认为：在100名员工中，前面25名是好的，后面25名差一些，应该做好两头人的工作。对于后25人，要给他们提供发展的机会；对于表现好的，要设法保持他们的激情。

二八法则反映了一种不平衡性，它却在社会、经济及生活中无处不在。只要细心观察，你就会发现：

——20％的产品或20％的客户，为企业赚得约80％的销售额。

——20％的罪犯的罪行占所有犯罪行为的80％。

——20％的"汽车狂人"制造80％的交通事故。

——80％的能源浪费在燃烧上，只有20％可以应用到车辆中，而这20％的投入，却回报以100％的产出。

——在一个国家的医疗体系中，20％的人口与20％的疾病会消耗80％的医疗资源。

——世界财富的80%,为20%的人所拥有。

这一法则会让我们具备独特的思考方向与分析方法,可以让我们针对不同问题,采取明智的行动,让我们更有效地做事,做最有价值的事。

在做一件事情之前,我们可以假设在付出与所得之间存在这种不平衡关系,然后通过搜集资料来计算这种不平衡关系的百分比,当然也可以做个大概的估计,接下来我们就要问自己这样一个问题:"是什么因素能让20%的原因产生80%的结果?"

而正是对这一问题的全新思考过程,会改变你以往的思维习惯和行为方式,从而找到一条崭新的途径,重新运用和优化手里的资源,进而达到自己的目的。

80/20法则提出了这样的一个主张:要以小的投入和努力,来获取大的结果、产出或酬劳。也就是说,要付出20%的努力,来争取80%的成果。让关键的少数,决定整个组织产出、盈亏和成败。这一现象就是80/20法则所要表达的含义,在现实中,很多人对这一法则感到陌生,但这一法则却无时无处不存在于我们的周围。

●●●经济学家提醒你●●●

1.考虑全局,从最有价值的部分做起。

2.做事情要寻求捷径,而非全程参与。

3.在生活中,尽量用最少的努力来达到自己的目的。

4.抓住关键做出你自己的决策。

5.做事要有选择性,有目的性,不要事无巨细地逐一参与。

6.要专注于某件事情,不要事事都要求自己有好的表现。

7.只做我们最拿手也最喜欢的事情。

人力资本：你的价值有多高

古语说："千军易得，一将难求。"求的就是高质量的人才。我国著名核物理学家钱学森当年从美国回归时，遇到百般阻挠，原因何在？一位美军高级将领给出了形象的答案，他说，宁愿枪毙钱学森，也不愿意他回到中国，因为他"一个人可以顶5个师"。所以钱学森在美国被扣5年才得以返回，而他一回国，便对"两弹一星"的成功起到至关重要的作用。这就是人才的重要性，其释放出的能量与一般人的无法相提并论。

我们举出这个例子，是为了提出一个问题，那就是像钱学森这样的人才是如何形成的呢？我们如何才能让自己拥有更多的资本。这种资本也就是现代经济学中所谓的人力资本。

虽然最早的人力资本思想可以追溯到古希腊思想家柏拉图的著作。但比较完整的理论体系是由20世纪60年代，美国经济学家舒尔茨和贝克尔首先创立的。按照他们的理论，人力资本是指存在于人体之中的具有经济价值的知识、技能和体力（健康状况）等质量因素之和。简而言之，就是指劳动者受到教育、培训、实践经验、迁移、保健等方面的投资而获得的知识和技能的积累，亦称"非物力资本"。

由于这种知识与技能可以为其所有者带来工资等收益，因而形成了一种特定的资本——人力资本。这一理论有两个核心观点，一是在经济增长中，人力资本的作用大于物质资本的作用；二是人力资本的核心是提高人口质量，教育投资是人力投资的主要部分。

人力资本，比物质、货币等硬资本具有更大的增值空间，特别是在当今后工业时期和知识经济初期，人力资本有着更大的增值潜力。因为作为"活资本"的人力资本，具有创新性、创造性，具有有效配置资源、调整企业发展战略等市场应变能力。对人力资本进行投资，对GDP的增长具有更高的贡献率，因为人力资本的积累和增加对经济增长与社会发展的贡献远比物质资本、劳动力数量增加重要得多。美国在1990年人均社会总财富大约为42.1万美元，其中24.8万美元为人力资本的形式，占人均社会总财富的59%。其他发达国家如加拿大、德国、日本的人均人力资本分别为15.5万美元、31.5万美元、45.8万美元。

人力资本理论主要有以下内容：

（1）人力资源是一切资源中最主要的资源，人力资本理论是经济学的核心问题。

（2）在经济增长中，人力资本的作用大于物质资本的作用。人力资本投资与国民收入成正比，比物质资源增长速度快。

（3）人力资本的核心是提高人口质量，教育投资是人力投资的主要部分。不应当把人力资本的再生产仅仅视为一种消费，而应视同为一种投资，这种投资的经济效益远大于物质投资的经济效益。教育是提高人力资本最基本的手段，所以也可以把人力投资视为教育投资。生产力三要素之一的人力资源显然还可以进一步分解为具有不同技术知识程度的人力资源。高技术知识程度的人力带来的产出明显高于技术程度低的人力。

（4）教育投资应以市场供求关系为依据，以人力价格的浮动为衡量符号。

我们常说的充电其实就是让自己拥有更高的人力资本的一种方式，当然，在工作的过程中，我们也可以通过积累工作经验来增加自己的人力资本。无论是学习，还是工作，我们都必须以提高自我的能力为前提，学以致用，并在实践中积累自己工作的经验。

只要拥有了雄厚的人力资本，成为了一个名副其实的人才，能够为公司创造效益，就不怕公司不给你加薪了。

●●●●经济学家提醒你●●●●

　　既然我国是一个人口大国，那就必然拥有庞大的人力资源，要想把庞大的人力资源转化为人力资本，关键在于提高人力素质，其重要途径在于形成全民学习、终生学习的学习型社会，把中国建成世界最大的学习型社会。作为这个社会中的个人，我们要不断地学习，不断地接收新的知识，以提升自己的人力资本，为社会创造更多的价值，从而得到社会的认可。

择业中的"热门"、"冷门"说

　　苏苏的哥哥刚刚毕业于南京某名牌大学，所学专业正是时下热门的计算机技术。在人山人海的招聘会上，他信心满满地去求职。然而，先后递了几十份简历却没有任何结果。不仅如此，和他同专业的学友似乎也遇到了同样的难题。这一切让很快就面临着高考填志愿的苏苏疑惑不解：计算机不是热门专业吗，为什么会出现求职难的问题？

　　确实，虽然这几年IT行业看上去十分热门，但是现在很多大学的计算机本科毕业生都难以找到满意的饭碗。这是因为人才市场上并不缺乏一般的计算机人才，缺少的是顶尖的、高级的专业精英。另外，因为前些年的计算机人才走俏，造成人们一窝蜂地选择这个专业，庞大的毕业生数量使得整个就业形势受到影响。计算机，作为曾经公认的热门专业，已经出现了"热门不热"的现象。

　　与之相比，某西部高校哲学专业的大学生，所谓冷门专业并没有限制他们的出路。毕业时，有人在电视台找到工作，有人当记者、教师，还有企业策划——甚至有几个大三时就和用人单位签了合同。一位毕业生表示："当初找工作时，用人单位并没有特别在意我的专业出身，他们更看重的是我的沟通能力和适应社会的能力。"

除此以外，经过调查，近两年曾被认为供需较小的传统冷门——地质学专业的毕业生也几乎都找到了工作。由共青团中央学校部和北京大学公共政策研究所近年发布的一项调查显示，农学专业的就业水平最高，达到78.38%；被视为冷门专业的哲学和历史学就业率分别达到40.35%和51.85%。正所谓"三十年河东，三十年河西"，上述就业情况让我们感觉到了冷门专业已经不再像昔日那样被人们冷眼相视；相反，它正以自身的优势在逐渐升温。

另据调查，我国现在已经有很多考生第一志愿就报考了冷门专业。人们传统观念上认为的社会需求相对较小的专业，如哲学、历史、地质、海洋、气象、农业、林业、勘探等，近几年的报考人数都呈现出增加趋势，这正是"冷门不冷"。

那么，我们应该如何看待这些形势的变化呢？

在我国，有一种传统的说法叫做"一技傍身"，指的就是专业选择。在现代人看来，专业选择早已经不再仅仅是选择未来从事的行业，更是选择未来的一种生活方式——这是一个事关发展前景、就业方向、兴趣爱好的选择。它已经成为人生规划的第一步，特别在近年来，我国越发严重的就业形势之下。

我们应该明确，从长远看人才对于市场，永远是紧缺资源。但是，在市场上，人才同样也面对着供求规律的支配。供大于求时，某行业的人才求职就会受到影响；反之，供小于求时，该行业的人才就会成为抢手货。一些曾经热门的专业，如新闻专业，由于招生太多，导致几年后该专业就业不佳，已经成为就业"困难户"。而与此同时，有些冷门专业却出现了升温的现象，这也是供求规律在起作用。一些冷门学科的社会需求比较稳定，学生人数却相对比较少，竞争相对较小，所以出现了稳中有升的现象。

具体到个人，又该如何选择自己的专业呢？

第一，要有明确的目标，根据个人兴趣选择合适的方向。比如，如果将来想做研究型人才，选择基础学科就会更为合适。一个人应该要对自己有一个职业规划，个人的职业生涯规划不一样，选择的专业自然会不同。

第二，充分了解热门专业的市场行情。要注意，热门专业往往具有很强的时效性，并非都会一直热下去，应该对该专业几年后的就业形势作出一定的评估。

第三，充分发挥自己的能动性，针对社会环境就业形势不断对自己进行完善补充，加强自我的拓展实践。一个人，只要有毅力，有热情，完全可以凭借自己的争取和努力，进行各种学习培训，对自己的人生作出及时改进。

归根结底，没有永远的冷门，也没有永远的热门，一切都是随着社会市场的变化而变化着。选择专业不要太拘泥于冷门和热门，选择自己最有兴趣的、将来最想做的，才是上上策。要知道，只有这样，一个人才能在自己热爱的行业深入钻研。试想，假如你有着扎实的理论知识、高深的业务能力和娴熟的交际能力，那么，无论你学的是什么专业，做的是哪个行业，最终都会有所成就。

● ● ●经济学家提醒你● ● ●

一技之长，立身之本，这是人们都明白的道理。然而，学习什么技能，进入何种行业，却并非易事。面对日益严峻的就业形势，"热门不热"与"冷门不冷"的变化更为择业增加了难度。其实，一个人只要拥有进取的热情、扎实的技能和良好的人际关系，无论选择什么专业，都会有所成就。这才是问题的关键所在。

为什么名牌大学毕业生拿高薪

　　教育家斯宾塞在哈佛大学读博士的时候，发现一个很有意思的现象：很多MBA在进哈佛之前很普通，但经过几年哈佛的教育，他们就业后能比之前多赚几倍甚至几十倍的钱。这不禁使人疑惑：哈佛的教育真的有这么厉害吗？

　　斯宾塞研究的结果是：教育更重要的是具有信号传递的作用。

　　这就是名牌的作用。名牌大学或明星企业也可能出现次品，但这样的概率相对来说比较低。而且，名牌的建立是其多年有效信息费用累计的结果，没有人愿意轻易毁掉自己的信誉，因此，就算出了问题，解决的成本也会很低。所以，在市场经济中，企业认为品牌是最有效的信息传递手段。

　　基于这种观点，一些招聘会上专设"入场资格审核区"，非名牌大学毕业生连入门的资格都没有。审核的程序非常简单：首先看学校，不是名校，就会被拒绝。对此，一位资格审核官明确表示，此次招聘会只是面对名校学生，只接待全国排名前20名的高校的毕业生，像北大等名牌大学的学生肯定能进去。

　　企业的这种做法引起很多学生的不满，他们对该企业这种只认"牌子"的做法非常气愤，认为是歧视。"连面试的机会都不给我，怎么知道我的水平？"一位学生说，自己的成绩很好，而且有丰富的社会实践经验，"但门还没进就被拦下来，这公平吗？"

　　这确实有些不公平，但是企业有自己的道理，而且在一定意义上，这些道理并非完全不正确。企业的苦衷在于，他们为一直找不到合适的人选而困扰。他们表示：名校限制是无奈之举。这还要从信息不对称说起。因为应聘者往往比企业更清楚自己的能力。设想市场上有两种应聘者：高能者和低能者。两者都积极向雇主传递自己能力很强的信息，尤其是低能者要想法设法把自己伪装成高能者。这时候，教育程度和受过什么样的教育就成为一种可信的信息传递工具。为减少人才招聘中的失误，提高新人的质量，在不考虑企业特定岗位的情况下，博士优于硕士，硕士优于学士，名校毕业生优于非名校毕业生，毕竟前者的平均质量要高于后者。这时，学历是一个优先信号，即当没有其他信号可以作为对应聘者的合理评价标准时，应当重视学历的作用。

当然，高学历也不一定意味着高能力，名牌大学也会出现一些能力较差的学生，这是因为学历所发出的信号受到一系列因素的影响，因此不能完全真实地反映一个人的学识、能力和水平。

企业在招聘的时候，受信息不足的影响，会以学历作为依据。但是当一名应聘者成为企业的一员，企业就应该掌握该员工的其他信号，借助学历和其他信号对其进行综合考核。这时，衡量企业员工的标准不应过分偏重学历，而应该引入其他的标准。

●●●●经济学家提醒你●●●●

经济学中的信息不对称理论是指在市场经济条件下，市场的买卖主体不可能完全占有对方的信息，这种信息不对称必定导致信息拥有方为自己谋取自身更大的利益而使另一方的利益受到损害。

为什么高收入者的薪水涨得快

为什么像中石化、中石油、中国移动、国家电网等这些在众人眼里已经富得流油的、工资水平绝对高于社会平均工资水平的国家垄断企业还在酝酿着上调工资?自2006年起实施了公务员制度改革之后,各地公务员的"阳光工资"都还有不同程度的上涨?与此同时,其他行业和社会阶层的工资是否也在上涨呢?

现实一次又一次地证明了高收入者的薪水比普通人的薪水涨得快这一经济学上的铁律。有调查结果显示,2007年一些薪水收入最高的行业,也是2007年薪酬涨幅最高的行业。其中,房地产、金融和IT是2007年薪酬水平最高,也是薪酬涨幅最高的三大行业。在英国社会学教授斯科特·拉什的眼中,中国人薪酬最高的行业集中在金融、IT以及电视台等。这些行业或单位的许多人除了拥有高工资之外,大多还拥有公司给予的股权激励。

全国性的调查数据具有可参考性,但各地又都具有各自的特点,下面以较有代表性的几个城市的数据为例,具体看一下收入高者工资增长的趋势。

厦门:技工和房地产人员的工资涨得最快。从厦门市发布的2007年劳动力市场工资指导价格可以看出,技术工人和房地产开发人员的年工资增幅位居厦门240个工种的前列。厦门市从2000年开始发布工种的工资指导价位,从历年的数据可以看出,具有一定技术含量、市场急需的工种工资达到了成倍增长的速度。

南京:金融业工资上涨速度已经跃居首位。对于在证券、银行以及保险等领域工作的市民来说,可谓是"赶上了好光景",金融业已经连续3年增幅均保持在20%以上,以至于在2007年平均工资水平超过了信息传输计算机服务业和软件业位居首位,并且2007年的21.3%的增速也是所有19个门类中增长最快的。

上海:在对上海大约10万名职工2004年工资收入进行抽样调查和数据分析之后,结果显示,在上海,具有复合能力的人才、高技能工人以及现代服务员工的工资涨得最快。如今,现代工艺美术设计人员的年薪大多超过10万,增幅高达32%;舞台灯光师的年薪超过15万元,增幅也达到24%。其他领域的高级技能人员工资也在不断上涨，如营养配餐师的工资高位数可达10万元。

通过以上的数据分析可以看出，往往工资收入越高的人，其工资涨得越快。为什么会出现这种现象？原因主要有以下三个方面：一是行业利润高，企业支付高薪能力强；二是企业在资本市场运行乐观，员工股权激励部分相对较高；三是人才竞争相对市场化，人才竞争激烈，优胜劣汰，人才稀缺，市场上人才供不应求，人才价格自然水涨船高。所以，如何让自己跻身高收入者的行列已经成为每个人有待思考的人生重大课题之一。

●●●●经济学家提醒你●●●●

任何个体、群体或地区，一旦在某一方面，如金钱、名誉、地位等，获得成功和进步后，就会产生一种积累优势，就会有更多的机会取得更大的成功和进步。

第七章
理财，自己动手丰衣足食
——18岁后要树立正确的理财观

你不理财，财不理你

在我们身边，有许多人一辈子勤奋努力，辛辛苦苦地存钱，却又不知所为何来，既不知有效运用资金，亦不敢过于消费享受；或有些人图"以小博大"，不看自己能力，把理财目标定得很高，在金钱游戏中打滚，失利后不是颓然收手，而是放弃从头开始的信心，落得后半辈子悔恨抑郁再难振作。

要圆一个美满的人生梦，除了要有一个好的人生规划外，也要懂得如何应对各个人生阶段的生活所需，而将财务做适当计划及管理就更显得必要。因此，既然理财是一辈子的事，何不及早认清人生各阶段的责任及需求，制定符合自己的理财规划呢？

许多理财专家都认为，一生的理财规划应趁早进行，以免年轻时任由"钱财放水流"，老来时才嗟叹空悲切。

1.求学成长期

这一时期以求学、完成学业为阶段目标，此时即应多充实有关投资理财方面的知识，若有零用钱的"收入"应妥善运用，此时也应逐渐建立起正确的消费观念，切勿"追赶时尚"，为虚荣所役。

2.初入社会青年期

初入社会的第一份薪水是追求经济独立的基础，可开始实务理财操作，因此时年轻，较有事业冲劲，是储备资金的好时机。从开源节流、资金有效运用上双管齐下，切勿冒进急躁。

3.成家立业期

结婚是人生转型调适期，此时的理财目标因条件及需求不同而各异，若是双薪无小孩的"新婚族"，较有投资能力，可试着从事高获利性及低风险的组合投资，或购屋或买车，或自行创业等。而一般有了小孩的家庭就得兼顾子女养育支出，理财也宜采取稳健及寻求高获利性的投资策略。

4.子女成长中年期

此阶段的理财重点在于子女的教育储备金，因家庭成员增加，生活开销亦渐增，若有赡养父母的责任，则医疗费、保险费的负担亦须衡量，此时因工作经验丰富，收入相对增加，理财投资宜采取组合方式，贷款亦可在还款方式上弹性调节。

5.空巢中老年期

这个阶段因子女多半已各自离巢成家，教育费、生活费已然减少，此时的理财目标是包括医疗、保险项目的退休基金。因面临退休阶段，资金亦已累积到一定数目，投资可朝安全性高的保守路线逐渐靠拢，有固定收益的投资者尚可考虑为退休后的第二事业做准备。

6.退休老年期

此时应是财务最为宽裕的时期，但休闲、保健费的负担仍大，享受退休生活的同时，若有"收入第二春"，则理财更应采取"守势"，以"保本"为目的，不从事高风险的投资，以免影响身体健康及正常生活。退休期有不可规避的"善后"特性，因此财产转移的计划应及早拟定，评估究竟采取赠与还是遗产继承方式符合需要。

上述六个人生阶段的理财目标并非人人可实践，但人生理财计划也决不能流于"纸上作业"，毕竟有目标才有动力。若是毫无计划，只是凭一时之间的决定主宰理财生涯，则可能有"大起大落"的极端结果。财富是靠"积少成多"、"钱滚钱"地逐渐累积，平稳妥当的理财规划应及早拟定，才有助于逐步实现"聚财"的目标，为人生奠定安全、有保障、高品质的基础。

●●●●经济学家提醒你●●●●

理财要有新理念：

1.健康即省钱

有道是"健康是福"。身体健康不上医院不吃药，自然就能省下一大笔钱。如果不懂得爱惜身体而一味节省，什么都不舍得花，无疑步入一种"贪小失大"的误区。何况，如今医药费偏高，一旦身体不适，上一次医院少则几十元，多则几百元。若患上重病，可能会将多年积蓄一扫而光，严重的甚至有破产的危险。应该在健康上多做些投资，唯有健康才是最大的节约。

2.平安就是赚钱

人生在世，平平安安不仅是一种福气，而且等于赚了钱。因此，理财当把安全放在重要位置上。从居家到出门，从大人到小孩，从用电到用火，从电器到照明，从骑车到走路……都应该做好安全防范工作。如自行车、热水器、高压锅、电线等若出现老化、破损、陈旧、超期……就应该及时调换，不能为了省钱而将就。安全上不出问题，就等于抱了一个"金娃娃"。

3.心明不破财

现在市场上，骗人的把戏更是层出不穷，且往往打着各种诱人的幌子。要使自己不破财，就应该保持警惕。尤其是对那些类似"双簧"的把戏，更应该去掉"贪便宜"的心理。"天上不会掉馅饼"，明白了这一点，就不会上当受骗。不破财也是最成功的理财。

4.发现等于发财

现在值钱的东西越来越多，诸如钱币、字画、古董、家具、古籍……一旦发现其身价，简直是挖到了一堆金元宝。因此，在理财过程中还应该善于发现，一旦有所发现就会给你一个惊喜。尽管不是每个家庭都有可发现之物，但"明珠"被埋没的家庭恐怕也不会是少数。如上述这类值钱的东西在不少家庭都有一些。即使没有古董，现代的东西，如分币、像章、粮票、小人书……现在也开始值钱了。因此，在理财中，应该随时翻翻家里的"老底"，理理角落那些不起眼甚至是积满灰尘的东西，说不定就会有所发现，给你一个极大的惊喜呢！

先储蓄，后消费

一个富人有一位穷亲戚，他觉得自己这位穷亲戚很可怜，就发了善心想帮他致富。富人告诉穷亲戚："我送你一头牛，你好好地开荒，春天到了，我再送你一些种子，你撒上种子，秋天你就可以获得丰收、远离贫穷了。"

穷亲戚满怀希望开始开荒。可是没过几天，牛要吃草，人要吃饭，日子反而比以前更难过了。穷亲戚就想，不如把牛卖了，买几只羊。先杀一只，剩下的还可以生小羊，小羊长大后拿去卖，可以赚更多的钱。

他的计划付诸实施了。可是当他吃完一只羊的时候，小羊还没有生下来，日子又开始艰难了，他忍不住又吃了一只。他想这样下去不行，不如把羊卖了换成鸡。鸡生蛋的速度要快一点，鸡蛋可以马上卖钱，日子就可以好转了。

他的计划又付诸实施了。可是穷日子还是没有改变，反而日渐艰难。他忍不住又杀鸡了，最后，终于杀到只剩下一只的时候，他的理想彻底破灭了。他想致富算是无望了，还不如把鸡卖了，打一壶酒，三杯下肚，万事不愁。

春天来了，富人兴致勃勃地给穷亲戚送来了种子。他发现，这位穷亲戚正就着咸菜喝酒呢！牛早就没了，房子里依然是家徒四壁，他依然是一贫如洗。

理财就是要树立一种积极的、乐观的、着眼于未来的生活态度和思维方式。对无储蓄习惯的人来讲，他们就像这个故事中的穷亲戚一样，吃干花净，今朝有酒今朝醉，哪管明天喝凉水，这种生活态度和思维方式，是理财的大忌。

很多陷入困境的人都有过梦想，甚至有过机遇，有过行动，但要坚持到底却很难。一位非常有名的富人曾经说过：没钱时，不管怎么困难，也不要动用积蓄，要养成好的习惯，压力越大，越会让你找到赚钱的机会。

先储蓄后消费，会在很大程度上留存部分额度的可支配收入，为今后更好的生活奠定基础，同时，也是养成理性消费的重要措施。

在著名的美国第一学府哈佛大学，第一堂的经济学课，只教两个概念：第一个概念，花钱要区分"投资"行为和"消费"行为；第二个概念，每月先储蓄30%的工资，剩下来才进行消费。

大家都知道，哈佛教育出来的人，毕业后有很多人很富有，其实，他们每月的消费行为跟一般的普通百姓只有一点不一样，就是严格遵守哈佛教条：储蓄30%工资是硬指标，剩下才消费。储蓄的钱是每月最重要的目标，只有超额完成，剩下的钱才能消费。

　　巴菲特在他的书里说他6岁开始储蓄，每月30元。到13岁时，他有了3000元，他买了一只股票。年年坚持储蓄，年年坚持投资，十年如一日，他坚持了73年。而今的他，是超级富豪，一度比"微软"创始人比尔·盖茨还有钱。

　　现实生活中，有许多人忽视了合理储蓄在理财中的重要性。不少人错误地认为只要理好财，储蓄与否并不重要。持这种想法的人，实现财富积累难度很大，要想实现财务目标，必须要改变收支管理方式，要"先储蓄，后消费"！

　　那么，如何进行"先储蓄，后消费"呢？在你每个月领取薪水或是生活费、零花钱之后，将其中的一部分（如15%～30%）先存起来，用于储蓄或投资。剩下的钱用于消费，并且严格规定自己只能用剩下的这部分钱进行消费开支，不能超支。因为你只有这么多钱，你必须做好你的消费支出计划，对支出进行严格的控制。

　　通过"先储蓄，后消费"的理财方式，有两大好处：

　　第一，能够培养你的良好投资储蓄习惯，不断进行你的财富积累。

　　第二，能够培养你良好的消费习惯，对各项支出进行有计划的控制。因为你每个月的消费品、住房、交通、通信、休闲等各项开支先要做好预算，这个过程可以将每个开支项控制在预算内。

　　"先消费，后储蓄"与"先储蓄，后消费"这样一个简单的顺序变化，其实是一个重大的观念变化。"先储蓄，后消费"让你变得越来越富有。

●●●●经济学家提醒你●●●●

　　活期储蓄：是指不约定存期、客户可随时存取、存取金额不限的一种储蓄方式。活期储蓄是银行最基本、常用的存款方式，客户可随时存取款，自由、灵活调动资金，是客户进行各项理财活动的基础。

　　活期储蓄以1元为起存点，外币活期储蓄起存金额为不得低于20元或

100元人民币的等值外币（各银行不尽相同），多存不限。开户时由银行发给存折，凭折存取，每年结算一次利息。

活期储蓄适合于个人生活待用款和闲置现金款，以及商业运营周转资金的存储。

定期储蓄：是指约定存期，一次或分次存入，一次或多次取出本金或利息的一种储蓄存款。定期储蓄存款存期越长利率越高。

我国各大银行的定期储蓄主要包括：整存整取定期储蓄存款、零存整取定期储蓄存款、存本取息定期储蓄存款、定活两便储蓄存款、通知存款、教育储蓄存款、通信存款。

从这一刻开始存钱

强调10遍也不够的重要理财方法之一就是"节省用钱和储蓄是年轻时的优秀习惯"。有很多人是三四十岁后才开始理财的。但只是努力地阅读理财相关书籍，你就能变成有钱人吗？这是绝对不可能发生的事。

在这物价高涨、提倡消费的时代里，要想节省一点钱存进银行，并不是一件容易的事，尤其是年轻人。有很多人都会想，不超出预算就已经很不错了。但是，为了将钱节省下来，成为一个真正的有钱人，就得从年轻时就养成好习惯。

一旦养成了不好的习惯，以后想要改正过来会觉得异常艰难。像药物上瘾一般的消费习惯，要想改变它简直比刮自己的骨头还要痛苦。在这种痛苦来临之前，如果从十几岁开始就养成节省用钱和储蓄的好习惯，好好地了解经济学原理，那么在不久的将来，你变成有钱人的梦想，是会实现的。

虽然花钱非常快乐，储蓄十分痛苦，但若是不顾后果，疯狂购物，那么这种人肯定不会有美好的未来。有句话是这么说的："没有志气的人，连神都不会帮他。"

钱能使人产生两种相反的快乐。一种是花钱的快乐，另一种是赚钱的快乐。你是要选择花钱的快乐，还是要选择赚钱的快乐呢？不同的答案会让你拥有不一样的人生。如果赚了一点钱，就去刷卡消费买自己想要的东西，那就表明了这是一个消费毫无节制的人。若你不是出生于有钱人家，或是有妄想症把自己当做是有钱人，那么是没有理由这样做的。你应该在看中一样东西后反复地考虑，这件东西到底是不是自己需要的，会不会在买了之后就立刻后悔等问题，等你都想好了之后再购买也不迟。

若先体会到了花钱的快乐，那么你可能永远都不会知道存钱的快乐了。穷人有了一点点钱之后，就会先想把这钱用掉了再说。想买的东西都买了，想吃的东西都吃了之后才开始后悔："早知道应该先想想再说。"但这也是暂时的后悔而已，因为他们早已养成了无度消费的习惯，连定期储蓄的快乐也不知道，最后就这样终结掉了自己的一生。

任凭自己的欲望来指引行动的感觉，真的很让人着迷。可以在任何情况下都不管不顾，发现中意的商品就立刻买下来；有想吃的食物就先吃了再说；为了满足自己不切实际的想法，不考虑将来就先去做。然后呢？无论是向父母要钱，还是跟银行贷款，又或者是期待着出现一个朋友借给你钱……这些都是不负责任的行为。

很多时候，就算是必要的消费，也得先看看自己能不能负担得起，先思考一段时间之后再做选择，因为自己要做的事只有自己才最清楚。

有着消费不节制以及一些不良习惯的人，是不可能收拾得好自己东西的。假设一个家庭里有姐妹二人，姐姐能把自己的东西给保管好，而妹妹则是一个把自己的东西四处乱放的人。姐姐清楚自己的东西是放在哪里的，知道什么不够了，所以一定会购买必要的东西。反之，妹妹则把自己的东西放得乱七八糟的，到了要用的时候却不知道放在哪了，所以会又去买。过了一段时间之后，整理自己的东西就会发现，刚买的东西是以前都添置了的。

你是像上例中的姐姐还是妹妹呢？如果像姐姐，那么变成有钱人的概率高。如果像妹妹，那么想要变成有钱人的话，第一件要做的事就是要改掉自己以前的习惯，要开始熟练地收拾自己的东西。此外，属于妹妹类型的人，在做家庭财政简表和管理账本上可能会觉得很痛苦，但这只是暂时的，以后就会慢慢习惯。

如果不能勇敢面对自己现在的情况，积极改变自己，那你的富人梦只会是遥遥无期。

●●●●**经济学家提醒你**●●●●

1.少存活期，多存定期；少存短期，多存长期。

2.滚动存储既方便又能够提高利息。例如，将自己的储蓄分成12等分（或若干等分），然后每一个月都去存一个1年的定期，或者将每个月的余钱不管多少，都存1年定期，这样一段时间下来，我们每个月都会有一笔定期存款到期，可供提取使用，从而也不会减少自己的利息收入。

3."存本存利"的方法可以增加利息的数量，即将存本取息与零存整取相结合，通过利滚利达到收益的最大化。

4.存款前后，应多注意各种问题，比如，办完手续后的检查、看清楚利率变化，如果你没有办理自动转存业务，那就千万记得要及时转存。

养成量入为出的习惯

英国作家狄更斯的小说《大卫·科波菲尔》中有一位米考伯先生，狄更斯借他的嘴说出："一个人，如果每年收入20英镑，却花掉20英镑6便士，那将是一件最令人痛苦的事情。反之，如果他每年收入20英镑，却只花掉19英镑6便士，那是一件最令人高兴的事。"这就体现了"量入为出"的理性消费原则。一旦违背了这个原则，就会造成理不清的消费债务链，就会削弱人们未来的消费能力。

"量入为出"的意思是根据收入的多少来决定开支的限度。"量入为出"是我国古代哲人对当家理财的精髓总结，在今天仍具有重要的现实意义。

有人或许会说："这个道理我们知道。这叫做节约，就像吃蛋糕，蛋糕吃完了就没有了。"但是知道是一回事，能不能身体力行又是一回事，很多人就是在明知这个道理的情况下破产的。

在大众眼里，著名体育明星和演艺明星都是住豪宅开名车的富豪一族，而泰森为什么会陷入财务危机呢？

美国拳王泰森出身贫困，少年的他就开始参加拳击训练，通过不懈的努力渐渐在拳坛崭露头角，后来顺利成为世界拳王，一度所向披靡。随着大量财富蜂拥而来，他很快累积了有四亿多美元的财产。

泰森有着几亿美元的身家，在鼎盛时期所积累的财富，是一个普通美国人需要工作7600年才能拥有的。但他最后（2003年8月）却因为2700万美元的债务不得不申请破产，实在是令人难以置信。

按照泰森自己咬牙切齿的说法，经纪人唐·金骗走了自己总收入的三分之一；第二任妻子莫尼卡为了离婚的赡养费几乎把自己榨干；那些和自己各种龌龊官司有关的人，包括律师和受害人，都从他身上捞足了油水。而人们普遍认为，归根结底，奢华糜烂、挥霍无度的生活，平时出手太过阔绰，才是其迅速破产的重要原因。

泰森的挥霍成性，是世人皆知的。说到底，破产完全是他咎由自取。

除去他那些龌龊官司所耗费的上千万美元的律师费，以及付给前妻的赡养费外，平时出手太阔绰，也是他迅速败光几亿美元家产的主要原因。名车、游艇和豪宅，自然不在话下。他住的别墅有38个卫生间，还有十几部跑车。

有一次，在拉斯维加斯恺撒宫酒店的豪华商场，泰森带着一帮狐朋狗友前来购物，老板一看财神来了，于是索性关门"清场"，专门招待泰森一行。结果这帮人挑了价值50万美元的贵重物品，泰森全部代为"埋单"。

泰森的负债报表中，最搞笑的是欠了一家珠宝店17万美元，那是他在购买一条项链时忘了付钱。珠宝店老板在接受采访时轻描淡写地说："和泰森以前在店里的总花销相比，这点小钱只是个零头。"言下之意无非是，即使泰森日后不付这笔钱，他也没吃什么亏。

泰森在1年时间里光手机费就花了超过23万美元，办生日宴会则花了41万美元。他想到英国去花100万英镑买一辆F1赛车，后来明白F1赛车不能开到街道上，只能在赛场跑道里开才作罢。最后他把这100万英镑变成了一只钻石金表，可才戴了不到十来天，就随手送给了自己的保镖。甚至动辄有几万、十几万美元的巨额花费，连自己都搞不明白去处。如此花销，恐怕就是金山也会被挖空的。

虽然从1998年起，泰森已经承担了巨大的债务压力，但习惯于信用消费的他还是在2002年12月22日选购了一条价值173706美元、镶有80克拉钻石的金链。2002年6月，他负债8100美金用于照料他的老虎，65000美金保养他的豪华轿车。但是实际上，泰森在1991年以后净收入不断减少，但是他并没有因此而改变奢侈消费的习惯，入不敷出。而即使是在申请破产保护后，他的律师也并不是很清楚他的资产与负债现状，大量的、名目繁多的债务使泰森资不抵债。

一个亿万富翁，却最终因为挥霍无度而变成了一个穷光蛋。

泰森的故事给人们最大的一个警告是：人生的每个阶段，不论阴天晴天，都要量入为出，好年景时也要理性消费。

●●●●经济学家提醒你●●●●

如果说，收入是河流，财富是水库，那花出去的钱是流出去的水。我们一定要从小就养成量入为出的良好习惯。因为最终决定财富的不是收入，而是支出。不论你多有钱，一旦无度地消费，都有可能会变成穷光蛋。

节省不等于吝啬

理财专家罗先生经过几年的观察发现，有钱人并不是上帝创造出来的。

不久前，有一对年轻的医生夫妇带着刚满月的小婴儿，来找罗先生咨询关于理财方面的问题。这对每个月有着好几万元收入的夫妇却不知道以后该怎么理财，于是他们谈了约2个小时。中途罗先生有其他事要处理，就让那对夫妻和小宝宝待在会议室，然后匆匆离开了。

等罗先生处理完事情，再回到会议室时感觉到房间变得黑黑的，原来灯没有亮。他以为是会议室里的灯坏了，很不好意思，正想要道歉的时候，那位年轻的太太开口说："这么大的房间里只有我们一家人，开着灯觉得浪费，所以我把灯关了。"

其实，很多有钱人的习惯都是这样的，知道要节省自己的钱，也知道要节省别人的钱。

著名的船商，银行家出身的斯图亚特曾经有一句名言，他说："在经营中，每节约一分钱，就会使利润增加一分，节约与利润是成正比的。"

155

斯图亚特努力提高旧船的操作等级以取得更高的租金，并降低燃油和人员的费用。也许是银行家出身的缘故，他对于控制成本和费用开支特别重视。他一直坚持不让他的船长耗费公司一分钱，他也不允许管理技术方面工作的负责人直接向船坞支付修理费用，原因是"他们没有钱财意识"。因此，水手们称他是一个"十分讨厌、吝啬的人"。

直到他建立了庞大的商业王国，他的这种节约的习惯仍保留着。一位在他身边服务多年的高级职员曾经回忆说："在我为他服务的日子里，他交给我的办事指示都用手写的条子传达。他用来写这些条子的白纸，都是纸质粗劣的信纸，而且写一张一行的窄条子，他会把写好字的纸撕成一张张条子送出去，这样的话，一张信纸大小的白纸也可以写三四条'最高指示'。"一张只用了五分之一的白纸，不应把其余部分浪费，这就是他"能省则省"的原则。

无论生意做多大，要想取得更多的利润，节约每一分钱，实行最低成本原则仍然是非常必要的。要知道，节约一分钱就等于赚了一分钱。节约每一分钱，把钱用在刀刃上，这应该是理财的基本要求。

收入是河流，财富是水库，花出去的钱是流出去的水，家中水库最初的财富，一定是攒出来的。

有钱人在对待金钱方面是十分有条理的。不会在没有用的东西上浪费一丁点钱，但在觉得有必要投资的东西上却一点也不会吝啬。就连一般人想都不敢想的天价古董等东西，也会是投资的一部分。

"买那么贵的古董有什么用啊？还不如把那些钱存到银行里。"相信会这样想的人有很多。确实，站在普通人的立场上会觉得这是天价，可是对于有钱人来说这算不上什么有负担的花费，因为有钱的人早已经把普通人一辈子的全部积蓄都赚到了。

有很多人看到自己喜爱的明星爱用的商品，就会跟着买。这类人，有的还不具备赚钱的能力，也不清楚自己的购买能力，就随便使用父母存在银行里应急的钱，或者通过信用卡分期付款，有的甚至还去借钱……这样的习惯不改，是完全不可能成为真正的有钱人的。

事实上，经过努力地节省及存钱，知道自己的财产达到了一定的数额之后，再去买高价的物品也不会迟。

●●●●经济学家提醒你●●●●

投资是指货币转化为资本的过程。投资可分为实物投资和证券投资。前者是以货币投入企业，通过生产经营活动取得一定利润。后者是以货币购买企业发行的股票和公司债券，间接参与企业的利润分配。

稳中求胜，让钱生钱

为了未来的投资机会，要趁年轻多存些本金。一般来说，30岁之前只需要热衷于勤俭地存钱就行了，不然日后当赚钱的机会到来时，却因为没有多余的存款而不能进行投资，那会多么郁闷。

在了解自己的情况以后，制定一个适合自己的存款计划，每个月都将一定数额的钱存到银行，等到定期存款到期的时候，不但能收回本金，还可获得一定的利息。假设每个月拿100元并以5%的利息存进银行，3年以后定期到期就会变成3846元。要是利息不是5%而是10%，那就是4118元。

本金同样是3600元，可是由于利息分别是5%和10%，就有很大的差异。这还是把15.4%的税金扣掉后计算得来的金额。

但是这种计算只限于对过去而言。现在，不论是什么金融机构都不可能给你10%的利息。不管在哪里，你都能听到"利息低，利息太低了"的感叹。

有点急躁的人看见别人赚了钱，或是听见有人说最近投资基金能获利多达30%～40%，就急着立刻买进。有的人只是为了赚那5%（指银行的利息），于是节衣缩食，谁又能那么幸运地一直得到30%～40%的收入呢？如果我们也抱着"跟着试一试看看"的想法去跟进，是肯定会失败的。

即使利息只有5%，可是存到银行里，到期时一定会拿到本金和应有的利息。除非在存款期间出了点什么事，利息才会减少一点点，但再怎么样本金是一定拿得到的。就像公演前的彩排一样，开始时做得很好，可万一出了什么问题，只要你重新做好就行了。

投资却是不一样的。为什么只有绩优的投资工具才能为人们带来收益呢？去查一下，有关于年轻人理财知识的百科全书，或者上网比较一下收益好的股票和收益不好的股票，虽然收益好的股票有很多，可是使你的收益为负的股票也不少。

我们闭着眼睛试想一下，现在你所投资的股票正在以非常快的速度亏损掉你的钱，就像公演开始了是不可能在中途叫停的。不管是成功还是失败总归是要结束的，可是吃了那么多的亏就这样结束了，是不是很不甘心，这就好像人生中发生了致人死亡的交通事故一样，还没有活够就结束了。

投资有如不能回头的人生一般，投资了收益不好的股票时，是很难从中途逃出来的。光是听了别人的话就去投资股票，这样失败的可能性更高。如果你有机会遇见那些成功的有钱人时，你会发现，很难找到一下子就变成有钱人的事例。上天本来就很严苛，不会轻易让某个人过得非常幸运。

你在十几岁的时候如果好好地存钱，靠利息使你的存款翻倍是轻而易举的事，而且投资赚钱的机会是一定会降临到你身上的。20岁、30岁、40岁、50岁，未来还有近40年的漫漫长路在等待着你呢！所以这个叫"机会"的东西是一定会来的。但如果在机会来临的时候，却因为没有多余的存款而不能进行投资的话，那会多么郁闷啊！

不要太急于求成，因为赚钱根本就没有必要急。十几岁的时候只需要热衷于勤勤恳恳地存钱就行了。如果你想在将来得到更多的收入以及提高自己的水平，那就从现在开始提高自己的工作能力和理财能力吧！那样的话，等待着你的就是兴致勃勃去投资的30岁，富裕的40岁，高雅的50岁了。

●●●●经济学家提醒你●●●●

对投资者而言，一个未知的行业就像遥远沙漠上空美丽的海市蜃楼，因为遥远而显得美丽。只有穿越之后，才知道美丽的远景只是各种光线融汇而成的图景而已。股票、基金、债券等，对准备进入和新进入者而言，没有实实在在的调查研究和充分的风险准备，都只能是一道美丽的幻影。

理性投资，拒绝赌博

投资是经过"审慎计算"的理性行为。对于风险厌恶型的投资人而言，收益的获得与风险的控制对于自身效用而言同等重要。

美国著名经济学家萨缪尔森是麻省理工学院的教授，有一次，他与一位同事掷硬币打赌，若出现的是他要的一面，他就赢得1000美元，若不是他要的那面，他就要付给那位同事2000美元。

这么听起来，这个打赌似乎很有利于萨缪尔森的同事。因为，倘若同事出资1000美元的话，就有一半的可能性赢得2000美元，不过也有一半的可能性输掉1000美元。可是其真实的预期收益却是500美元，也就是50%×2000×50%×（−1000）=500。

不过，这位同事拒绝了："我不会跟你打赌，因为我认为1000美元的损失比2000美元的收益对我而言重要得多。可要是扔100次的话，我同意。"也就是说，他同事的观点可以更为准确地表述为——一次很难出现我想要的平均定律的结果，可是100次就行。

曾有人做过一个标准的掷硬币实验，结果显示，掷10次、100次与1000次所得到正面的概率都约为50%，不过掷1000次所得到正面的概率要比扔10次更加接近50%，这就是所谓的平均定律。即重复多次这种相互独立而且互不相关（下次的结果和上次结果无关）的实验，同事的风险就被抑制住了，他就能从这种"平均定律"中稳定地受益。

事实上，同事更为聪明的回答该是："我们来赌1000次，每次你以2美元来赌我的1美元。"此时，他的资产组合风险便被固定了，并且其初始资金需要得很少，顶多也就500美元（假设他在前500次都很倒霉，当然这是不现实的）。那么，他就相当于是把500美元分散到了1000个相同并且互相独立的赌次中了，该资产组合的风险就会近似为零。

由此，我们看到了投资的理性。这正是投资和赌博的不同之处，投资是经过"审慎计算"的理性行为。对于风险厌恶型的投资人而言，收益的获得与风险的控制对于自身效用而言同等重要。

古人云："君子爱财，取之有道，散之有方。"这其中就蕴涵了投资理性与消费理性的意思，也道出了应该理性对待财富的道理。

何为理性投资呢？在经济学上，理性指的是人们具有最大化自身效用的特性。一般来说，在投资领域中，投资者被分为三类：第一类是风险厌恶者；第二类是风险中性者；第三类是风险爱好者。对于第一类人而言，投资理性表现为若不存在超额收益与风险溢价，他就不愿投资在有风险的证券上；第二类人则只是按照期望收益率来决定是不是进行风险投资，风险的高低和风险中性者没有任何关系；而第三类人"玩的就是心跳"，他们把风险的"乐趣"考虑进了自身效用里。

大量经验数据显示，大多数投资者都属于风险厌恶者，虽然其风险厌恶程度不一。所以，对大多数投资者而言，理性投资表现为：收益会增加自身效用，而风险会减少自身效用，多一分风险，就要多一分收益来进行补偿，风险与收益要保持一定的均衡关系。

现在我们再来说说消费理性。从理论上来讲，个人消费的最优点是对于特定的消费者而言，一切消费品（包括闲暇）的边际效用都相等。假定在面包与牛奶之间进行选择，若面包吃得过多，就会造成其边际效用减少（甚至会觉得厌恶），则该减少面包的消费，而需要增加牛奶的消费，直到它们的边际效用相等为止。不过，在现实生活中，效用不过是个人感受而已，它受个人偏好的影响，因此难以进行比较，更没有办法测度，因而就不易实现消费理性。

一个关于消费理性的有趣问题是：边际效用递减规律是否适用于所有物品？对于面包与牛奶而言，显然是适用的，可是对于金钱则未必适用。

此外，消费理性还和理论上关于"选择的完备性假设"有关系。如果有甲乙两个物品，就会出现这样三种情况，即人们认为甲比乙好，乙比甲好，一样好，而不可能出现第四种情况。如果你选择了对自己而言比较好的，则消费就是理性的。然而，经济学家阿马蒂亚·森在他的著作里讲述了一个"布里丹之驴"的故事，质疑这个"完备性假设"。

这个故事的内容如下：布里丹有一头驴，面对两堆草，因为没有办法选择哪一堆更好，最后竟然饿死了。很明显，它并不认为甲比乙好，也不觉得乙比甲好，也不觉得两堆一样好。那么，它是怎样认为的呢？可能它觉得两堆都不好，而它想要的尚未出现。

在现实生活中，充满了比理论论证多得多的可能性。世间万象，人生悲喜，并不是理论与理性所能够完全囊括的。

●●●●经济学家提醒你●●●●

边际效用递减：对物品的欲望会随着欲望的不断满足而递减。如果物品数量无限，欲望可以得到完全的满足，欲望强度就会递减到零。

例如，当我们向往某事物时，情绪投入越多，第一次接触到此事物时情感体验也越为强烈，但是，第二次接触时，会淡一些，第三次，会更淡……以此发展，我们接触该事物的次数越多，我们的情感体验也越为淡漠，一步步趋向乏味。这效应，在经济学中同样有效，叫做"边际效用递减率"。

今天做好明天的准备

公元前2500年前后，古巴比伦王国国王命令僧侣、法官、村长等收取税款，作为救济火灾的资金。

古埃及的石匠成立了丧葬互助组织，用交付会费的方式解决收殓安葬的资金。

古罗马帝国时代的士兵组织，以集资的形式为阵亡将士的遗属提供生活费，逐渐形成保险制度。

随着贸易的发展，大约在公元前1792年，正是古巴比伦国王汉谟拉比时代，商业繁荣，为了援助商业及保护商队的骡马和货物损失补偿，在《汉谟拉比法典》中，规定了共同分摊补偿损失之条款。

公元前916年，在地中海的罗得岛上，国王为了保证海上贸易的正常进行，制定了《罗地安海商法》，规定某位货主遭受损失，由包括船主、所有该船货物的货主在内的受益人共同分担，这是海上保险的滥觞。

保险，这里仅指商业保险，是投保人根据合同约定，向保险人支付保险费。保险人对于合同约定的可能发生的事故因其发生所造成的财产损失承担赔偿保险金责任，或者当被保险人死亡、伤残、疾病或者达到合同约定的年龄、期限时承担给付保险金责任的商业保险行为。

保险实际上是一种分散风险、集中承担的社会化安排。从经济学角度看，保险是对客观存在的未来风险进行转移，把不确定损失转化为确定成本——保险费。就意外伤害来说，我们每一个人每时每刻都面临着遭受意外伤害的风险，但谁也无法确定到底会不会发生、何时发生，有时一旦发生，有可能非常严重，沉重的医疗费用甚至会使一些家庭走向崩溃的边缘。保险则由保险公司把大家组织起来，每个人缴纳保费，形成规模很大的保险基金，集中承担每个人可能发生的意外伤害损失。可见对于个人而言，保险就是在平时付出一点保费，在发生风险的时候获得足够的补偿，不至于遭受重大的冲击。

保险中的可保风险仅指"纯风险"，就是只有发生损失的可能，而没有获利的可能，如身体生病、财产被偷等就是纯风险。投资股票就不是纯风险，因为投资股票不仅可能亏损，也可能赚钱。因此，保险公司是不会为股票投资开办保险的。

近年来，保险公司推出了很多既具有保障功能又具有投资功能的保险品种。这种保险品种不仅起到保障财产和人身安全的作用，还能使保险资金增值。目前，国内理财投资型的保险品种主要有：分红保险、万能寿险和投资连接险。这三种理财投资型保险的风险依次增加，但投资收益的潜能也依次提升。

购买保险的一般原则如下。

1.量入为出

有的20岁左右的年轻人，或50岁以上的中老年人为自己投保了份数比较多的保险，其年缴保费常常在几千元甚至万元以上。而生活经验告诉我们，一个人的经济收入受到很多因素的影响，很难维持一成不变的水平。20多岁的年轻人收入不稳定，一旦将来经济收入状况变差，就很难继续缴纳高额的保险费，到时如果退保就会造成损失，不退保又实在难以维持，处于两难的尴尬境地。而中老年人一般工作相对稳定，经济收入趋于平衡，能够维持在一定的水平，但由于身体或其他方面的原因，可能导致平时开支出现剧增，如果投保了缴费比较高的保险，则到时可能缴不起保险费，这在现实中不乏其例。作为一个理智的消费者，应该根据自身的年龄、职业、收入等实际情况，力所能及地适当购买人身保险，既要使经济能长时期负担，又能得到应有的保障。

2.确定保险需要

购买适合自己或家人的人身保险，投保人有三个因素要考虑：一是适应性。自己或家人买人身险要根据需要保障的范围来考虑。例如，没有医疗保障的从业人员，买一份"重大疾病保险"，那么因重大疾病住院而使用的费用就由保险公司赔付，适应性就很明确。二是经济支付能力。买寿险是一种长期性的投资，每年需要缴存一定的保费，每年的保费开支必须取决于自己的收入能力，一般是取家庭年储蓄或结余的10%~20%较为合适。三是选择性。个人或家人都不可能投保保险公司开办的所有险种，只能根据家庭的经济能力和适应性选择一些险种。在有限的经济能力下，为成人投保比为儿女投保更实际，特别是家庭的"经济支柱"，都到了一定的年纪，其生活的风险比小孩子肯定要高一些。当然在有支付能力的前提下，家中每人各取所需地投保就更完美了。

3.重视高额损失

从现实来看，损失的严重性是衡量风险程度非常重要的一个指标。一般来讲，较小的损失可以不必要保险，而严重程度的损失是适合于保险的。人们除了购买保险来对付它，没有别的更好的办法。对于高额损失就需要投保高保险金额。高保险金额可以使投保人得到最充分的保障，当然，其保险费自然会较高，但可以用提高免赔额的办法，降低保险费率，从而抵消高保额所高出的保费。在购买保险前，作为投保人应该充分考虑所面临的损失程度有多大，程度越大，就越应当购买这种保险。

4.利用免赔额

如果有些损失消费者可以承担，就不必购买保险，可以通过自留来解决。当这个可能的损失是自己所不能承担的时候，可以将自己能够承受的部分以免赔的方式进行自留。免赔要求被保险人在保险人作出赔偿之前承担部分损失，其目的在于降低保险人的成本，从而使得低保费成为可能。对被保险人来说，由自己来承担一些小额的、经常性的损失而不购买保险是更经济的，自留能力越强，免赔额就可以越高，因为买保险的主要目的是为了预防那些重大的、自己无法承受的损失。免赔额过低，固然可以使各种小的损失都能够得到赔偿，但在遇到重大损失时，却会得不到足够的赔偿。

5.合理搭配险种

投保人身保险可以在保险项目上进行组合，如购买一个至两个主险附加意外伤害、重大疾病保险，使人得到全面保障。但是在全面考虑所有需要投保的项目时，还需要进行综合安排，应避免重复投保，使用于投保的资金得到最有效的运用。例如，你的工作需要经常外出旅行，那么就应该买一项专门的人身意外保险，而不要每次购买乘客人身意外保险，这样一来可以节省保费，二来在任何其他时候和其他情况下所出现的人身意外，也会得到赔偿。这就是说，如果你准备购买多项保险，那么你应当尽量以综合的方式投保。因为，它可以避免各个单独保单之间可能出现的重复，从而节省保险费，得到较大的费率优惠。

●●●●经济学家提醒你●●●●

保险标的：即保险对象。人身保险的标的是被保险人的身体和生命，而广义的财产保险是以财产及其有关经济利益和损害赔偿责任为保险标的的保险，其中，财产损失保险的标的是被保险的财产，责任保险的标的是被保险人所要承担的经济赔偿责任，信用保险的标的是由被保险人的信用导致的经济损失。

第八章
修习财富炼金术，你是下一个有钱人
——18岁后要懂点投资经济学

投资：牺牲当前消费来增加未来消费

投资的三句箴言："不要把所有的鸡蛋放在同一个篮子里"，意味着要分散风险；"不要一个篮子里只放一个鸡蛋"，即组合投资并不意味着把钱过度分散，过度分散反而会降低投资收益；"把鸡蛋放在不同类型的篮子里"，这样组合才能发挥投资的优势。

随着经济的不断发展，投资和人们的生活越来越紧密，已经成为许多人生活的重要组成部分。所以，我们很有必要对投资的概念及内涵进行探讨。根据经济学上的定义，投资是指牺牲或放弃现在可用于消费的价值以获取未来更大价值的一种经济活动。投资活动主体与范畴非常广泛，在此我们以个人投资为例来对投资进行解释。

如果你手上现有1000元闲钱，你可在周末带全家出游后上酒店吃上一顿大餐，大家可以过个愉快的周末，或者买一件高档的衣服。但你也可存入银行，以获得利息，或者买入股票或基金，等待分红或涨升，或者从古玩市场买入字画，等待增值，或者参股朋友所开的小店，分得利润。前面一种情况就是花掉金钱（价值），获得消费与全家的享受；后面几种情况就是放弃现在的消费，以获得以后更多的金钱，这就是投资。

再简单来说，你的本金在未来能增值或获得收益的所有活动都可叫投资。消费与投资是一个相对的概念。消费是现在享受，放弃未来的收益，而投资是放弃现在的享受，获得未来更大的收益。

投资的资本来源既可以是通过节俭的手段增加，如每个月工资收入中除去日常消费等支出后的节余，也可以是通过负债的方式获得，如借入贷款等方式，还可以采用保证金的交易方式以小博大，放大自己的投资额度。从理论上来说，其投资额度的放大是以风险程度的提高为代价的，它们遵循"风险与收益平衡"的原则，即收益越高的投资则风险也越大。所以说任何投资都是有风险的，只是程度大小不同而已。由此可见，只要是投资就有赌博的成分在里面，因为未来的预期往往会随着现实的变化而变化。如果现实按着你的预期方向发展，你就赌赢了，会获得很好的投资回报；如果现实没有按着你的预期方向发展，你就赌输了，就会遭受亏损。

具体来说，个人投资的主要成分包括金融市场上买卖的各种资产，如债券、股票、基金、外汇、期货等，以及在实物市场上买卖的资产，如房地产、金银珠宝、邮票、古玩收藏等，或者实业投资，如店铺、企业等。

不管是投资股票、基金还是房地产，普通人都希望找一种既安全，又可以带来投资回报的方法，因为大多数普通人可能一生只投资一到两套房产，或者把退休金或其他的余钱拿出来放在股市里，因为自己是没有精力也没有这个专业知识去投资，无论投资什么，回报和安全都是百姓最为关注的问题。听到有人投资赚了100万，你不要眼红，而是看他投入多少，看回报率一定要看收益和投入的百分比，而且还要看风险，他的操作手段，有多大风险，自己是不是能够承担得起。

投资是生活中的大事，完全的不亏损谁也不能保证，但是如果能按照以下的原则投资，一定会让你最大化减少风险：

（1）在不知道该投资什么的时候，千万要把钱紧紧地攥在手里，不要轻易投资，如果决定投资股市了，在不知道该选择哪只股票的时候，也千万不要投资。如果一个公司你不能用一句话来描述它，就不要买它的股票，如这公司成长速度很快，这公司潜力很大，而不是啰唆地讲一堆这个指标、那个指标，结果却没有一个明晰的判断。这种方法也适合于房产，购买哪个房产公司的房子，也可以这样来思考。

（2）不要期望过高，投资里最忌讳的是贪欲，当你期望过高的时候，你就容易做梦，醒不了，要知道很多情况下，投资的回报率能达到10%就已经很不错了。你期望你的投资回报率能涨到多少，总想吃最大的西瓜，结果很可能是连芝麻也吃不到。不要看到某只股票上涨，你也就去追捧，记住，公司的股票和公司是有区别的，有时候，股票只是一家公司不真实的影子而已。

（3）不要低估风险，在购买股票的时候，不要想着自己赚多少，而是要先想自己能赔多少，而且不要相信债务大于资金的公司有什么法宝，尽量不去操作ST股票（对财务状况或其他状况出现异常的上市公司股票交易进行特别处理［Special Treatment］，由于"特别处理"，在简称前冠以"ST"，因此这类股票称为ST股），因为有的公司现在股票市值虽然好，但是它们可能通过发行股票或借贷来支付股东红利，但终归有一天会陷入困境的。

（4）不要把鸡蛋放在一个篮子里，除非你非常有钱，否则就不能把赌注放在一两个公司上，也不要相信那些只关注一个行业的投资公司。

（5）盈利是唯一判断公司股票走势的指标，投资一定要自己独立判断，不受别人影响。

投资本身玩的也是数字，所以科学的计算利润就很必要，一定不要被感觉迷惑，要有真实的数据依据，投资的时候，一旦对某项投资产生怀疑要立刻抛弃，因为在实际操作的时候，直觉是很重要的。以上的投资方法，虽然不能保证完全不亏损，但坚持这样的投资策略却是最安全的，即使亏也亏不了太多。

●●●●经济学家提醒你●●●●

投资就是通过承担一定的风险，使自己现在所拥有的资产获得未来的增值。由于风险的存在，所以投资所获得的"未来增值"就有正负之分，也就是说有赢利和亏损之分。所以，进行任何一项投资时都要慎重，都需要认真考察，仔细判断，再进行投资。

股票：不能不懂的资产增值手段

一个和尚从来不炒股，也从来不想炒股，但是他却被人生硬地拉进了股市，拿着自己仅有的香火钱，开始了他的股市生涯。但是和尚怎么也开不了窍，别人买入的时候，他不买，别人卖的时候，他不卖。当股市上涨的时候，很多人抢购，但和尚却说，阿弥陀佛，钱财乃身外之物，钱让给他们去赚吧；当股市下跌的时候，和尚却说，阿弥陀佛，我不入地狱，谁入地狱，我来拯救你们，都卖给我吧。结果和尚从来没被套住，而且他在股市下跌时买的股票大涨，别人却为自己提前割肉后悔莫及。在股市里这么多精明的商人都没赚到钱，但和尚就这么轻易地赚到了很多钱。

如果你在1965年投资1万美元在巴菲特投资的股票上的话，2000年你的财富已经积累到5000万美金，正好是美国标准普尔指数同期投资报酬率的100倍。巴菲特在11岁时候，就以38美元开始投资股票，而今天他的财产规模已经积累到了370亿美元。

巴菲特是怎么投资的呢？市场上关于巴菲特的书籍琳琅满目，什么《向股神巴菲特学习》，《巴菲特教你学投资》，几乎巴菲特这个被称为美国股神的英雄成了股坛上的神话。步步高创始人段永平曾花62万元购买了和巴菲特吃顿午餐的权利，接着著名的私募人赵丹阳花211万元和巴菲特共进午餐。巴菲特是一个什么样的神话，让人们如此顶礼膜拜？他靠什么投资技巧，使他在一生的投资中百战百胜，号称永远不会赔钱的炒股人？

市场上的读物，讲到巴菲特的时候只讲到了一个贯穿他一生的，也是众所周知的投资理念——价值投资。所谓的价值投资就是选好有成长潜力的公司，购买股票，长期持有，巴菲特号称是绝不做短线。所以很多中国人都学习巴菲特的思路，买一只股票长期持有。于是有的投资人就买了中国工商银行的股票，不管市场行情如何波动，他一样不管，他要学巴菲特。一笔投资持有好几年，不见什么成效，高涨时候也不抛，低谷的时候也不放弃。

如果这笔投资，去做别的生意，也许早就赚得不止这个数字了，巴菲特的长期投资价值观到底是不是适合中国股市。有些股民对巴菲特丧失信心了，因为他们觉得巴菲特的投资理念对自己来讲没有任何意义。如果巴菲特只做长期持有，那么他在2008年抛售中石油说明了什么？他短线也做。只要赚钱他都做。一个真正的投资家永远不会把投资的诀窍告诉别人，所以巴菲特对媒体讲的公开的投资技巧一个也没有，只是一个哲学理念——长期持有。理念谁都明白，但不实用。他讲长期持有，那是适合大的投资公司的理念，他投资了可口可乐，可是他在可口可乐最艰难的时候，他召开董事会，救可口可乐公司于危难之中。这岂是一般小股民能投资得起的。

散户还是适合做短线赚钱，拿出几万来，去长期持有一个公司的股票，还不如在短线上挣足了钱，再重点投入一个公司的股票，重权持有。如果巴菲特真像他讲的一样，只做长线，那么2009年，他公司一时的亏损，他又何必懊恼。其实巴菲特误导了很多投资者，人们都觉得长线是有道理的，都去做长线，但不知道资本的一个基本常识，就是等量资本带来等量利润，当资本很少的时候，你去投资长线，即使10年之内给你带来的利润率很高，也不如你把大量资本放在利润率低的项目上所获得的利润高。

打个极端的比喻，你1元钱投资在一个项目上，利润率是100％，而你1000元投资在一个项目上，利润率只有1%，哪个项目会有更多利润呢？1元钱的项目你可能获得1元利润，而1000元的项目，你却赚了10元钱，如果第一个项目你要坚持10年，第二个项目就需要1年，那么你第一个项目的投资是10年获得1元，而第二个项目的投资却是10年获得100元，所获得的利润是第一个项目的100倍，如果我们把1000元用于长线持有呢？10年之后，我们获得了1000元的利润，远远大于第二个项目10年的投资收益。这说明了，如果资金少根本不合适去做长线持有，应该短线搏击。

少量资金怎么才能多赚钱呢？就是追逐短期的高利润，用1元钱去追逐高风险的短期暴利，不断地进行重复操作，不断地转换股票品种。比如你1元钱今天投资在四川茅台上，连续拉了两个涨停之后，你就赚了2毛，接着再撤出。寻找暴利股票，如果没有，哪怕赚一毛，也要忽进忽出，避免资产损失。很多股民就想知道怎么样去寻找这样的股票，巴菲特在操作中石油的时候有一个场景值得我们去学习：你不需要看报表分析，你只需要看一点，这个公司的实际情况，所以巴菲特去了加油站，这是最直接反映一个公司真实价值的地方，然后再看市盈率。

对于财务报表的利润未必要相信，要相信自己判断的利润。假如联通与移动股值相差了10倍，那是不是联通被低估了，买入联通是不是合适？其实，你看你周围的人使用联通和使用移动的比例就知道了。一比较不合适，于是放弃了。不迷信财务报表，也不要迷信神话，只相信自己的眼睛，才是一个合格的投资人。

●●●经济学家提醒你●●●

　　股票投资最忌讳光环效应，不能崇拜谁，不能盲目听信谁，要有自己独立的判断。散户最好做短线，因为急需要积累资金，只有短线才可以满足，不要完全依赖媒体和报表，判断股票的最好方法是留心上市公司实际的业务情况。

基金：让专家打理你的财富

　　我们现在说的基金通常指证券投资基金。证券投资基金是指通过发售基金份额，将众多投资者的资金集中起来，形成独立资产，由基金托管人托管、基金管理人管理，以投资组合的方法进行证券投资的一种利益共享、风险共担的集合投资方式。证券投资基金在美国称为"共同基金"，英国和中国香港称为"单位信托基金"，日本和中国台湾则称"证券投资信托基金"等。

　　为了进一步加深对基金概念的理解，我们可以作一个比喻：假设你有一笔钱想投资债券、股票等进行增值，但自己既没有那么多精力，也没有专业知识，钱也不是很多，就想到与其他几个人合伙出资，雇一个投资高手，操作大家合出的资产进行投资增值。但这里面，如果每个投资人都与投资高手随时交涉，那将十分麻烦，于是就推举其中一个最懂行的牵头办这事。定期从大伙合出的资产中按一定比例提成给他，由他代为付给高手劳务费报酬，当然，他自己牵头出力张罗大大小小的事，包括挨家跑腿，有关风险的事向高手随时提醒着点，定期向大伙公布投资盈亏情况等。他也应提取一定的劳务费。上面这种运作方式就叫做合伙投资。将这种合伙投资的模式放大1千倍、1万倍，就会成为基金。

如果这种合伙投资的活动经过国家证券行业管理部门（中国证券监督管理委员会）的审批，允许这项活动的牵头操作人向社会公开募集吸收投资者加入合伙出资，这就是发行公募基金，也就是大家现在常见的基金。

基金管理公司就是这种合伙投资的牵头操作人，不过它是个公司法人，资格必须经过中国证监会审批。基金公司与其他基金投资者一样也是合伙出资人之一，但由于它牵头操作，要从大家合伙出的资产中按一定的比例每年提取劳务费（称基金管理费），替投资者代雇代管理负责操盘的投资高手（就是基金经理），还有帮高手收集信息搞研究的人，定期公布基金的资产和收益情况。当然，基金公司的这些活动必须经过证监会批准。

为了大家合伙出的资产的安全，不被基金公司挪用，中国证监会规定，基金的资产不能放在基金公司手里，基金公司和基金经理只管交易操作，不能碰钱，记账管钱的事要找一个擅长此事又信用高的银行负责。于是这些出资（就是基金资产）就放在银行，而建成一个专门账户，由银行管账记账，这称为基金托管。当然银行的劳务费（称基金托管费）也得从大家合伙的资产中按比例抽一点按年支付。所以，基金资产相对来说只有因那些高手操作不好而被亏损的风险，基本没有被偷挪走的风险。从法律角度说，即使基金管理公司倒闭甚至托管银行出事了，向它们追债的人都无权碰基金专户的资产，因此基金资产的安全是很有保障的。

投资基金就是让理财专家替你打理财富，比较省心，收益稳定，很适合上班族和对金融信息了解较少的人群。但基金是长期投资品种，持有时间长才会显现出良好的效果。

在基金的投资理念上，美国人比较崇尚巴菲特的投资哲学："买进被市场低估的股票，长期持有以获利。"数据显示，美国基金持有人自20世纪80年代牛市以来的平均持有周期是3~4年，这反映了美国基金持有人将基金视为理财工具，而非短炒工具，他们通常不会随短期市场波动而频繁进出。正如巴菲特所说："我们在投资的时候，要将我们自己看成是企业分析家，而不是市场分析师或经济分析师。"

美国人热衷于基金投资，这主要是因为美国人具有传统的投资意识，也有很强的风险意识和风险承受能力；第二次世界大战后生育高峰那代人的老龄化、20世纪70年代开始的国家养老体制改革，也促使美国人投资基金。调查显示，有92%的美国基金投资人购买基金是为了退休养老的财务目标，而养老金在共同基金中的资产比例也从20世纪90年代初的20%上升到目前的40%左右。

此外，在美国，各类投资基金比较发达，据报道，美国共有15300多家投资公司，8000多只共同基金，6400多个单位投资信托，620多只封闭式基金，150多只交易所基金。这样，人们对投资基金有了更多的选择。

通俗地讲，投资基金就是汇集众多分散投资者的资金，委托投资专家（如基金管理人），由投资管理专家按其投资策略，统一进行投资管理，为众多投资者谋利的一种投资工具。投资基金集合大众资金，共同分享投资利润，分担风险，是一种利益共享、风险共担的集合投资方式。

◦◦◦经济学家提醒你◦◦◦

买基金和买股票一样，有风险，在买之前一定要分析一下自己的风险承受能力和经济状况，不要盲目地跟买和跟卖。

黄金：保值增值的好选择

继"股民"、"基民"之后，"金民"又成投资新一族。特别是在2008年1月，股市连续下挫，而黄金的价格却在节节飙升，于是，很多股民纷纷从股市抽回资金，转头杀进金市寻金。黄金投资是最具潜力的投资品种，它为人们打开了新的财富之门。那么，黄金到底具有哪些魅力呢？

黄金具有不变质、易流通、保值、投资、储值等多种功能。当然，随着国际事务的变动，黄金的价格也会有变动，不过到任何时候，就算所有的纸币都不能花了，黄金仍可以充当货币。因此，黄金成为人们新的投资品种，尤其在不确定的经济、政治环境下，黄金作为"没有国界的货币"更是受到人们的青睐，成为一种永久、及时的投资方式。

同时，黄金作为一种世界范围的投资工具，具有全球都可以得到报价，抗通货膨胀能力强，税率相对于股票要低很多，公正公平的金价走势，产权容易转移，易于典当等比较突出的优点。这奠定了这个天然的货币之王的地位。

对于人们来说，要想进行黄金投资，就首先要了解黄金投资的品种。在我国，现阶段主要的黄金投资品种有以下三种。

1.实物金

实物金买卖包括金条、金币和金饰等交易，以持有黄金作为投资。这种投资的实质回报率基本与其他方法相同，但涉及的金额一般较高（因为投资的资金不会发挥杠杆效应），而且只可以在金价上升之时才可以获利。一般的饰金买入价及卖出价的差额较大，视作投资并不适宜，金条及金币由于不涉及其他成本，是实金投资的最佳选择。但需要注意的是持有黄金并不会产生利息收益。

金币有两种，即纯金币和纪念性金币。纯金币的价值基本与黄金含量一致，价格也基本随国际金价波动，具有美观、鉴赏、流通变现能力强和保值功能。纪念性金币较多更具有纪念意义，对于普通投资者来说较难鉴定其价值，因此对投资者的素质要求较高，主要为满足集币爱好者收藏，投资增值功能不大。

黄金现货市场上实物黄金的主要形式是金条和金块。金条有低纯度的沙金和高纯度的条金，条金一般重400盎司。市场参与者主要有黄金生产商、提炼商、中央银行、投资者和其他需求方，其中黄金交易商在市场上买卖，经纪人从中搭桥赚佣金和差价，银行为其融资。黄金现货报盘价差一般为每盎司0.5~1美元。盎司为度量单位，1盎司相当于28.35克。

黄金现货投资有两个缺陷：需支付储藏和安全费用；持有黄金无利息收入。于是通过买卖期货暂时转让所有权可免去费用和获得收益。中央银行一般不愿意通过转让所有权获得收益，于是黄金贷款和拆放市场兴起。

2.纸黄金

通俗地说，纸黄金就是黄金的纸上交易。投资者的买卖交易记录只在个人预先开立的"黄金存折账户"上体现，而黄金的价格根据国际金价实时调整，用户不用担心银行随意操纵金价。

纸黄金的优势是显而易见的：

（1）安全性高。由于纸黄金是不依赖于实物的交易，所以你不用担心黄金的储存、保管，它是以数据的形式记录在银行的数据库中。其安全性要远远高于银行存款。

（2）成本低。纸黄金交易中，投资者无须透过实物的买卖及交收来实现交易，而是采用记账方式来投资黄金，由于不涉及实金的交收，交易成本可以更低。

（3）变现速度。从变现的程度来说，纸黄金的变现是瞬间到账的，不像基金需要几个工作日才可以拿到钱。而且纸黄金也比股票更具有弹性，只要你愿意，你可以在买入1分钟后卖出你的纸黄金，而这在股市是不可能实现的。

（4）交易方式规范。纸黄金跟随国际金价制定价格，而不是由银行自己制定的，所以投资者不用担心银行会通过操纵价格来获取利润。

（5）手续费低。与我们投资股票、基金一样，纸黄金的交易也是需要一定的手续费。与传统的按交易金额的百分之几收取手续费不同，纸黄金的手续费是按照黄金数量来收取的。投资纸黄金的手续费要远远低于股票、基金的手续费，并且这一比率会随着金价的上涨而下降。

但是纸黄金也并非没有缺陷，虽然它可以等同持有黄金，但是账户内的"黄金"一般不可以换回实物，如想提取实物，只有补足足额资金后，才能换取。

这里要注意的是，纸黄金和实物黄金的共同缺点就是不能做空。也就是说，当黄金价格下跌的时候，投资者就无法进行黄金投资操作了，只能等待下次上涨。如果投资者手中持有黄金，而没有及时卖出，那么只能承担黄金价格下跌的损失了。

3.黄金期货

通常来说，黄金期货的购买、销售者，都在合同到期日前出售和购回与先前合同相同数量的合约，也就是平仓，无须真正交割实金。每笔交易所得利润或亏损，等于两笔相反方向合约买卖差额。这种买卖方式，才是人们通常所称的"炒金"。黄金期货合约交易只需10％左右交易额的定金作为投资成本，具有较大的杠杆性，少量资金推动大额交易。所以，黄金期货买卖又称"定金交易"。

黄金期货投资的缺点是：投资风险较大，因为需要较强的专业知识和对市场走势的准确判断；市场投机气氛较浓，投资者往往会由于投机心理而不愿脱身，所以期货投资是一项比较复杂和劳累的工作。

目前黄金投资最热门的是期货和现货交易。

黄金现货交易基本上是即期交易，在成交后即交割或者在数天内交割。黄金期货交易的主要目的为套期保值，是现货交易的补充，成交后不立即交易，而由交易双方先签订合同，交付押金，在预定的日期再进行交割。其主要优点在于以少量的资金就可以掌握大量的期货，并事先转嫁合约的价格，具有杠杆作用。

●●●经济学家提醒你●●●

黄金投资是继证券、期货、外汇之后又一个新的投资宝藏，是非常适宜普通投资者的最具潜力的投资品种之一。

储蓄：把钱存入银行

先哲早已告诉我们，储蓄是一种美德，挥霍浪费可耻。这个古老的智慧，反映了我们共同的道德判断，以及未雨绸缪的明智抉择。但是这个世界上总有许多挥霍成性的人，也总有许多理论家，为挥霍行为寻找合理化的借口。

古典经济学家勇于驳斥他们那个时代的种种谬论，他们认为符合个人最佳利益的储蓄政策，也符合国家的最佳利益。他们指出，懂得长远打算的理性储蓄者，对整个社会不会有害，反而有益。但当今社会，古老的节俭美德连同古典经济学家的警醒之言受到抨击，许多人搬出反对节俭的新理由，提倡支出的论调蔚然成风。

为了把这个基本的问题尽可能讲清楚，我们再来借用经济学家巴斯夏所举的一个经典例子。假设有两兄弟各继承了一笔财富，每年有50000美元的收益，但是其中一人挥金如土，另一人谨慎节俭。我们在这里忽略掉所得税，以及两兄弟是否应该去工作赚钱，是否该把大部分钱捐给慈善机构，因为这些问题和我们接下来要谈的主题无关。

哥哥阿尔文是个挥霍者，他不仅有挥霍的性情，而且有挥霍的信念。他是卡尔·洛贝图斯的忠实信徒。在19世纪中叶，洛贝图斯宣称资本家"必须将他们赚来的钱全部用于享受和奢靡"，因为如果他们"决定节省，商品将积压，部分工人将失业"。阿尔文常出入夜总会；小费出手十分大方；他爱讲排场，养了很多仆从；他有两名私家司机，车子买了一辆又一辆；他畜养一批赛马；他喜欢驾游艇出航，去各地观光；他给太太买钻石项链和毛皮大衣；送朋友贵重却派不上用场的礼物。

为了这一切，他只好动用老本，但他义无反顾。如果节省是一种罪恶，不节省当然就是美德；再说这么做，可以补偿吝啬鬼弟弟本杰明由于节省犯下的罪行。

不用说，阿尔文对于男女服务生、餐厅老板、皮货商、珠宝商、各类奢侈品店家来说都是最受欢迎的人。他被视为众人的财神爷。大家都看得很清楚，正是他四处挥洒，人们才有那么多工作可做。

弟弟本杰明的人缘比起哥哥简直相形见绌。他很少光顾珠宝店、皮货店和夜总会，也不会亲昵地直呼侍者领班的名字。与阿尔文年年吃老本不同，本杰明要谨慎得多。他一年的花销在25000美元左右。在那些目光短浅的人看来，他提供的工作机会显然不到阿尔文的一半，另外25000美元则丝毫没有派上用场，就跟那笔钱不存在一样。

且慢！让我们来看看本杰明究竟是如何支配那另外25000美元的。那笔钱，他并没有放在钱袋子、书桌抽屉和保险箱里面。他把钱存到银行，或者拿去投资。如果他是存到商业银行或储蓄银行，银行会借给企业用做周转金，或用于购买证券。换句话说，本杰明的钱用于直接或间接投资。这些钱被用于投资购置或建造生产资料——房屋、写字楼、工厂、轮船、卡车、机器。本杰明投入这些用途的数额与他将钱直接用于消费的数额一样多，都能使钱进入流通、创造就业机会。

总之，现代世界中的"储蓄"，只是支出的另一种形式。两者的差别，通常在于前者把钱交给别人用于扩大生产。就提供就业机会来说，本杰明既"储蓄"又"支出"带来的效果，与阿尔文单纯支出的效果一样，他们投入流通的资金也一样多。主要区别就在于，阿尔文花钱提供的就业机会，每个人都看得到；而要认清本杰明储蓄的钱所起到的同样的作用，则需要我们做进一步的观察和思考。

12年后，阿尔文破产了。他不再流连于夜总会和时尚精品店；那些曾奉他为财神爷的人如今谈起他时，嘲笑他是傻蛋一个。他写信向本杰明借钱。本杰明的支出和储蓄比率还是和以前一样，由于投资收益不断增长，通过他的投资创造的就业机会不仅数量更多，并且那些工作待遇更加好、劳动生产率更高。他的资本财富和收入都比以前高。简单来说，他增加了国家的生产能力，阿尔文却没有。

近年来，关于储蓄的谬论层出不穷，不能都借用上面两兄弟的例子来加以驳斥，有必要针对那些谬论进行进一步的探讨。许多谬论连最基本的概念都搞混，到了匪夷所思的地步，犯这种错误的人中不乏知名经济学作者。例如，储蓄一词有时被用来单指蓄藏金钱，有时被用去指投资，甚至用来用去不加区分。

● ● ● ● **经济学家提醒你** ● ● ● ●

利息税全称为"储蓄存款利息所得个人所得税"，主要指对个人在中国境内储蓄人民币、外币而取得的利息所得征收的个人所得税。为了刺激消费，我国从2008年10月9日起暂免征收利息税。

期货：今天做明天的交易

有人说：如果你爱一个人，就让他做期货，因为那是天堂；如果你恨一个人，就让他做期货，因为那是地狱。期货是一把双刃剑，既可以让你一夜暴富，也可以使你瞬间破产。

根据《史记》的记载，范蠡不仅是一个天下闻名的谋士，他还是一个做生意的奇才。勾践灭吴之后，范蠡深知历史上但凡效劳过国君、力谋大业的人在成功之后都难逃被杀的结局，于是在一个夜晚偷偷地收拾好珠宝，携带家小连夜逃走了。他泛舟五湖，七绕八拐地到了齐国，在海边种起了庄稼，没几年，就挣了几十万。这引起了齐国国君的注意，请他去做宰相。但范蠡很清楚，他从一个平民老百姓，一下就到了一人之下、万人之上的地位，经济上还是万元户，吃好穿好，被人夸赞阿谀，不是什么好事。于是，他又向齐王辞职，把大部分财产都分给了当地村民，搬到了陶（今山东定陶西北）。这回他不种庄稼了，他做起了期货，没几年，就成了亿万富翁。

范蠡从他做期货的短短几年中总结出一个道理："贵出如粪土，贱取如珠玉。"也就是说，当商品的价格高到了一定程度，就要像粪土一样舍得抛出去；但假如低到了一定程度，就要当宝贝一样赶紧囤积起来。这就是如今"越跌越买，越涨越抛"这一炒股原则的古代版。范蠡说："贵上极则反贱，贱下极则反贵。"一件商品的价格高到一定程度必然要跌，跌到一定程度必然要涨。这是市场对于价格的调节作用：东西太贵了，没有人买，商家必然要降价出售；而降到一定程度了，商家又没有利润了，不生产了，必然又要涨。那么，期货是什么东西，能让范蠡短短几年就成了亿万富翁？

期货的英文为Futures，是由"未来"一词演化而来，其含义是：交易双方不必在买卖发生的初期就交收实货，而是共同约定在未来的某一时间交收实货。因此中国人就称其为"期货"。为什么要这样呢？因为卖家判断他手中的商品在某个时候价格会达到最高，于是选择在那个时候卖出，获得最大利润。

期货也是在远期交易基础上发展起来的一种衍生产品，与期权的合约的随意性不同，期货是标准化合约，是一种统一的、远期的"货物"合同。期货合约的商品品种、数量、质量、等级、交货时间、交货地点等条款都是既定的，是标准化的，唯一的变量是价格。期货合约的标准通常由期货交易所设计，经国家监管机构审批上市。期货合约可通过交收现货或进行对冲交易来履行或解除合约义务。

人们购买期货的目的有两种：套期保值和期货投机。套期保值是指交易者在现货市场上买卖某种原生产品的同时，在期货市场上设立与现货市场相反的头寸，从而将现货市场价格波动的风险通过期货市场上的交易转嫁给第三方的交易行为。而期货投机则是投机者通过预测未来价格的变化，买空卖空期货合约，当出现对自己有利的价格变动时对冲平仓以获取利润的行为。

期货交易是从最初的现货远期交易发展而来。最初的现货远期交易是双方口头承诺在某一时间交收一定数量的商品，后来随着交易范围的扩大，口头承诺逐渐被买卖契约代替，即期货合约，是指由期货交易所统一制定的、规定在将来某一特定的时间和地点交割一定数量标的物的标准化合约。这种契约行为日益复杂化，需要有中间人担保，以便监督买卖双方按期交货和付款，于是便出现了1571年伦敦开设的世界第一家商品远期合同交易所——皇家交易所。为了适应商品经济的不断发展，1865年芝加哥谷物交易所推出了一种被称为"期货合约"的标准化协议，取代原先沿用的远期合同。使用这种标准化合约，允许合约转手买卖，并逐步建立缴纳保证金的制度，于是一种专门买卖标准化合约的期货市场形成了，期货成为投资者的一种投资理财工具。

期货的赚钱方法简单来说就是赚取买卖的差价。

小张在小麦每吨2000元时，估计麦价要下跌，于是他在期货市场上与买家签订了一份合约，约定在半年内，小张可以随时卖给买家10吨标准小麦，价格是每吨2000元。5个月后，果然不出小张的预料，小麦价格跌到1600元每吨，小张估计跌得差不多了，马上以1600元的价格买了10吨小麦，转手按照契约以2000元的价格卖给买家，这样就赚了4000元，原先缴纳的保证金也返还了，小张就这样获利平仓了。

小张采用的其实是卖开仓，就是说，小张的手上并没有小麦，但因为期货可以实行做空机制，小张可以先与买家签订买卖合约。而买家为什么要与小张签订合约呢？因为他对小麦看涨。事实证明，小张的判断是准确的，否则如果在半年内小麦价格没有下跌，反而涨到2400元，那么在合约到期前，小张必须高价购买10吨小麦，然后以契约价卖给买家，这样小张就亏损了，而买家就会赚4000元。

期货的交易是以实物为依据，但事实上并不是真的在卖小麦或者别的什么。个人投资者购买的期货按照中国目前的制度都是不能交割实物的，只能做投机，即一种理财手段。但期货商品的价格确是围绕实物的市场价格波动的，因此从这个角度来说，期货相对于股票来说可以说是实体的。但期货的交易方式和股票是相差不多的，期货市场和股票市场一样，也永远是惊心动魄的。伴随高利润的永远是高风险，要想做期货生意，一定要有一颗超强的心脏才行！

●●●●经济学家提醒你●●●●

期货在某种程度上是一种投机行为或赌博行为。期货交易，让人欢喜让人忧，有些人抓住了市场需求和时机，在期货交易中狠赚一笔，有些人因为不了解市场发展走向，只能赔了夫人又折兵。

债券：比存款划算的投资方式

债券作为一种债务凭证，与其他有价证券一样，也是一种虚拟资本，而非真实资本，它是经济运行中实际运用的真实资本的证明书。

债券是政府、金融机构、工商企业等机构直接向社会借债筹措资金时，向投资者发行，并且承诺按一定利率支付利息并按约定条件偿还本金的债权债务凭证。债券的本质是债的证明书，具有法律效力。债券购买者与发行者之间是一种债券债务关系，债券发行人即债务人，投资者（或债券持有人）即债权人。由于债券的利息通常是事先确定的，所以，债券又被称为固定利息证券。

17世纪，英国政府在议会的支持下，开始发行以国家税收作为还本付息保证的政府债券。由于这种债券四周镶有金边，故而也被称做"金边债券"。当然这种债券之所以被称做金边债券，还因为这种债券的信誉度很高，老百姓基本上不用担心收不回本息。后来，金边债券泛指由中央政府发行的债券，即国债。在美国，经穆迪公司、标准普尔公司等权威资信评级机构评定为"AAA"级的最高等级债券，也被称为"金边债券"。

我国历史上发行的国债主要品种有：国库券和国家债券。其中，国库券自1981年后基本上每年都发行，主要对企业、个人等；国家债券曾经发行包括国家重点建设债券、国家建设债券、财政债券、特种债券、保值债券、基本建设债券，这些债券大多对银行、非银行金融机构、企业、基金等定向发行，部分也对个人投资者发行。

向个人发行的国库券利率基本上根据银行利率制定，一般比银行同期存款利率高1~2个百分点。在通货膨胀率较高时，国库券也采用保值办法。

1997年，我国受亚洲金融危机和国内产品供大于求的影响，内需不足，经济增长放缓。我国政府适时发行了一部分建设公债，有力地拉动了经济增长。在国家面临战争等紧急状态时，通过发行公债筹措战争经费也是非常重要的手段。例如，美国在南北战争期间发行了大量的战争债券，直接促进了纽约华尔街的繁荣。

债券的发行价格，是指债券原始投资者购入债券时应支付的市场价格，它与债券的面值可能一致，也可能不一致。理论上，债券发行价格是债券的面值和要支付的年利息按发行当时的市场利率折现所得到的现值。由此可见，票面利率和市场利率的关系影响了债券的发行价格。当债券票面利率等于市场利率时，债券发行价格等于面值；当债券票面利率低于市场利率时，企业仍以面值发行就不能吸引投资者，故一般要折价发行；反之，当债券票面利率高于市场利率时，企业仍以面值发行就会增加发行成本，故一般要溢价发行。

债券的风险要比股票小。债券一般约定固定利息，到期归还本金，而不论公司经营业绩如何。当公司业绩看好时，股票收益会超过债券的收益，但公司亏损滑坡时，债券的损失就比股票小。而且，在公司破产时，债券持有人可以优先于股东分配公司财产，这也为债券提供了更可靠的保障。

债券的交易方式一般有如下几种。

1.现货交易

现货交易又叫现金现货交易，是债券买卖双方对债券的买卖价格均表示满意，在成交后立即办理交割，或在很短的时间内办理交割的一种交易方式。

例如，投资者可直接通过证券账户在深圳交易所买卖已经上市的债券品种。

2.回购交易

回购交易是指债券出券方和购券方在达成一笔交易的同时，规定出券方必须在未来某一约定时间以双方约定的价格再从购券方那里购回原先售出的那笔债券，并以商定的利率（价格）支付利息。目前深、沪证券交易所均有债券回购交易，但只允许机构法人开户交易，个人投资者不能参与。

3.期货交易

债券期货交易是一批交易双方成交以后，交割和清算按照期货合约中规定的价格在未来某一特定时间进行的交易。目前深、沪证券交易所均不开通债券期货交易。

●●●●经济学家提醒你●●●●

人们投资债券时，最关心的就是债券收益有多少。为了精确衡量债券收益，一般使用债券收益率这个指标。债券收益率是债券收益与其投入本金的比率，通常用年率表示。债券收益不同于债券利息。债券利息仅指债券票面利率与债券面值的乘积。但由于人们在债券持有期内，还可以在债券市场进行买卖，赚取价差，因此，债券收益除利息收入外，还包括买卖盈亏差价。

复利：最神奇的财富升值工具

一个爱下象棋的国王棋艺高超，从未遇到过敌手。为了找到对手，他下了一份诏书，说不管是谁，只要下棋赢了国王，国王就会答应他任何一个要求。

一个年轻人来到皇宫，要求与国王下棋。紧张激战后，年轻人赢了国王，国王问这个年轻人要什么奖赏，年轻人说他只要一点小奖赏：就是在他们下棋的棋盘上放上麦子，棋盘的第一个格子中放上一粒麦子，第二个格子中放进前一个格子数量两倍的麦子，接下来每一个格子中放的麦子数量都是前一个格子中的两倍，一直将棋盘每一个格子都摆满。

国王没有仔细思考，以为要求很小，于是就欣然同意了。但很快国王就发现，即使将自己国库所有的粮食都给他，也不够百分之一。因为从表面上看，年轻人的要求起点十分低，从一粒麦子开始，但是经过很多次的翻倍，就迅速变成庞大的天文数字。

这就是复利的魔力。曾经有人问爱因斯坦："世界上最强大的力量是什么？"他的回答不是原子弹爆炸的威力，而是"复利"。

虽然起点很低，甚至微不足道，但通过复利则可达到人们难以想象的程度。但复利不是数字游戏，而是告诉我们有关投资和收益的哲理。在人生中，追求财富的过程，不是短跑，也不是马拉松式的长跑，而是在更长甚至数十年的时间跨度上所进行的耐力比赛。只要坚持追求复利的原则，即使起步的资金不太大，也能因为足够的耐心加上稳定的"小利"而很漂亮地赢得这场比赛。

如何将10元变成100万元呢？有两种方法：第一种方法，只要你每日将10元放进存钱罐里留着不用，一个月可攒下300元，每年可攒下3600元。倘若你继续储蓄，便会在277年后存够100万元了。第二种方法，如果每年年底将3600元用做投资，以过去30年美国标准普尔500指数年平均回报率12%计算，成为百万富翁只需要31年。著名的"72法则"就是指一笔投资变成两倍所需要的时间恰巧是72除以年回报率。例如一笔年回报率为7.2%的投资，10年后本利和将是原始投资的两倍；如果这笔投资的年回报率为12%，那么原始投资翻倍的时间就是6年。试想，你有10万元钱，那么从现在起就投资于年利率为12%的固定收益产品，那么6年后你的财富就翻倍了。

我们在计算投资回报时，常喜欢用利滚利来形容某项投资的回报高，如果用专业的理财术语来表示，利滚利就是复利。复利指的是把投资所获取的利息或赚到的利润加入本金，继续赚取回报。举例来说，假定某投资工具每年有10%的回报，以单利计算，投资100万元，每年可以赚10万元，10年可以赚100万元，多出1倍。但如果以复利计算，年获利也是10％，但每年实际赚取的金额却会不断增加，以前述的100万元投资来说，第一年赚10万元，本金变为110万元；第二年赚的就是110万元的10％，即11万元，依此类推，第三年则是12.1万元，等到第十年总投资获利是近160万元，比本金多出了1.6倍，这就是被爱因斯坦称为世界第八大奇迹的复利的魔力了。

复利就是一笔存款或者投资获得回报之后，再连本带利进行新一轮投资，这样不断循环，就是追求复利。复利终值的计算公式是：

$$S=P（1+i）^n$$

式中：P为本金；i为利率；n为持有期限。其中持有期限是影响复利效果的关键因素。这个"期数"也称为时间因子，是整个公式中相当关键的因素，一年又一年（或一月又一月）地相乘下来，数值越来越大。也就是说，投资人采取复利方式来投资，最后的回报将是每一期的回报率加上本金后不断相乘的结果，期数越多获利就越大。

和复利相对应的是单利，单利只根据本金算利，没有利滚利的过程，但这两种方式所带来的利益差别一般人却容易忽略。假如投入1万元，每一年收益率能达到28％，57年后复利所得为129亿元。可是，若是单利，同样是28％的收益率，57年的时间，却只能带来区区16.96万元。这就是复利和单利的巨大差距。

因此，我们完全可以把复利应用到自己的投资理财活动中。假设你现在投资1万元，通过你的运作每年能赚15％，那么，连续20年，最后连本带利变成了163665元了，想必你看到这个数字后感觉很不满意吧？但是连续30年，总额就变成了662117元了，如果连续40年的话，总额又是多少呢？答案或许会让你目瞪口呆，是2678635元，也就是说一个25岁的年轻人，投资1万元，每年赢利15％，到65岁时，就能获得200多万元的回报。当然，市场有景气有不景气，每年都挣15％难以做到，但这里说的收益率是个平均数，如果你有足够的耐心，再加上合理的投资，这个回报率是有可能做到的。

由此可见，在复利模式下，一项投资所坚持的时间越长，带来的回报就越高。在最初的一段时间内，得到的回报也许不理想，但只要将这些利润进行再投资，那么你的资金就会像滚雪球一样，变得越来越大。经过年复一年的积累，你的资金就可以攀登上一个新台阶，这时候你已经在新的层次上进行自己的投资了，你每年的资金回报也已远远超出了最初的投资。

从另一方面来看，复利的巨大作用也会从投资者的操作水平中体现出来。因为，为了抵御市场风险，实现第一年的赢利，投资者必须研究市场信息，积累相关的知识和经验，掌握一定的投资技巧。在这个过程中，需要克服一些困难，但投资者也会养成一定的思维和行为习惯。在接下来的一年里，投资者过去的知识、经验和习惯会自然地发挥作用，并且又会在原来的基础上使自己有一个提高。这样坚持下来，使投资者越来越善于管理自己的资产，进行更熟练的投资，这是在实现个人投资能力的"复利式"增长。而投资理财能力的持续增长，使投资者有可能保持甚至提高相应的投资收益率。

这种由复利所带来的财富的增长，被人们称为"复利效应"。不但投资理财中有"复利效应"，在和经济相关的各个领域其实广泛存在着复利效应。比如，一个国家，只要有稳定的经济增长率，保持下去就能实现经济繁荣，从而增强综合国力，改善人民的生活。从这个角度来看，"可持续发展"这个时髦的词汇，实质上是追求复利的另一种说法。

从广义上来看，人生中也有和复利效应类似的道理。比如，一个人一年取得的成就也许微不足道，但如果他每年都能在过去的基础上前进，长期的积累，就会获得巨大的成就。人生的价值虽然难以用复利的计算方法进行数字计算，但随着时间的推移，同样的起点却导致不同的人生。在个人成就上，不同的人之间可以有遥不可及的距离。人年轻时可能起点差不多，理想也差不多，但是一生的成就却千差万别，有的成就斐然，有的则一事无成，庸庸碌碌一生。这是"复利"的力量在人生历程中的体现。

可以说，复利是一种思维，是一种以耐心和坚持为核心的思维方式。如果我们能充分利用复利思维，不管是投资还是人生，都会有不错的回报。

●●●经济学家提醒你●●●

复利揭示了成功投资最简单的本质，不管是投资还是人生，"复利"的魅力来源于持之以恒的坚持。在竞争激烈的现代社会，竞争中胜出的法则是狭路相逢勇者胜，勇者相逢智者胜，智者相逢韧者胜。有的人或企业只使用单利的计算方式去经营，而有的人和企业一开始便讲究"眼前利莫轻取，百年利尽谋之"的复利计算方式去经营。因此，其带来的收获自然就不一样了。

套利：捕捉低风险赚钱机会

套利是指在一个市场买进外汇、商品或证券的同时，又在另一市场以高于前一市场的价格卖出的行为。说通俗点就是在同一时间进行低买高卖操作，以获得中间的差价。

在一般情况下，西方各个国家的利息率的高低是不相同的，有的国家利息率较高，有的国家利息率较低。利息率高低是国际资本活动的一个重要的因素，在没有资金管制的情况下，资本就会越出国界，从利息率低的国家流到利息率高的国家。资本在国际间流动首先就要涉及国际汇兑，资本流出要把本币换成外币，资本流入需把外币换成本币。这样，汇率也就成为影响资本流动的重要因素。

套利行为的基本诱因是两个市场间的价差超过了买进与卖出的交易费

用，而套利活动的结果则使在这些市场交易的相类似的商品的价格保持在买进与卖出所确定的范围内。任何价格如有偏离由交易费用所确定的范围的倾向，都会诱发套利行为，从而迫使价格重新返回到这一范围内。

假设某一时期1英镑在伦敦与美元的兑换率低于1英镑在纽约与美元的兑换率。如果两个市场上汇率之差超过了交易费用，套利者就会用英镑在伦敦市场买进美元，然后在纽约市场卖出美元换回英镑。两个市场的汇率之差减去交易费用即为套汇者的净收益。但套汇行为将提高买进市场即伦敦的英镑兑换率，降低卖出市场即纽约的英镑兑换率，直到套汇者不再能够获得净收益为止。

套利交易目前已经成为国际金融市场中的一种主要交易手段，国际上绝大多数大型基金均主要采用套利或部分套利的方式参与期货或期权市场的交易。随着我国期货市场的规范发展以及上市品种的多元化，市场蕴涵着大量的套利机会，只要我们认真观察，潜心研究，及时捕捉，套利交易势必使我们获得稳定的回报。

套利一般可分为三类：跨期套利、跨市套利和跨商品套利。

跨期套利是套利交易中最普遍的一种，是利用同一商品在不同交割月份之间正常价格差距出现异常变化时进行对冲而获利的，又可分为牛市套利（Bull Spread）和熊市套利（Bear Spread）两种形式。例如在进行金属牛市套利时，交易所买入近期交割月份的金属合约，同时卖出远期交割月份的金属合约，希望近期合约价格上涨幅度大于远期合约价格的上涨幅度；而熊市套利则相反，即卖出近期交割月份合约，买入远期交割月份合约，并期望远期合约价格下跌幅度小于近期合约的价格下跌幅度。

跨市套利是在不同交易所之间的套利交易行为。当同一期货商品合约在两个或更多的交易所进行交易时，由于区域间的地理差别，各商品合约间存在一定的价差关系。例如伦敦金属交易所（LME）与上海期货交易所

（SHFE）都进行阴极铜的期货交易，每年两个市场间会出现几次价差超出正常范围的情况，这为交易者的跨市套利提供了机会。例如当LME铜价低于SHFE时，交易者可以在买入LME铜合约的同时，卖出SHFE的铜合约，待两个市场价格关系恢复正常时再将买卖合约对冲平仓并从中获利，反之亦然。在做跨市套利时应注意影响各市场价格差的几个因素，如运费、关税、汇率等。

跨商品套利是指利用两种不同的、但相关联商品之间的价差进行交易。这两种商品之间具有相互替代性或受同一供求因素制约。跨商品套利的交易形式是同时买进和卖出相同交割月份但不同种类的商品期货合约。例如，金属之间、农产品之间、金属与能源之间等都可以进行套利交易。

交易者之所以进行套利交易，主要是因为套利的风险较低，套利交易可以为避免始料未及的或因价格剧烈波动而引起的损失提供某种保护，但套利的盈利能力也较直接交易小。套利的主要作用一是帮助扭曲的市场价格恢复到正常水平，二是增强市场的流动性。

一个简单的例子就是，以较低的利率借入资金，同时以较高的利率贷出资金，假定没有违约风险，此项行为就是套利。这里最重要的是时间的同一性和收益为正的确定性。

在现实中，通常会存在一定的时间先后顺序，也可能是以很小的概率出现亏损，但仍被称做"套利"，主要是从广义上而言。

通俗地说，套利就是在同一时间进行低买高卖的操作！

在我国目前证券市场中，比较获得人们认同的套利包括ETF套利、期货套利、权证套利等。

●●●经济学家提醒你●●●

套利成功的关键主要在于对套利机会的捕捉上，可以说一个套利计划的成功实施主要靠投资者的耐心等待机会与果断实施计划来完成。

第九章
看穿商家鬼把戏，捂紧你的钱袋子
——18岁后要做个聪明的消费者

做一个理智的消费者

邓析是著名辩论家，春秋时期人，《吕氏春秋》曾记载他这样一则故事：洧水河发大水，把一个郑国的富人淹死了，有个穷人捞到了尸体，想借机赚一把，于是告诉死者家属想取回尸体就拿钱来赎。死者家属想把尸体买回，但捞尸体的人要价很高，死者家属找到了邓析。邓析说："不要着急，你要是不去买，别人是不会买的。"死者家属一听觉得很有道理，于是就耐心地等待下去。因为死者家属没来购买，气温又高，尸体很快开始腐烂，捞尸体的人也找到了邓析。邓析说："别着急，家属不来你这儿买，就没有别的地方可买。尸体变坏了，对他们也没好处。"

这个故事里面，死者家属和捞尸体的人都不够理智，因为他们没有耐

心，最终的结果肯定是要么家属没有耐心花高价把尸体运回，要么捞尸体的人没有耐心，低价把尸体给对方。谁没有耐心谁就先输掉了。

经济学认为，在交易或消费中，应该保持理性的头脑，做个理智的消费者才能买得放心，很多情况下，消费者买了次产品，假产品，是因为没耐心造成的。

面对激烈的市场竞争，生产者往往通过提高产品质量、降低商品价格和改善售后服务来博得消费者的青睐；销售者则是通过加强内部管理、降低经营成本和改进服务态度来吸引新老客户。这些都是公平、合法的竞争手段，有利于维护正常的市场经济秩序，保护自身和消费者的合法权益。但现实中的一些经营者不是这样，少数商场、家电零售企业就常常利用一些消费者贪便宜的心理，采用所谓"买一赠一"、有奖销售等手段，设置温柔陷阱，欺骗消费者。

所谓"买一赠一"只是经营者惯用的手段之一。其实礼品送得多并不一定等于价格便宜，相反，有些商品的价格反而是提高了，再来看赠品里到底有些什么：有的赠品包装盒上既无商品名称、标志，也无生产厂家的厂名、厂址，更无产品说明书和合格证等，属地道的"三无"产品；有的赠品当初的确需要×××元，但现在只需要××元；更有甚者，有的赠品价值直接打入商品成本，无形中提高了商品的售价。消费者面对购物赠送时要弄清楚"赠一"和"精美礼品"的价值有多大？赠品质量是否有保证？切不可贪图"免费"冲动购买。

不少消费者，在个别商家的广告上看到限量出售某种商品，于是一大早就来到商家门口，第一个跑到出售商品的柜台，结果被告知没货，但是广告上却说明是从那天开始；而有的消费者反映根本就找不到所谓的"特价商品"。

经调查，一些宣传低价、特价的广告，没有事先向消费者说明限时、限量发售的规则，当消费者到现场时，经营者则以当天售完为由拒绝发售，而消费者往往无从获知发售的真正情况。还有所谓的"明星签名销售"活动。

活动前把某商品的售价标高×××元，以便让所谓的"明星"在签名售卖时把高出的作为优惠条件"降价"出售。

有些消费者在购买商品后，因售后服务得不到保障而懊悔不已。有些商家不按承诺时间提供服务。如少数家电零售企业对低价促销的整个过程缺乏周密策划，当出现大批消费者订货时，售后服务明显滞后，引发大批消费者的投诉。

家电产品少则数百，动辄上千，使用中所涉及具体的售后服务将是长期的。特别是一些家电商品，生产厂家虽已破产倒闭，但按《消费者权益保护法》规定，消费者可以向经销者要求解决售后服务问题，但若是经营者倒闭或"改头换面"了，怎样落实售后问题也是我们在选购商品时不得不需要认真考虑的问题。因此我们要提醒自己：在选购高档家电的同时，一定要注意选择那些信誉好、售后服务到位的商家，不要轻易相信商家怎样做活动，怎样搞宣传。要理性消费，做个精明而理智的消费者。

●●●●经济学家提醒你●●●●

要养成一个良好的消费习惯，在购物的时候，事先多了解该商品的行情，不要被媒体和卖家一说，立刻就要买。买商品时，保持理性的思维，清醒的头脑是必要的，只有做个理性的消费者，才不会被卖家的花言巧语所迷惑，平时不管是小商品还是大商品，都应该养成一个理性消费的习惯。

大超市真的是低价钱吗

在众多知名的连锁超市中，人们对于沃尔玛低廉的价格和优越的品质有着深刻的印象。

如果你问沃尔玛的员工：沃尔玛成功的经营秘诀何在？他们大都回答：便宜。他们会举例说，沃尔玛5元钱进货的商品3元钱卖。5元钱进货的商品3元钱卖，这就是沃尔玛的"天天平价"。

在国外，每个到过沃尔玛超级市场的人都知道，凡是在沃尔玛购物的人，手上都有一张印有"We sell for less always"英文字样的消费凭据，意思是"天天平价，始终如一"。"天天平价，始终如一"，这就是沃尔玛驰骋全球零售业沙场的营销策略，这也是沃尔玛成功经营的核心法宝。

古往今来，商家皆谋三分利！5元钱进货的商品3元钱卖，天底下怎会有这样的事情呢？让我们解读解读沃尔玛的"天天平价，始终如一"吧。

实际上，商店不可能把所有的商品都如此打折销售。商场里只有部分商品如此打了折，不仅是部分打折，而且是轮流打折——今天是日用品打折，明天是调料打折，这周是烟酒打折，下周是食品打折。其他的商品呢？其他商品的价格与别的超市的价格则没有区别。沃尔玛真实的营销状况是这样的。

先说消费者。那些知道打折商品又意欲购之的消费者显然愿意前去购物。但去超市是要花车费和时间的。既然去了，既然花了车费和时间，理性的选择哪能只购买打折商品呢？一般总是要购买一些别的商品。这和张五常去了五星级饭店一定要吃好菜是一个道理。那些不知道打折商品的人又当怎样呢？虽然不知道具体打折的是些什么商品，但既然有打折商品，而别的商品又不比别处的超市贵，为何不奔着沃尔玛去呢？

再说厂家吧。沃尔玛的"天天平价"虽然使得商品的平均单价降低了，但由于"天天平价"吸引了消费者，提高了销售量，总利润一定不减反增。为了吸引那部分即使知道打折也不购买打折商品的消费者，最大限度地增加销售量，沃尔玛不可能让所有人事先都知道具体打折的商品。它是要让一部分人知道，又要让一部分人不知道的。这大概就是"天天平价"表现为轮流打折的由来吧。

问题是,别的超市不模仿吗?如果别的超市模仿,到头来平均单价降低了,销售量也不会增加,那不是搬起石头砸自己的脚吗?事实上,一定有超市要模仿的。比如,中兴、家乐福、乐购等大型超市就经常地打折促销。当然,这打折也是表现为轮流打折的。

可想而知,"天天平价"是要以低廉的成本和优质的服务作为支撑的。不能最大限度地降低成本,那是经不起"天天平价"考验的,而提供优质的服务本质上也是降低成本。沃尔玛正是通过如下一些措施来降低成本和提高服务的:

其一,实施仓储式经营管理。沃尔玛商店装修简洁,商品多采用大包装,同时店址绝不会选在租金昂贵的商业繁华地带。

其二,与供应商密切合作。通过电脑联网,实现信息共享,供应商可以在第一时间了解沃尔玛的销售和存货情况,及时安排生产和运输。

其三,以强大的配送中心和通讯设备作为技术支撑。沃尔玛有全美最大的私人卫星通讯系统和最大的私人运输车队,所有分店的电脑都与总部相连,一般分店发出的订单24小时之内就可以收到配发中心送来的商品。

其四,严格控制管理费用。沃尔玛对行政费用的控制十分严格,如规定采购费不得超过采购金额的1%,公司整个管理费为销售额的2%,而行业平均水平为5%。

其五,减少广告费用。沃尔玛认为保持"天天平价"就是最好的广告,因此不做太多的促销广告,而将省下来的广告费用,用来推出更低价的商品回报顾客。

其六,提供高品质的服务。"保证满意"是沃尔玛商店中悬挂最多的标语之一,这是沃尔玛对顾客做出的承诺。沃尔玛在努力做到提供廉价商品的同时,让顾客享受到超值服务。

当然，"天天平价"还要以产品的极端丰富和多样性为前提，还要以非熟人社会的存在为前提。只有这样，才可以很好地轮流打折，才可以做到让一部分人知道打折的具体商品，而另一部分人不知道打折的具体商品。

只有那些大型连锁超市才能很好地做得到这些。于是，我们观察到大型连锁超市大都在不同程度上实行了"天天平价"营销策略，而那些小型的超市则更多地依靠近便的地理位置售卖日用品、食品、烟酒等商品而生存了。我们观察到那些吸引四面八方消费者前来购物的大型超市实行"天天平价"营销策略，但是那些小区的小型超市、商店和农村的商店却从来没有过轮流打折的做法。

●●●●经济学家提醒你●●●●

> 商家定价的决定因素是"总利润"，他们会根据顾客的需求特点和产品价格的敏感程度，探索一个恰当的价格水平，让总利润达到最大。

"忍痛割爱"式消费

当汽车涨价的时候，我们不想买汽车，但食盐涨价的时候，我们还得买食盐。这是生活中的常识，可这是什么原因造成的呢？

为什么有的东西一提价，需求量就会减少，为什么有的东西价格对需求没什么影响。可能有人提出说，食盐我们必须得吃啊，但汽车我就未必一定需要了，没汽车的时候，我可以坐公交车嘛。

说得好，食盐是生活必需品，而汽车却属于奢侈品。我们可以没有汽车，但不能没有食盐。

经济学上把这种现象称为"需求弹性"，需求弹性是指商品价格变动对需求量的影响程度，当价格变化对需求影响较大时，叫做价格需求弹性高，当价格对需求量影响较小的时候，叫做价格需求弹性低。一般而言，需求弹性高的商品，价格稍微上涨，需求量会明显下降。需求弹性低的商品，不管价格如何变动，需求量不会有明显下降情况，需求弹性越低的商品，证明可替代性越差，需求弹性越高的商品，证明可替代性越强。比如，猪肉和牛肉，当猪肉价格上涨的时候，我们肯定去买牛肉。

决定某种物品需求弹性大小的因素很多，一般来说有以下几种：

（1）消费者对某种商品的需求程度。越是生活必需品如食盐、蔬菜，其需求弹性越小。奢侈品的需求弹性大。

（2）商品的可替代程度。如果一种商品有大量的替代品则该商品的需求弹性大，如饮料；反之则需求弹性小，如食用油。

（3）商品本身用途的广泛性。一种商品用途越广如水电，其需求弹性就越大，反之一种商品用途越窄如鞋油，其需求弹性就越小。

（4）商品使用时间的长短。使用时间长的耐用品比如电视、汽车的需求弹性大，而晚报等易抛商品需求弹性小。

（5）商品在家庭支出中所占的比例。比重小的商品如筷子、牙签等，其需求弹性小，而电视、汽车等商品比重大，需求弹性也大。

除了上述决定物品需求弹性大小的因素外，还有一个收入需求弹性，就是收入的变化对需求量的影响。当一个人收入提升的时候，他对商品的需求量会上升，反之，则会下降。一般而言，收入提升的时候，我们对奢侈品的需求会相对多些，当收入降低的时候，对奢侈品的需求会相对减少，但对生活必需品的需求，无论降低或提升都不会有什么变化。比如我们收入增加的时候，就开始想着是不是应该给家里添个冰箱啊，是不是应该再买个电脑啊。这些都不是必然需要的，看收入情况而定，有无皆可。可是我们即使失业了，生活收入来源没有了，我们宁可借钱也得消费粮食和蔬菜。

我们对于那些生活必需的东西无可奈何，即使涨价也得忍痛割爱，所以2008年开始世界都在闹"粮荒"，粮食的价格猛涨，但人们又不得不消费。有的国家粮食价格贵得惊人，人们消费不起了，于是引起了社会骚乱。在2008年的时候，内地的粮食价格跟香港相比就相差5倍，导致很多不法分子走私粮食获利。

所以在我们国家，生活必需品的价格是受政府控制的，因为它的价格对需求是缺乏弹性的，一旦被市场操控，出现大规模涨价现象对人们生活影响必然是巨大的。

粮食、食盐都是民生必需品，必须交由国家掌控，所以世界的粮价如何波动，对我们的影响都不大。因为国家会给粮食价格补贴。

需求弹性对企业营销的影响很大，所以企业一般会根据自己的产品特点对商品的价格进行提价或降价。例如，生产饮料的企业，对价格的调整就要非常谨慎。因为饮料的需求弹性很大。类似的饮料（如各种可乐或各种果汁或各种奶茶）除非做特别的品牌包装促销，不然价格不会相去太多，如果某饮料突然涨价，就会让顾客转往其他品牌的类似饮料，顾客迅速流失。这种取代性商品众多、需求弹性很大的商品，价格调高将会导致销量迅速变化。

如果商品需求弹性很小，企业提高价格，需求量减少得不多，收入会升高，反之降低价格，收入会降低。如果商品富于弹性，企业提高价格，需求量减少很多，收入会降低，反之降低价格，收入会增加。因此企业制定价格时必须考虑到商品的价格弹性，弹性低不妨提高价格，弹性高就降低一点价格。

估算需求弹性非常困难，但如果能算得准则会发大财。因为需求弹性是因人而异，比如影碟并非生活必需品，按理来说价格弹性比较高，但有人爱电影如命，价格再高也照买不误，这种人多了，影碟的价格弹性就降低了。

●●●**经济学家提醒你**●●●

对普通消费者而言，要认清哪些是需求弹性高的商品，哪些是需求弹性低的商品，要根据自己的实际收入，对消费结构作出调整。但需求弹性只能从商品大类上笼统概言之。具体到每一种商品，其需求弹性是不好判断的。明白其思维理念，在现实生活中根据实际情况作出相应判断。不管是消费还是做生意，判断一个产品的需求弹性都是必要的，尤其是做生意，判断需求弹性，适时进货，对盈利是必要的条件。

别让商家掏空了你的口袋

"消费者剩余"的概念是马歇尔在他的《经济学原理》中首次提出来的。他说："一个人对一物所付的价格，绝不会超过，而且也很少达到他宁愿支付而不愿得不到此物的价格。"人们希望以一个期望的价格购买某商品，如果人们在消费时实际花费的金钱比预期的花费低，人们就会从购物中获得乐趣；相反，如果商品的价格高于他的预期价格，他就会放弃购买行为。他因为购买商品的实际支出低于预期价格获得某商品而得到满足；同样，当某商品的价格高于他的预期时，他就不会购买，他因此也会获得一种满足，他会想，我虽然没有得到某商品，但是我也没有失去金钱。

由此我们可以看出，商家为什么会大力让价促销，会打9折，打8折，甚至打4折、打3折了。他们无非是让顾客心理上获得一点满足而已，无非送给顾客一个空心的汤圆。消费者剩余不会给顾客带来实际的收益。

有很多时候，我们会发现一种非常奇怪的事情，你在高档的精品屋里打7折、8折，花上千元买来的东西，在外面一般的商场里价格却只有二三百元，东西竟然一模一样。因为你被打折的手法诱惑了，你只获得了过多的消费者剩余——心理的满足，而付出了自己的真金白银。

做生意的人会利用提高顾客的消费者剩余促成交易。而对于消费者来说，则可以利用消费者剩余理论进行杀价。

有一天，王先生到一个做服装生意的朋友那里去聊天。一个顾客看好了一套服装，服装的标价是800元。顾客说："你便宜点吧，500元我就买！"朋友说："你太狠了吧，再加80元！而且也图个吉利！"顾客说："不行，就500元！"随后，他们又进行了一番讨价还价，最终朋友说："好吧，就520元！"

顾客去交款了，但是不一会儿又回来了。她有些不好意思地说："算了，我不能买了，我带的钱不够了！"朋友又说："有多少？"顾客说："把零钱全算上也就只有430元了。"朋友为难地说："那太少了，哪怕给我凑一个整数呢？"顾客说："不是我不想买，的确是钱不够了！"最后，朋友似乎下了狠心，说："就430元钱给你吧，算是给我开张了，说实在的，一分钱没有挣你的！"顾客满脸堆笑，兴高采烈地走了。

看着顾客远去的背影，朋友告诉王先生："这件衣服是180元从广州进的货。"王先生听了哈哈大笑："真是无商不奸啊，可是你有些太狠了吧？"

朋友说："这你就是外行了，现在都时兴讲价，顾客讨价，我还价，这很正常。你要给顾客留出来讨价还价的空间，要让顾客心理上获得一种满足！其实这件衣服我300元的价格就卖，到换季的时候我本钱都往外抛。"

王先生的朋友是一个精明的生意人。他懂得通过讨价还价让顾客心理上获得一种满足。而这种"心理上的满足"在这个事例中，顾客获得的"消费者剩余"为90元（520元减430元）。

消费者剩余可能为正数，也可能为负数。举例来说，假定甲消费者富有，愿意为平时回家支付的路费为260元，而实际支付的价格为200元，那么他就获得了60元的"消费者剩余"；而乙消费者贫穷，打算仅用200元回家，实际支付200元，那么他的"消费者剩余"就为零。不管哪一类型的消费者，在春运价格上涨20％后，其回家过年的路费均要上涨至240元，那么甲、乙两者的"消费者剩余"均会下降40元——甲的"消费者剩余"仅为20元，而乙的"消费者剩余"就降为负40元。

众所周知，商人都是追求利益最大化的，所以他们总是在经济生活中尽量获得更多的利益，即尽可能地剥夺消费者剩余。如你去服装店买衣服，看见一件衬衣标价380元，但实际上80元就能够买下来。为什么标价这么高呢？这是因为商家想把你的消费者剩余都赚去。这些衣服的成本不足80元，但是有人特别喜欢这些衣服，他们愿意出高于80元甚至远远高于80元的价格买下来，这里面就存在着消费者剩余。因此，当你看上某件衣服时，最好不要流露出满意的神色，否则你就要花费较多的钱买下这件衣服。对于那些没有购买经验的顾客来说，当他以较高的价格买下这件衬衣时，或许还以为自己占了个便宜，殊不知在他高高兴兴花费380元钱买下这件衣服时，商家也高高兴兴地发了一笔小财。

在中国现有市场体系中，这种剥削消费者剩余的现象还很严重，消费者还处于弱势地位，我们有必要规范市场秩序。作为消费者的我们也要注意维护自己的合法利益，不让一些商家赚取消费者剩余的手伸向你口袋的深处。

●●●经济学家提醒你●●●

厂商为追求"生产者剩余"而抬高价格；消费者为获得"消费者剩余"而要买打折商品。如果卖方结盟抬高价格，买方观望后决定拒绝消费，商家就又会丢掉"生产者剩余"的赚取；卖方割肉定低价，消费者决定购买商品，即可能造成"消费者剩余"。商家如何运作才能既卖了商品赚了钱又使消费者感到了更大的满足，这就是企业和消费者之间最大的默契。消费者把握好了就会得到实惠，商家把握好了就会是企业竞争中的赢家。

经济学教你做出理性选择

消费这件事，最怕"认真"二字。如果你不认真，钱也就糊里糊涂花出去了，不计较得失，自然花得高兴。比如，拿10元钱买一顶帽子还是买一副手套都无关大局，只要你自己愿意就行。据说当印度人在兜里的钱仅够吃一顿饭或看一场电影时，他会毫不犹豫地决定饿着肚子去看电影。谁能说他的决定不对呢？

但如果你认真一回，这消费里的学问就另当别论了。里面可谓"门道多多"。例如，当你决定今晚带朋友一起出去玩，有两种选择，要么看电影，要么去吃饭。电影票每张5元，吃晚餐的费用大约为50元，当然你可能会说，如果有钱，你想干什么就干什么。但是从经济学的角度来看，在你选择的时候，你已经将你可能获得的收益和支付的成本作了比较。

看电影，你只需支出10元作为你的成本，获得的收益将是看电影带来的享受；而吃晚餐将支出50元，晚餐的成本支出将是看电影的成本的5倍，因此你必须期望吃晚餐所能获得的收益将超过看电影的成本加倍，你才会理智地选择吃晚餐。

日常生活中，我们无时无刻不在进行成本与收益的比较，读书也罢，工作也罢，都取决于行为者对其从成本收益角度进行的自我评估。

既要善于选择，还要学会放弃，这在经济学中叫做机会成本。经济学中把作出一个选择或决策时所放弃的东西称为这一决策的机会成本。在K·E·凯斯和R·C·费尔合著的《经济学原理》一书中对机会成本作出了如下描述："产生机会成本的原因在于，资源是稀缺的（有限的）。比如时间问题，一天只有24小时。我们必须在此约束下生活。看电影的机会成本是如果你用同样多的钱和时间所能够做的其他事情的价值；大学教育的部分成本是你从事全日制工作所能得到的收入。假使你的邻居今天要修剪他的草坪，他就没时间带孩子去动物园，而这正是修剪草坪的机会成本。比尔和科琳（书中假想的飞机失事中幸存的两个驾驶员，他们落在了一个荒岛上）会偶尔决定休息一下，躺在海滩上享受阳光，在某种意义上这一收益是免费的，他们不必为此支付货币。然而实际上，它具有机会成本，躺在阳光下意味着花费时间，否则时间可以用来做其他事情。在制定日常决策中，考虑一下机会成本有时是有益的。"

假定一件事属于非此即彼两者择一的选择，而且两种选择几乎有着相同的吸引力，这种选择无疑是困难的。按照上述原则，对两个选择对象进行分析，如果其中一个有51％的选择理由，就应该毫不犹豫地选择它，这就是所谓的51％原则。

选择了一个，就意味着放弃了另一个，就意味着失去了49％。有得必有失，鱼和熊掌不可兼得，这时你必须承认这个现实，49％已经变成了零，不必再为它费心思，而应当全力以赴地去筹划如何把51％尽快地转化成100％。

我们在作出任何选择时都必须花费机会成本，利用51％原则也许可以使你获得的价值至少不低于机会成本的价值。

在实际生活中所碰到的事情往往是非常复杂或者说是"模糊"的，而且通常不可能用准确的数字来表示，所以这里所说的51％并非真的要计算出一个准确的数字，而只是提供一个思考问题的方法。当你要作出一个决定时，通过判断明确了哪个方案"好一些"就可以毫不犹豫地作出选择。通过这样的思考方法的锻炼，可以使人们遇到问题时不会优柔寡断、拖泥带水，而逐渐养成简洁明快、善于决断的良好思维品质。

●●●经济学家提醒你●●●

　　沉没成本是指由于过去的决策已经发生了的，而不能由现在或将来的任何决策改变的成本。人们在决定是否去做一件事情的时候，不仅是看这件事对自己有没有好处，而且也看过去是不是已经在这件事情上有过投入。我们把这些已经发生不可收回的支出，如时间、金钱、精力等称为"沉没成本"。

　　举例来说，如果你预订了一张电影票，已经付了票款且假设不能退票。此时你付的价钱已经不能收回，就算你不看电影钱也收不回来，电影票的价钱算做你的沉没成本。

　　大多数经济学家们认为，如果你是理性的，那就不该在做决策时考虑沉没成本。

平价药店的秘密

　　近几年药价不断攀升，使因病返贫、因病致贫的困难户增多。从1997年至今药价已经连续13次降价，公布的最高某单一药品降幅达60%以上。仅在2001年，国家计委就先后三次为药价"减肥"，平均降价幅度达到20%，降价总金额约54亿元。如此高频率的降价次数和大幅度的降价额度，在各类商品中也许是绝无仅有的。照理说药品价格应该比较合理了。然而，近几个月来在武汉、南昌、北京、天津、成都等地纷纷出现的"平价药店"，才使老百姓如梦初醒：原来药价仍然是一个无底黑洞啊！

　　2002年8月底在南昌市开了一家"开心人"大药房，开张之日接待顾客6000多人，至今每天都有数以千计的消费者光顾，热力不减。原因是"开心人"经销的16类5000种药品，零售价比国家核定的定价平均低45%，其中近一半药品的价格竟不及国家定价的一半。例如，一瓶14片的奥美拉唑胶囊，国家定价是101.84元，医院开的价格是204.7元，"开心人"的售价则只有16.8元。零售价是国家定价的1/6、医院卖给患者的1/12。

是什么原因造成药价畸高这个"无底洞"的呢？

生产成本过高吗？制药行业需要较高的科研投入，专利费用较高，其生产成本较高也是有道理的。但平价药房能"比核定零售价平均下降45％"仍有利润可赚，如果再看那些为产品销路发愁的众多制药厂，足以告诉我们生产成本不是影响药价过高的因素。

是医药零售商和医院哄抬物价吗？据报道大多数药品零售商和医院都是在医药管理部门和物价部门的监管下在限价内销售的，基本上不存在私自抬高药品价格情况。

政府不管吗？近年各地管理部门对药品零售业实行最高限价，对医疗单位推行招标采购办法，应该说都是用心良苦但效果不佳。

是老百姓愿意出高价吗？老百姓购买药品与购买其他商品一样，要求"物美价廉"，绝不愿出高价。"开心人"大药房销售火爆的情形可以作证。但人们对药品的需求不同于一般日用品，电视机价过高我可以不买，但有病不能不买药，只要病况需要，不论价格高低都要买的。正是由于药品需求基本无弹性的特点，老百姓成为高药价的被动接受者。这就是司空见惯的讨价还价在药店和医院绝对没有的原因。

那么造成药价过高的原因究竟是什么？高药价正是政府管制的结果。医药销售业的进入和药品价格都受政府管制。据报道陕西省现有药品零售企业4600家，但成规模的只有几家。按现行规定，进入药品零售业要经过批准，设立分支机构亦要准许。由于有市场禁入的限制，其他企业难以进入医药零售，小零售商也无法发展为大公司，市场竞争严重不足。药品零售价格由政府制定上限，现有的零售商既然可以坐享其利，获得垄断利益，且高价又有政府的守护，谁愿意降低价格呢？

平价药店为什么能把药价降下来？首先它利用了集团公司的大批量采购的优势，在降低厂家营销费用的情况下，使出厂价下降20％。其次是以药品批发企业为依托，与药品生产企业直接建立业务关系，绕过层层代理商，使采购成本大为降低。三是采取现金进货，使厂家降低资金风险。尽管降了零售价，但通过薄利多销，药店仍有利可图，零售毛利率达15％。

有人对平价药店作出如下的评述，平价药店是降药价"虚火"的良药。

但是，平价药店的出现还不能使虚高的药价全线崩溃。只要医院不平价，药价还是平不了。因为医院占据了80％的药品市场，医院仍是最大的药品销售商。以广州为例，85％的药品消费仍在医院，44家普通药店和10多家平价药店只占销售额的15％。

药品降价的空间在医院，这是不争的事实。医院对药品市场价格下降有极大的拉动作用，按现在市场份额计算，药店要下降5％才能拉动整个市场的2％，而医院只要下降1.2％就能拉动市场的1％。

应该说，尽管平价药店还不能像潮水一样冲击药品零售业，把药价的虚火彻底根除，但它毕竟符合老百姓的愿望，触动了药价虚高的神经，撕开了药业集团编织的垄断网，打破了长期盘踞药品销售领域中的利益群体的"金饭碗"。

平价药店已经告诉我们：市场自由竞争是降低药价的利器。

放松对药品零售业进入的管制，允许新的竞争者介入，放开药品价格的管制，才是降低药价的上策，而且进入的方式采用经营权拍卖等市场化方式会更有效率。

为什么除市场竞争以外的其他方法难以奏效呢？

先看政府管制。由于政府物价部门与其管理企业之间存在信息的不对称。如果政府按成本加利润率定价，企业掌握成本而政府要靠企业报告成本，企业没有报告真实信息的积极性，而且还有足够的动机高报成本。政府在成本信息不全面（甚至是误导）的情况下，又怎能确定合理的价格呢？如果物价部门按报价高低收取管理费的话，谁又能保证管制中不发生道德风险呢？

再看零售商和医院。靠现有企业更新经营理念，直面市场竞争采取降价策略不也是好办法吗？"开心人"大药房降价后，希望继续维持暴利的药店采取的手段首先是威胁等低级手段；其次运用政府管制手段希望政府干预；第三是动用经济制裁如建立同盟、停止供货。降价的"开心人"大药房处于尴尬局面。可见在巨大的经济利益面前靠良心发现是无济于事的。然而老百姓大药房的降价是其占领市场的策略，是其为了自身利益最大化的选择，而不是为了老百姓的福祉。但"开心人"大药房这样的经营者多了，老百姓就有了真正的实惠。

看来为了广大患者的福利，为了医药行业的健康发展，降低药品价格的办法只有取消管制。取消管制后政府成为真正的"守夜人"，目标是保证公平竞争。

●●●经济学家提醒你●●●

"完全竞争"又称"纯粹竞争"，是一种不受任何阻碍和干扰的市场结构，在其中同质的商品有很多卖者，没有一个卖者或买者能控制价格，进入很容易并且资源可以随时从一个使用者转向另一个使用者。

"不完全竞争"是指这样一些市场：完全竞争不能保持，因为至少有一个大到足以影响市场价格的买者（或卖者），并因此面对向下倾斜的需求（或供给）曲线。包括各种不完全因素，诸如完全垄断、寡头垄断或垄断竞争等。

商家的鬼把戏

经济学家琼·罗宾逊夫人曾经说过这样一句话："学习经济学的目的不是找到一大堆答案来回答经济问题，而是要学会不要被经济学家欺骗。"现在我们就从最浅显的商家打折说起，来揭开百货商店、超市里那些不能说的秘密吧。

在打折狂潮中，商家借打折的名义招揽顾客，看似在"放血"，其实赚取利润才是其真正的目的。

现在，商品打折已成为一种"商业风气"，正在整个商业系统内快速蔓延开来，很多商店都将打折视为招揽顾客的一种重要手段。不管大街小巷，你总是会看见商店的门口贴着"大放血"、"大甩卖"以及"狂甩"等字样，而且商店内还贴着一个牌子，上面写着"恕不讲价"。老板还在一个劲地摇头叹气，一副"失血过多"的样子。在商场中，"买一送一"、"买五送二"等广告也无处不见。很多商场都将一周年、三周年、八周年店庆作为"答谢新老客户的关爱"的最佳时机。"全场商品一律6折"、"满200送80"的口号也喊得很响。而原本仅有一天的"店庆"，却被他们一开就是几周甚至一两个月。就如同一些小商店，天天都喊着"最后一天大甩卖"一样，也不知到底哪天才是真正的最后期限。

总而言之，这种打折氛围，让人感觉自己是在一个充满了"便宜"的世界中，好像只要你稍稍打开自己的口袋，就能将无穷的便宜带回家一样。不过，面对这么疯狂的打折潮流，我们都该清醒冷静地对待，别因贪小便宜而吃了大亏。

商家做生意就是为了赚钱，倘若他们真的这样"大放血"，并且整天整月地"放血"，那么，有哪个商家的体魄会这么"健壮"？

那么，就让我们来看一下商家打折的秘密吧。

例如，一管洗面奶本来应该20元，现在买一管洗面奶赠送一小瓶价值5元的10毫升的爽肤水，但超市实际已悄悄地将洗面奶的价格调到25元。买洗面奶的顾客白得一小瓶爽肤水，肯定就会觉得很划算，其实这是商家耍的小把戏。

世界著名食品企业纳贝斯克食品有限公司多年的促销经验认为，折扣标志可增加销量的23％。超市一般会对一些容易过期的商品进行打折促销活动，而其中的秘密就是一个新鲜的商品搭配一个快要过期的商品卖。

又如，一个厂家同时生产两种包装的同类型的商品，卖其中一个产品的时候就把另一个包装的同类产品价格拉得很高，从而刺激消费者选择那个商家想卖的那种商品。

再如，一袋零售价3.35元的薯片，三连包销售时标明特价10元，不经常购物，不熟悉商品价格的顾客往往一见特价就购买，难免上当。超市在促销的时候，都会推出一些特价商品，很多人认为特价商品就是价格便宜的商品。商家正是利用人们这种认识上的误区，将一些正常价格的东西甚至是高价的东西，标成特价出售。自古以来都是"买的没有卖的精"，所谓的"打折"、"促销"和"赠品"都只是一个华丽而好看的诱饵，吸引我们大家去填满商家的口袋。

因为某种特殊原因，商场被迫降价销售商品，价格常常比实际造价还要低，那么，消费者就会得到较实在的优惠。不过，就算在一般紧急的情况下，这样的情况也不多见。因为，平时商品销售的价格都要比实际成本高很多，而在比较紧急时只要将价格下调，调到高于可变成本一点点，消费者就已很满足了，商品就容易卖出去，而且会比原来的销量更大，这才是最常见的打折现象的真相。很多商场就是利用这种手段来吸引消费者，从而达到"薄利多销"的效果，尽管在单件商品上的利润减少了，可是销量增多了，因此只要商品打折的程度合理，就完全可以在打折的情况下，得到比原来还要多的销售收益。

●●●●经济学家提醒你●●●●

　　尽管我们必须承认，的确有一些商店，因为商品换季、生意转行、清理库存、建筑拆迁和急需资金等很多原因而被迫降价甩卖商品，并且很多商品在打折之后，价格的确比原来要低了。可是，利用"薄利多销"的手段来促销的商家，依然占绝大多数。特别是那些"回报新老顾客"之类的"店庆"，这样的目的就更明显。它们就是借打折的名义招揽顾客，从而赚取利益的。

昂贵的维修费

　　张教授家的门铃响了起来，原来是工人周末到家来清洗抽油烟机。这两个工人是前几天张教授的夫人在早市上遇到并约好了的：清洗费20元，外赠油盒一个。为此，夫人还数落了张教授一顿，因为他按照楼道里张贴的小字条询问下来，清洗费都要比这个价高一倍。

　　赶巧的是今天早上张教授发现煤气热水器的风扇不转了，也准备找人修理。实际上煤气热水器早就有点不正常了，经常是拍一拍风扇就转了。可是今天怎么拍也不转了，想来是线路接触不良转化为彻底不通了。

　　工人们进来后，拿出工具就开始干活，松开了抽油烟机的固定螺丝。在拿下来之前，工人A提出要通电测试一下。测试结果，风扇不转。工人A估计原因有两个：一是油垢过多，二是管风扇的电容坏了。并进一步解释说：油垢过多，风扇通着电并且不转，极容易烧坏。

　　工人B此时检查完热水器后从椅子上下来说，热水器的风扇不转也是电容坏了。妻问：修理热水器要多少钱？工人B答曰：100元，20元修理费，电容要80元。并说，这个电容和抽油烟机的电容一样，都是这么贵。

经过简单的讨价还价后，两工人抱着抽油烟机下楼去了，并嘱咐他们烧两壶开水，供清洗使用。价格是：洗抽油烟机20元＋未确定的（不知道坏了没有）电容价格；热水器换电容50元，修理费10元。

张教授夫人一边烧水一边嘀咕："昨晚用抽油烟机的时候风扇还转呢。说好20元，怎么加起来这么贵呢？"张教授说："最后大概100元能把所有的搞定，就这样吧。"眼看夫人又要数落自己大手大脚以及不积极主动处理家务事，张教授赶紧拿起阿克尔洛夫的论文继续向女儿传教："传统经济学基本假设前提中，重要的一条就是'经济人'拥有完全信息。实际上人们早就知道，现实生活中市场主体不可能占有完全的市场信息。信息不对称必定导致信息拥有方为牟取自身更大的利益使另一方的利益受到损害。这种行为在理论上就称做道德风险和逆向选择。"

女儿问："怎么就不对称了？不对称怎么还会有道德风险？"夫人没好气地接口答道："不对称就是那两个工人说电容是50元，而我们现在不知道电容卖多少钱。他们凭借这一点报高价、多收钱，有欺骗的嫌疑，道德自然有问题。"

这时，工人A上来提开水，同时又带来抽油烟机里面的接油盘，指着上面的几条裂纹说：这个需要更换，50元。而且表示这个一定要换，否则即便清洗完了之后，也会经常漏油。他没有再提抽油烟机电容的问题，而是问热水器还修不修。修的话他下午再来，需要带一些特殊的工具。

夫人很气愤，对他说："你们就是变着法儿要钱，你们这招报纸上都报道过。我信不过你，也不想再见你。一会你让那个工人带新的上来，热水器不要你修。"约20分钟后，工人B扛着清洗完了的抽油烟机进来安装。夫人对他说："从那个接油盘的材质和工艺看，顶多就值四五元钱，怎么开口就要50元？你那个同伴也太不老实了。我看你比他忠厚，你说那个接油盘到底是多少钱？你说实话，下午就让你修热水器。"

工人B装好抽油烟机后，试了试，一切正常。电容并没有换，风扇照转不误。他诺诺地说："抽油烟机整个给40元吧。"张教授夫人说："总共给你30元。我刚才打电话问过同事了，他们家换过接油盘，就是10元。下午你来修热水器，来前先打个电话。"

故事到此也许看来是已经结束了，但张教授的进一步解释令人深思。

送走工人后，张教授立即以此为例向女儿进一步解释"信息不对称理论"：人们生活中的经验会让人们下意识地这样做，经过专家的总结，就得出了经济学的一些基本原理。现在，抽油烟机也好了，热水器也好了，达到了最理想的结果，除此之外你还有更好的办法吗？

女儿歪着头想了想说："老爸，还有一种更省钱的办法：你自己清洗和修理呀！"迎着女儿和妻的笑靥，张教授说："我来给你们露一手。"在热水器风扇轴上滴了点菜油后，风扇转了起来。

这就是关于现实中信息不对称及解决办法的典型例子。

●●●●经济学家提醒你●●●●

信息不对称是指交易中的各人拥有的资料不同。一般而言，卖家比买家拥有更多关于交易物品的信息，但相反的情况也可能存在。前者例子可见于二手车的买卖，卖主对该卖出的车辆比买方了解。后者例子比如医疗保险，买方通常拥有更多信息。

超市的"猫腻"

中国人有一句老话："吃不穷，穿不穷，不会打算一世穷。"且不论你能够赚多少钱，但如果你能用1元钱买2元钱的东西，那么你的钱就会凭空多出了一倍。

但是这种好事儿真的能落到我们头上吗？

是的，我们之所以以前不明白这回事，是因为我们不明白价格里面的"猫腻"。

让我们来看看某超市因购进不合格豆制品引起消费者诉讼的事件。上海的一家豆制品公司为降低成本，增加盈利，从小贩手里购进不合格的豆制品搭配着自己的产品送入某大型超市，结果导致消费者拉肚子，一查才知道真相。以豆皮为例，上海的食品公司从小贩手中以每斤2元购得，按每斤3.5元卖给超市，超市再以每斤4.6元卖给消费者，价格上涨了130%！

这就是商品价格里面的"猫腻"！豆皮这一商品从食品公司手中上涨75%到达超市手中，又上涨55%到达消费者手中，消费者花4.6元购得的仅是值2元的商品，消费者为何必须付出大的代价？加上产品品质的不合格带来的身体和精神上的损害，代价更大。

这种事情为什么会频频发生？说到底，还是信息不对称"惹的祸"。

我们知道，价格垄断是以信息垄断为前提的，假若消费者知道豆制品的信息，那一定不会买这种商品。信息不对称的直接后果就是导致高交易费用的产生。美国经济学家罗伯特·库特纳在他的作品里痛斥了价格垄断的弊端，他列举了许多例子：如利维牛仔在伦敦的售价是纽约的两倍；买同样的唱碟、洗衣机或洗碗机，英国的消费者花的英镑比美国消费者付出的美元要多——为什么一辆福特轿车在美国1万美元即可买下，在英国要花2万美元才能到手？中国上海大众的汽车以8千美元出口，但国内消费者却要付12万元人民币购买。罗伯特·库特纳说，过高消费税、装运费和关税较高只能解释这种差异的一小部分。导致价格悬殊的最主要原因是由来已久的价格垄断。正是这种垄断使英国消费者的实际生活今不如昔。

商品的价格为何一再抬高呢？其中蕴涵着什么不可告人的秘密呢？

我们知道，消费者要获得一件商品，需要通过许多的渠道，这些渠道就是商品的流通渠道。一般情况是：产品的生产商——经销商（总代理商）——批发商（一级或多级）——零售商——无数分散的消费者个人。在流通渠道中生产商是产生商品使用价值的供给者，而商品价值的形成，除生产商之外，还有许多的中间商。在产生商品价值的形成中，一件产品的厂价和零售价是相差很大的，这成了一种市场经济中的商业惯例。无数分散的消费者个人由于各种原因，无法直接与生产商建立起相互往来的关系，无法从厂家购买商品，反过来也是一样，生产商也无法与无数分散的消费者个人建立起相互往来的关系，产品不能与用户直接结合。

因此，由于各种各样的原因，造成生产商与消费者双方之间的关系被阻隔，一件商品的售价，从厂家到消费者手中，价格上升了许多，有的甚至是以倍数增长。消费者购买到的商品都是价超所值，消费者多数的劳动成果（金钱）并没有付给产品本身，而是付给了流通渠道——各个层次的商人们。

在中国目前的市场经济运行中，中间商所占的交易费用有多大呢？在交易费用中，安利的成本和自己的利益占产品售价的49%，那么安利的产品通过中间商进行产品的经销，其产品的交易费用中间商至少也要占到51%的幅度。仅此一件产品，就可以让我们知道中间环节的交易费用是相当高昂的。

可是消费者的选择和购买并不是为了经销商，而是为了选择生产商。商人并没有创造价值，他们只是掌握了信息的一端，实际上正是因为信息的垄断才赋予商人向消费者获取利润的权利，商人获得的是一种信息租金。

消费者在供大于求的市场条件下仍然不能克服信息弱势所带来的价格欺诈。不仅消费者由于信息不对称经常蒙受损失，生产商在对消费者信息的把握上也同样存在着不对称信息的弱势。有时候真正的需求得不到相应的满足，而真正能提供满足的商品无法达到真正的需求者手中。

识破了信息不对称的秘密，将促使我们以后在购物消费过程中尽量了解市场的信息与商品的信息，通过分析、比较、核算估计出某一类商品的价格成本，再凭你的讨价还价功夫，那么你一定可以用1元钱，或者更少的钱买到2元钱的东西。

●●●●**经济学家提醒你**●●●●

根据经济学家张五常的看法，交易费用是指任何不会在一人经济（犹如《鲁滨逊漂流记》所写的状况）内出现的机会成本。由于一人经济内不可能构成社会，所以也没有制度和经济组织。张五常同时认为，交易费用就是制度费用。

例如，在一人世界内不可能有偷窃的行为，所以在社会中，任何防止偷窃所带来的机会成本都是交易费用（如安装门锁、闭路电视等）；在一人世界内不需要律师，所以在社会内，训练律师、聘请律师的费用都是交易费用。

交易费用是可直接归属于发行权益工具新增的外部费用，包括支付给代理机构、咨询公司、券商等的手续费和佣金及其他必要支出。

大闸蟹的差价

喜欢美食的人大概都知道阳澄湖大闸蟹。这是一个赫赫有名的品牌。

围绕着这个品牌螃蟹，也引出许多饮食文化的趣事来。2004年，在江苏南京一年一度的"螃蟹节"上进行螃蟹"状元、榜眼、探花"的评选。评选出来的"蟹王蟹后"拍卖出5万多元的"天价"！就是"榜眼"也卖到了6000元。一时间，螃蟹"擂台赛"似乎成了品牌蟹促销的共同法宝。

相比之下，那些没有品牌的杂蟹黯然失色，也使得卖蟹者之间"收入两重天"。

在南京的农贸市场上的蟹摊前可以看到，精明的买蟹妇女非常善于和螃蟹经营户讨价还价。卖蟹户一开始声称自己卖的是正宗阳澄湖大闸蟹，开价每斤150元，但最后却以每斤20元与顾客成交。对于阳澄湖大闸蟹怎么会出现如此差价的疑惑，有位卖蟹户不禁大倒苦水："由于大多数消费者都认同品牌蟹，所以将杂蟹打上了'阳澄湖'蟹的标签以吸引人气卖个好价钱。如果吆喝是杂蟹，能赚个生活费就不错了。"这位卖蟹户说，国庆前后，由于阳澄湖、固城湖等地的品牌蟹未到上市成熟期，他们卖杂蟹就赚了几万元。但随着品牌蟹的成熟期到来及大量上市促销，杂蟹的销售份额逐渐被打压。每年的10月后期，一次进一二百公斤的杂蟹卖上四五天也卖不完，加上损耗在内，每天都要赔本100多元。

而就在杂蟹摊主抱怨经营难时，品牌蟹"江南蟹王"却在忙着下货打包送货。摊主王勇喜不自禁地说道，由于2004年阳澄湖蟹源紧张，所以蟹价从2003年的每斤110元涨到每斤120元，即便这样，他每两天就要走掉六七百斤货。当然，一年也就忙3个月。对于卖蟹者收入差距这一话题，王勇承认，阳澄湖、固城湖等地的品牌蟹确实不错，卖品牌蟹比卖杂蟹的每月收入要高出近10倍。但是品牌蟹如果没有成功的促销与消费者对品牌的认同，恐怕卖蟹者的收入差距也不会这么大。当然，即使是同一产地、同一品种的好蟹，还可能因为经营者的品牌效应而获得更高的产品附加值。他从1999年开始，因年年都有巨蟹而获得羊皮巷螃蟹节"蟹王"的称号，这让他的销售额足足上升了四成多。

要打造一个好的品牌，所拥有的优势将是毋庸置疑的。在市场竞争日趋激烈的经济环境中，商品的平均生命周期缩短，新产品的市场导入频繁，拥有知名品牌的企业会有更强的价格竞争能力。调查表明，一个知名品牌能将产品本身的价格提高20％~40％甚至更高，没有品牌或是品牌知名度较低的企业面临着被市场淘汰的威胁。这就是"品牌效应"。在竞争中胜出、处于垄断地位的品牌将价格保持在一种接近于垄断价格的高度，而同时，大品牌凭借规模优势往往取得利润的更大份额，比小公司获益更多；而那些在竞争中败北的杂牌则拼命采取低价以维持可怜的利润，它们的市场份额也越来越小，直至从市场中彻底退出。"统治"市场利润和市场份额的，正是那些品牌商品。

品牌除了产品本身，还包含了附加在产品上的文化背景、情感、消费者认知等无形的东西，而后者往往是最重要的，因为它能向消费者提供超值享受。品牌能给客户提供比一般产品更多的价值或利益，使企业永远立于市场竞争的不败之地。

我国改革开放30年来，商业市场趋于成熟，消费者的消费心理也发生了巨大变化，消费者已逐渐从"商品消费"进入"品牌消费"的新阶段，消费者大多根据品牌来选择商品。据国家统计局调查，我国居民消费明显集中于名牌商品，前10名品牌的占有率之和在70％~80％之间，品牌经营的时代已经来临。

●●●●经济学家提醒你●●●●

选择知名的品牌，对于消费者而言是一种省事、可靠又减少风险的方法。

尤其在大众消费品领域，同类产品可供消费者选择的品牌一般都有十几个，乃至几十个。如此众多的商品和服务提供商，消费者无法通过比较产品服务本身来作出准确的判断。这时，消费者为了回避风险，往往偏爱拥有知名品牌的产品，以坚定购买的信心。

学会使用信用卡

关于信用卡的产生有过这样一段趣事：有一天，美国商人麦克纳马拉在纽约一家饭店请客吃饭。结账时才发现没有带钱包，他深感难堪，不得不打电话叫妻子带现金来结账。这事让他产生了创建信用卡公司的想法，并于1950年与朋友合作，创立了"大莱俱乐部"。该俱乐部为会员提供一种证明其身份和支付能力的卡片，会员凭卡片可以记账消费。

这种商业信用卡在后来随着银行信用的介入，逐渐转变成了以银行信用为特征的信用卡。自从信用卡面世以来，很快就风靡起来了。但是很快也出现了问题，由于发行信用卡的银行之间互不联系，持有它的人只能在一定地区使用，超出一定范围根本就没人理它。为了解决这个问题，银行率先站了出来，开始和加利福尼亚以外的一些银行签订合同，主要就是准许它们发行美洲银行卡。

1976年，美洲银行卡改名为VISA卡，即我们常说的维萨卡。这就是VISA卡组织的由来。随后，在与VISA卡组织的垄断竞争中，许多银行发奋图强，组建了一个新的组织，该组织的成员也像VISA卡组织的内部成员一样相互之间建成了一个网络。从而组成了Master Card组织，即我们常说的万事达组织。随着时间的推移，VISA和Master Card两个组织日臻壮大，许多银行不再试图建立新的组织，而直接加入这两个组织中的一个，加入的条件之一就是要在卡上标上它所加入的信用卡组织的徽记。这就是为什么我们在使用信用卡或与信用卡相关的金融工具时，都会看到这两个标志的原因。这两个组织在当今的信用卡组织中始终充当着领路人的角色，而且相互之间的竞争与垄断也在如火如荼地进行着。

可见，信用卡的出现，其初衷就是要为人们提供一种信用凭证，使人们可以凭借自己的经济收入和信用，从银行获得一定的信贷额度。

所以，真正意义上的信用卡能够为你提供一定限额的消费信贷。这是信用卡的一个根本标志。也正是这样一个功能，信用卡具有了名副其实的"信用"意义。万事达卡国际组织的一位负责人认为，真正的信用卡首先要有免息期，持卡人花银行的钱，只要在免息期内还款就没有利息；其次不需要担保，不需要担保人也不需要质押；第三是信用额度可循环使用。只有具备了这三个条件才算是真正意义上的信用卡。而准信用卡没有免息期，也没有信用额度。也就是说，真正意义上的信用卡，是集借记功能和贷记功能于一身的。因此，只有借记功能的信用卡，虽然能给人们带来一定的便利，但它充其量只是一个电子钱包，人们更希望的是能够获得它的透支功能，把电子钱包变成具有超值功能的钱包。

普通民众一般需要进行的金融行为无非是三类：储蓄、投资和资金周转。对于储蓄和投资行为，人们都好解决。但是，在需要资金周转时，国家统计局在六次调查中发现，40%的被调查者还是愿意跟自己的亲友借钱。但现在已经有越来越多的人认识到向朋友借钱不方便，人们希望从一个"非亲非故"的银行那儿借钱。信用卡的透支就能够让你在短时间内急需一笔不太大的资金时，直接从信用卡上"无声无息"地取得，只要在免息期内把款还清，你就可以"无声无息"地通过银行解决你的燃眉之急，而不用在亲戚朋友面前表现出任何没面子或难为情了。同样是一笔借与还的交易，在亲戚朋友面前和在银行面前却是截然不同的两种感受，是两种截然不同的后果。因此，这样的一个功能确实是十分诱人的。尤其是对那些需要解决燃眉之急的人来说，更是雪中送炭。

另外，即使你有足够的钱来消费，你也可以利用信用卡。因为信用卡的信贷消费有一个免息期限，至少可以等到一个月后才付账——从签账到收到账单，当中可能隔了几个星期，从收到账单到真正需要付账，当中又隔了几个星期。在这段时间里，这笔钱可以继续放在银行里多生几个星期的利息。比如，有的持卡人要出国用钱，可以先通过信用卡花银行的钱，而自己的美元存在银行里继续生利息。银行的信用卡免息还款期是20天到50天不等，只要在这个期限内将银行的钱还上，就不用付利息，而自己的存款就可以赚到银行利息了。因此，鼓励市民用信用卡消费，也就是在教市民如何赚银行的钱。尽管银行赚不到利息的钱，但会从持卡人的消费上收取佣金，这就是发卡行与商户之间的事，与持卡人没有关系。

目前，我国除少数信用卡如招商银行的一卡通、上海浦东发展银行的普通东方卡等不允许透支以外，多数信用卡发卡行都允许用户善意透支。可透支金额从1000元到10000元不等，一般普通卡多为1000元到5000元之间，金卡多为5000元以上。透支通常需经发卡行的同意。透支期限最长不得超过60天。透支利息自银行记账之日算起，15天内按日息万分之五计算；超过15天的，按日息万分之十计算；超过30天的，按日息万分之十五计算。透支计息不分段，按最后透支时间的最高利率计算。广东发展银行在1995年就推出了信用卡，利用透支功能开展个人信用业务。根据持卡人的资信等级分为普通卡、金卡、白金卡。用信用卡可以不用存钱，只要有卡，就可以先用钱，再还钱。广发行提供了50天的免息还款期。也就是说如果短期用钱，信用卡是很好的选择。

信用卡的普及，可以让银行、持卡人、商家之间达到"三赢"的局面。就持卡人来说，他不仅可以很方便地在银行网络所及的许多地方实现存取款项，以避免携带现金之苦，而且可以从银行获得相当于其月收入2至4倍的信贷资金。既可以解决许多的燃眉之急，又能够利用银行账单的传送时段和免息期来获得一定的利息收入，赚取银行的钱。另外还可以在网络基础上进行邮递购物和网上购物，实现"足不出户"式的购货。实在是便捷之极！

●●●●经济学家提醒你●●●●

直到21世纪，信用卡才开始在中国流行，近几年来发展十分迅猛。据有关统计数据显示，中国信用卡发行量2003年中约为300万张，而到2006年年底，达到5000万张，截至2008年6月30日，中国信用卡发行量已猛增到1.22亿张。

第十章
30年后，遇见幸福的自己

——18岁后要关注民生福利经济学

谁该承担税负

在经济学上"税负归宿"的概念，是指一项税收最终的经济负担者。在这里要指明，它是相对于法定纳税人而言的，因为最终的税收负担者和法定纳税人有时候并不一致。

在经济学家看来，税收会影响市场上价格对资源的调节功能，因为在税收的影响下，企业对生产成本的估计必然发生扭曲。比方说，政府规定，每生产一个面包要向政府交纳1元钱的税，那么最高兴的肯定是生产蛋糕和饼干的企业，因为这实质上是提高了面包的成本，从而使面包在市场上处于相对劣势，很明显这样的税收会扭曲价格的信号功能，打乱市场上已有的均衡状态，从而带来一连串的次级效应。

除此之外，经济学家更担心另一种危险，善良的人们出于好心提出的建议却让穷人们更加潦倒。

我们总有这样的想法，为了使社会更加公平，应该向那些有钱的人收税，然后补贴那些穷人。因此有人提出，应该对高尔夫球具、高档手表、游艇征收奢侈品税，他们认为这些商品是只有少数富人群体才能消费的高档奢侈品，对其征税实际上就是对富人征税，体现了境况好的人应该多纳税的原则，能够起到公平的效果。然而这样的"传统智慧"又一次被经济学家否定，而且经济学家告诉我们，所谓的奢侈品税，往往会让穷人更穷，而对富人则毫发未损。真的是这样吗？

这涉及经济学中一个非常有趣的话题——税收归宿。它所要研究的是究竟谁最终承担税收，显然对商品征税会提高商品的价格，而消费者可能会承担一部分税费，同时生产者也有可能需要承担，那么税收变动对市场均衡的影响便影响了市场的均衡，在这种情况下市场参与者之间又该如何分配？

经济学家们分析说，像游艇这类奢侈品，属于非生活必需品，而且替代产品很多，因此属于需求富有弹性而供给缺乏弹性的商品，当这类商品由于税收而价格提高时，富人们会选择其他消费方式，而生产奢侈品的企业却不得不承担需求减少带来的损失，甚至不得不降价或停止生产，最终税收负担都会落在企业的员工身上。

事实也证明了经济学家的预测是正确的。1991年初，美国的有钱人为了逃避税收转而前往邻国巴哈马购买游艇，导致美国度假胜地南佛罗里达的游艇销售量迅速下降90%。令人吃惊的是，包括"奔驰"、"凌志"在内的高级轿车销售量也急剧下降。最初美国国会曾预计"奢侈品税"将每年为国库带来3亿美元的收入，结果第一年仅仅收到了3000万美元，只有预期的1/10，最终，美国政府不得不在1993年取消了这项"亏本"的税种。

经济学家进一步分析说，在市场供给双方中，弹性越小的一方，承担的税负比例也越大。奢侈品的供给弹性不大，但需求弹性较大，因此供给方也就是生产厂商承担了税负。如果对大米、食油这些日常生活品征税则恰恰相反，新增的价格将会转嫁到消费者身上。

相反，如果政府提出对房东收税，大多数人会认为，至少有一部分税收会转嫁到房屋租赁者，但经济学家说房东将是直接的受害者。首先房屋租赁是一个需求富有弹性而供给缺乏弹性的市场，因此房租的税收大部分就由房东承担了，而租户也不必担心房东会提高价格，事实上，如果房东能够提高价格并且全部把房子租出去，那么他们早就这样做了。

经济学家的解释是，税收增加引起租房成本提高，而租赁者会降低他们的需求。在需求减少的市场上，房东们不得不接受最高的出价，而当价格维持不变时，房东不得不按原价出租他们的房子。除非所有房东统一退出市场而降低供给。

与税收相对的，是另一种干涉价格的方法：补贴。

这是一种常用的方法，政府担心穷人们买不起房子，于是为穷人提供适用房或者低价租房，政府会提供义务教育和免费医疗制度。同样，针对那些收入低的行业进行补助，也是一种常用的方法。

但这其中有一个重要的条件，就是甄别出那些真正需要补贴的穷人。

政府对水、电、气的价格补贴，普遍认为是对大众的补贴。但事实并非如此。显然，穷人所拥有的用电设备很少，而富人们则使用众多用电设备，那么，城乡居民中的富裕家庭在补贴的鼓励下会用更多的电。教育补贴似乎也是这样，本意是为了让更多贫困家庭的孩子读得起书。因此必须对那些来自贫困家庭的学生进行补助才能达到政策的真正目的，否则只会加剧社会的不平衡。经济学家托马斯·梅克曾经风趣地说：“出现穷人的原因就是救济，国家想养活多少贫民，就恰好有多少贫民。”

产业补贴是国家常用的政策。农业补贴便是一国政府对本国农业支持与保护政策体系中最主要、最常用的政策工具。政府通过行政手段,干预资源转移到农业领域,以支持本国农业的发展。美国政府常常每年拨出400亿美元到600亿美元补贴农场主,包括牛奶、小麦、玉米等各种农产品。日本在第二次世界大战后50年间迅速工业化,为了不使农民们损失过大,始终采取以国家财政扶持本国农业发展的政策,即使1969年,日本粮食开始剩余后,仍采取对大米实行高价格补贴的政策。

事实上,补贴就是一种逆向的转移支付,这对于调节收入分配,保护特别产业具有重要意义。然而,从理论上说,对相关商品实施限价政策,必然扭曲正常的价格体系,导致资源的错误配置。一般来说,补贴的行业中,企业的资本效率都比较低,正因为效率低所以资本都有流出的趋势,而补贴的目的就是人为地扭转这种趋势,但这样做的结果往往带来更低的效率。

●●●**经济学家提醒你**●●●

只要消费,就要纳税,尽管有时候,消费者不是纳税人,但却是税负的埋单者。增值税是我国第一大税,如果你要办公司,增值税如何交纳,是必须要了解的。应该注意增值税是针对产品的,而不是公司。只要产品销售了,不管公司是否盈利,就必须要缴纳增值税!

关注失业现象

就业是民生之本,而民生则是人民大众之生计,通俗地讲,就是养家糊口。能继承祖辈基业而无需为温饱奔波的人是少数的,绝大多数人都需要在社会上寻找一个岗位,出卖劳动力换生存。生存是个沉重的话题,要生存我们必须找工作。

　　就业是一个非常敏感的问题，也是人民大众非常关心的问题。因为就业问题牵扯到每一个人的切身利益，也牵扯了社会的安定团结。所以，就业不论是在经济学教科书里还是在决策层案前都是一个重要课题。不管是发达国家还是发展中国家都很重视就业，尤其是进入20世纪90年代以来，随着经济全球化速度加快和新一轮经济结构调整，结构性失业和摩擦性失业人数大量增加，不少国家就业形势极为严峻。进入21世纪后，随着我国改革进一步深入展开，就业问题已不仅仅是单纯的经济问题，而更成为不容回避的社会问题。

　　在经济学范畴中，一个人愿意并有能力为获取报酬而工作，但尚未找到工作的情况，就被认为是失业。失业率是劳动人口里符合"失业条件"者所占的比例，旨在衡量闲置中的劳动产能。失业率的计算方法为：

　　失业率＝（失业人口÷劳动人口）×100%

　　实际上，确定确实在找工作的失业人员数量是非常困难的，特别是在找到工作前失业救济金已经过期的那些人的数量。

　　失业的历史就是工业化的历史。在农村这并不被看做是一个问题，尽管农村劳动力的隐性失业人员几乎没什么事可做，特别是在人口过剩的情况下。

　　造成失业的原因很多，因此失业的结构与变动情况是观察重点。失业可分为：

　　（1）摩擦性失业：是指人们在寻找工作或转换工作过程中的失业现象。例如，年轻人在找到自己满意的职业并长期投入之前，常常会更换几次工作；或者由于居住地的变更而更换工作等。摩擦性失业最终的表现形式即求职者找不到满意的工作，用人单位也找不到自己需要的人才，造成就业难和招工难并存的现象。现在好多大学生毕业后找不到合适的工作，就属于这种情况。

　　一般来说，增加职业训练计划与提高信息沟通（使失业者能确实掌握就业机会）可降低这方面的失业。

（2）结构性失业：是指市场竞争的结果或者是生产技术改变而造成的失业。例如，新型的计算机产业正在大力招兵买马时，炼钢工人却因为钢铁业的衰落而面临失业；同样，当繁荣的经济特区虚位待人时，而老工业区的许多工人却正在丢掉饭碗。这种因结构性失业而造成的失业者，往往要忍受长时间的失业痛苦，因为钢铁工人很难在短短几个月时间内培养成计算机程序员。

由此可见，结构性失业通常较摩擦性失业持久，因为结构性失业常表示人员需要再训练或是迁移才能找到工作。

（3）季节性失业：是指由于某些行业生产条件或产品受气候条件、社会风俗或购买习惯的影响，使生产对劳动力的需求出现季节性的波动而形成的失业。例如，雪糕厂在销售淡季裁减员工，因此而造成的失业者就是季节性失业。

对季节性失业人员的职业指导应侧重于信息服务，指导他们在淡季以灵活的形式（如非全日制工作）临时就业。

（4）周期性失业：是指由于整个经济周期波动造成劳动力总需求不足产生的失业。它一般出现在经济周期的萧条阶段。这种失业与经济中周期性波动是一致的。在复苏和繁荣阶段，各厂商争先扩充生产，就业人数普遍增加。在衰退和谷底阶段，由于社会需求不足，前景暗淡，各厂商又纷纷压缩生产，大量裁减雇员，形成令人头疼的失业大军。

例如，你是一家空调生产厂商的职员。随着经济衰退周期的来临，人们的收入减少，买空调的人也就越来越少。这时，你们所生产的空调就会在仓库里越堆越多，老板的脸色一天比一天难看。直到有一天，老板面色沉重地宣布：为了挨过危机，企业不得不裁员。于是，你就成了周期性失业者。而且你会发现，你周围有很多人都和你一样失业了。

失业是普遍存在的现象，不管是在哪个国家，都会有失业者。一般来说，人们都不愿失业，都认为失业是一种不好的现象。但不少西方经济学家认为，一个合理的失业率及其失业现象的存在，是促进社会发展所必需的条件之一。

比如说，现在我国大学生失业的现象比较严重，但大学生失业现象对整个社会也并非一无是处，而是有着一定的积极意义。"水往低处流，人往高处走。"而只有通过自由流动，人力资源才能实现最佳配置，资源利用效率才尽可能地提高。从人力资源配置的角度看，大学生失业现象是人力资源自由流动的结果，反过来，也为人力资源的自由流动扫除了障碍，创造了更充分的条件，同时也具有一定的人才储备作用。从这个意义上说，大学生失业现象并非完全是人力资源的浪费，相反在某种程度上能够促进人力资源最优配置。

●●●●经济学家提醒你●●●●

人们都非常害怕失业。但有的时候，失业反倒是另一种机会，因为失业在某种程度上能够促进人力资源的最优配置。

破坏并不是利润

詹姆斯先生生气了，因为他那粗心的儿子不小心砸破了一扇窗户玻璃。有好几个人，看到这种局面，都不约而同如此这般地安慰这位不幸的店主："不论发生什么不幸的事，天下总有人会得到好处。人人都得过日子呀，如果玻璃老是不破，要玻璃工干什么呀？"

有一位教授却给大家上了一课：假定这块玻璃值6法郎，这个事故给玻璃工带来了6法郎的生意。这我承认，我绝不会说这不对。这位玻璃工赶来，履行自己的职责，然后拿到6个法郎，在手里掂量掂量，而心里则感激那个莽撞的孩子。这些都是我们能够看到的。

但是，假如你得出结论——人们确实常常得出这样的结论——说打破玻璃是件好事，说这能使资金周转，说由此可以导致整个工业的发展。

请容我大喝一声："住嘴！你的理论只看到了能看到的一面，而没有考虑看不到的一面。"

看不到的那一面就是，由于詹姆斯在这件事上花了6个法郎，他就不能用这6个法郎办别的事了。你没有看到的是，如果他不用修补这扇窗户，那么，或许就可以换掉自己的旧鞋，或者给自己的书架上再添一本新书。简而言之，如果没有发生这起事故，他就可以用这6法郎干别的事。

让我们把鞋也联系起来，来看看这一事故对它的影响。现在窗户打破了，玻璃工的生意增加了6个法郎，这是我们已经看到的。如果窗户没有破，鞋匠（或别的什么人）就会增加6个法郎的营业额，这是我们看不见的。

而如果在看得见的一面之外——这是积极的事实，也考虑一下看不见的一面——这是消极的事实，那么，我们就会明白，不管窗户是打破还是完好，整个工业，还有全国劳动的总量，都不受影响。

现在，让我们站在詹姆斯先生的角度考虑一下。第一种情况，如果窗户被打破了，他花了6法郎，那么，他从窗户上得到的享受，既不会比从前少，也不会比从前多。

第二种情况，假如窗户没有被打破，他也就可以拿这6个法郎去买鞋，于是，他在继续享用窗户的同时，还可以得到一双鞋。

而由于詹姆斯先生是社会的一个组成部分，因此，我们必然可以得出结论，综合起来考虑，对享用和劳动进行一下估计，那么，我们已经丧失了被打破的窗户的价值。

于是，我们得出这么一个出人意料的结论："有些东西被毫无意义地毁灭，社会丧失了价值。"我们必然会同意这么一个令人毛骨悚然的公理：破坏、损坏和浪费，并不能增加国民劳动力，或者简单地说，"破坏并不是利润"。

教授最后说道：按照你们的理论，还会有人认为如果烧毁巴黎，那将有那么多房子要重建，会带来多少生意啊。这都是荒谬的！

事实上，在生活中，这种千篇一律的"安慰"或多或少地发生着，并且有时还在指导着我们绝大多数的经济制度。

1998年，我国遭遇特大洪灾，一些经济学者就有一番鼓舞人心的论断，即特大洪灾虽给中国造成巨大的经济损失，但是灾后庞大的重建工程会对中国整体经济有一个强有力的拉动作用，而且重建不会是在原来低水平上的再建，而是一个更高水平上的新建设，因此经济效率将比原来更高。他们更测算出灾后重建对经济总量的拉动可使经济增长提高0.3～0.5个百分点。

灾后重建工作，耗费的资源极大，必然会在短时间内形成一股很强的弥补性需求，对经济产生一定的刺激作用。但这通常只对某些特定的行业有利，如建筑业、钢铁行业等，而对其他与重建相关程度少的行业则有严重的抑制作用。不难想象，高档家电行业在受灾地区将面临严重的销售困难。灾区百姓的日用品消费欲望肯定会严重萎缩。

重建家园需要庞大的资金，这些资金无非来自于企业投资、政府财政支持。来自企业的资金，将使企业原本扩大生产的计划暂停，技术改造的项目搁置，不利企业发展生产；来自政府财政的资金，加大了政府财政的负担。国家虽然可以发行国债来减少财政赤字，但是财政政策对百姓消费和企业投资的"挤出效应"会使扩张的财政政策对经济增长的贡献大打折扣。加上政府投资行为的低效性，甚至会使扩张的财政政策对经济增长的贡献消失。

从长远来看，其负面影响真是其弊无穷。

可见，"破窗"并不能带来更高的经济增长。社会经济原本就是一损皆损的，"坏事变好事"并不是像一些经济学者幻想的那么容易。

●●●●经济学家提醒你●●●●

美国政治学家威尔逊和犯罪学家凯琳观察总结的"破窗理论"指出环境可以对一个人产生强烈的暗示性和诱导性。如果有人打坏了一栋建筑上的一块玻璃，又没有及时修复，别人就可能受到某些暗示性的纵容，去打碎更多的玻璃。久而久之，这些窗户就给人造成一种无序的感觉，在这种麻木不仁的氛围中，犯罪就会滋生、蔓延。

资源等于富有吗

在日常生活中，常常出现这样的现象，很多人拥有财富但不懂得善加利用，最终反而因为财富受到了惩罚。例如，某些买彩票中大奖的得主，在拥有巨额财富之后，生活反而一塌糊涂，对于飞来横财大肆挥霍，等到分文不留才悔不当初；有些豪门子弟，奢华无度，凭借着祖辈们积累的财富花天酒地，最终成为"富不过三代"的失败者。

其实，生活和经济的道理是相同的。在20世纪50年代，荷兰发现自己的海岸线蕴藏着巨量的天然气，于是将其他工业逐渐萎缩，迅速发展成为以天然气出口为主的国家。与此同时，资源为荷兰带来的财富使荷兰国内的其他行业的创新动力日益萎缩，国内的其他生产部门也渐渐失去了国际竞争力。到20世纪80年代初期，荷兰经历了一场前所未有的经济危机。

这种经济状况就是发展经济学所谓的"荷兰病"，它指的是在一个国家或地区，自然资源的丰富反而拖累了经济正常发展的一种经济现象。经济学家们也常常用"荷兰病"警示在经济发展过程中过分依赖某种相对丰富的自然资源的危险性。后来的经济学家对资源充裕程度与经济增长之间的关系进行了实证研究，得到了一个重要而有影响力的研究结果：在控制了初始人均收入、贸易政策、政府效率和投资率等影响经济增长的多种变量之后，自然资源的充裕程度和经济增长之间是反比关系。这个结果引发了大量的相关研究，最终这个观点在经济界得到了证实，人们把这种现象称为"资源诅咒"。

"荷兰病"出现后引发了荷兰人民的反思，很多人认为，假如当初没有发展天然气，那么现在的国力可能会更加强盛。其实类似的例子在世界各地都有发生，并且，往往发生在那些某种资源比较丰富的国家。

提到石油，大家都会想当然地认为，那些石油资源丰富的国家该是多么富裕啊。石油资源会给这些国家带来多少财富，然而，我们通过媒介所获得的信息却是，往往石油资源越丰富的地区，贫困程度越大。

"资源诅咒"几乎成为发展经济学中一个不可颠覆的命题，它对为什么丰富的自然资源却对经济的长期发展起到了极强的抑制作用作了很好的解释，这种抑制作用使资源丰裕的经济体的增长速度反而慢于资源贫乏的经济体，日本和现在的非洲就是最好的例子。

其实"资源诅咒"发生的机制很浅显，那些资源贫乏的经济体面对严酷的竞争压力，只有放弃传统的"流汗式"的增长方式，采纳技术创新和制度创新，走新型的经济发展道路，才能在国际竞争中获得一席之地；而资源丰裕的经济体，凭借有利的自然资源，过度依赖简单的"采掘式"增长模式，于是就进入了资源陷阱，自我套牢，而一旦资源被采掘完，其他的行业因为长期的营养不良，没有能力担负起拯救国家经济的责任。

在现实的社会经济中，受到"资源诅咒"的资源产业不仅仅局限于石油，而是所有的资源产业。从非洲的"血钻"到我国山西的煤，无一例外地不能逃脱这个诅咒的范围。

按照一般的逻辑来理解，山西是一个产煤大省，应该是非常富裕的，但是连续数年对全国各省的经济增长关系作出分析后却发现，自然资源丰裕的辽宁、山西、安徽等省的经济增长率在大部分时间内都低于全国平均水平，这就是"资源诅咒"的作用。

而且，"资源诅咒"还给山西带来了自然环境恶化、投资环境恶化的苦果。看起来，山西的煤炭资源创造出了高数额的GDP，但很多钱并没有用到当地的经济发展上，大部分都流出了山西，没有资本的力量作为支撑，它无法调整自己的产业结构。

宝贵的资源本是上天馈赠给人类的"礼物"，为什么会变成"诅咒"呢？尤其是发展中国家，拥有资源应该是好事，为何资源生出的不是财富反而是人民困苦的苦果？

经济学家们认为：由于能源收入腐蚀了某些政府官员和普通民众之间的关系。当政府需要运作资金不是通过国民纳税来获得时，官员们尤其是领导者对国民的责任感就会变得淡薄直至荡然无存，从而不再为制度创新付出努力，也不会再为经济长期发展负责，这就导致了国家法制不健全、政府行政能力低下、企业产权模糊等弊病的产生。在这种情况下，寻租行为就成为社会的潜规则，当两极分化严重，富者越富穷者越穷的时候，社会民众会存在普遍的不满情绪，在极端的情况下会出现内乱和战争。

国家出卖自然资源从而获得大量美元，这在一定程度上会引发通货膨胀，当外币汇率被压低时，进口就会变得便宜而大量增加，这时国内的其他工农业部门就会受到挤压和破坏，当社会部门之间的关系被严重扭曲时，社会经济就会受到严重损害，引起大量失业，整个国民经济的抗风险性就会显著降低。

虽然我国也受到"资源诅咒"的影响，但毕竟是发生在某些省份这些小范围内，一旦对经济的发展构成威胁，相信国家就会出面进行协调制约了。

●●●●经济学家提醒你●●●●

20世纪80年代以来，越来越多资源丰裕的国家陷入了增长陷阱。经济数据显示，从一个较长的时间范围来看，资源丰裕国家经济增长的速度是缓慢的，甚至是停滞的。1965~1998年全世界低中收入国家人均GNP以年均2.2%的速度递增，而OPEC（石油输出国组织）国家同期却下降了1.3%。在全球65个资源相对丰裕的国家中，只有四个国家（印度尼西亚、马来西亚、泰国、博茨瓦纳）人均GNP年增速达到4%（1970~1998），而一些东亚资源稀缺的经济体（中国香港、新加坡、韩国、中国台湾），经济增长却超过了发达国家的平均水平。在中国不同的地区，我们也能发现非常相似的情况。

职工福利：不仅仅是带薪休假

职工福利是企、事业单位和机关团体为全体职工举办的集体生活福利设施、文化福利设施以及各项补贴制度的总称。它对方便职工生活，减轻职工负担，解决职工生活困难，提高职工生活水平，促进企业生产发展都有积极的意义。

职工福利是我国整个福利事业的一个组成部分，主要享受对象是在职职工，主要任务是满足职工的共同需要和特殊需要，主要作用发生在生活领域，但又同生产过程有着密切关系。其内容是由它的对象、任务、目的所决定的。大致有三个方面：

为职工提供生活方便、减轻家务劳动负担而举办的集体福利设施，如职工食堂、托儿所、幼儿园、婴儿哺乳室、浴室、女职工卫生室以及宿舍等。

为满足职工的不同需要，减轻生活开支而建立的福利补贴，如生活困难补贴、交通费补助、探亲往返车船费补贴、幼儿入托费补贴、房贴、取暖费、清凉饮料以及疗养费等。

为改善职工文化生活，建设精神文明和企业文化而建立的福利事业，如图书馆、阅览室、俱乐部、球场、游泳池、业余学校等。

在西方国家，企业也有不同程度的福利。欧美等国除了支付与劳动时间相应的基本工资之外，还出现了许多被称为边缘福利的形式。边缘福利也称补充工资或隐性工资。国际劳工组织在关于边缘福利的条款中，列举了下述项目：①由于加班劳动、轮班制的夜班及假日加班所增加的工资；②奖金及分红；③实物；④对未提供劳动的时间支付的工资（如年度带薪休假等）；⑤强制参加社会保险的保险费；⑥自愿参加社会保险的保险费；⑦直接津贴（婚丧津贴和离职津贴等）；⑧补助（负担社会福利设施的费用）。

如今的趋势是单位发福利卡，员工到福利卡的签约商户那里刷卡消费。有时也会用点卡，到指定的场所，输入账号、密码就可以采购，至于如何消费则是自愿、自由。这种福利卡涵盖商场、超市、百货、餐饮、娱乐等领域，预示了现代人生活的一种简约趋势。比如餐补、车补、话补、节假日补助等，都可以预存到福利卡中，目前中国各个城市也都有基于本地的福利卡商户体系。

另外，在谈论职工福利的时候，还需要弄清楚它与其他几个常见名词的区别，因为人们常常会混淆它们。

福利和津贴：津贴是对职工在特殊条件下的额外工作给予的补偿，如夜班津贴、职务津贴等，与福利相比，两者的最大差别是，津贴是以现金形式固定发放的，而福利是非现金形式的报酬，如实物、股票期权、培训、带薪休假等，有较大的变动性。

福利、奖金和工资：福利可以看做工资外的收入。工资有一定的标准、制度，而福利相比就显得随意很多。奖金也是工资外的收入，但不能称为福利，因为它是按照贡献大小发放的，存在着竞争性，而福利与奖金相比，不论员工贡献大小，人人皆有一份，突出的是平等性。

弄清楚这几个概念的区别后，我们就能更深入地认识职工福利。对于员工和企业而言，职工福利具有如下重要作用：

（1）它是保证劳动力再生产的必要条件。随着生产的社会化，原来属于家庭的某些职能已经转化为社会的职能，职工某些必需的生活条件的提供也转化为社会的责任。如果不随着社会生产力的发展逐步地发展职工生活福利事业，就不能保证为职工提供必需的生活条件，从而影响劳动力和物质资料的再生产。

（2）它是满足劳动者日益增长的物质文化生活需要的重要手段。劳动者的基本生活需要主要来源于按劳分配所得的劳动报酬，但是，这仅仅是一个方面，还需要克服意外事件，满足文化娱乐、卫生等方面的若干需要，举办必要的职工福利事业，来做一些必要补充。

（3）它是方便职工生活的有效手段。职工福利为职工提供生活方便，减轻职工生活琐事和家务劳动方面的负担，在遇特殊困难时给予必要的辅助，这都有助于激发职工的积极性，促进生产的发展。

（4）它是建设企业文化的具体措施。职工福利在丰富职工文化生活，满足职工精神方面的需要和建设企业文化等方面有着重要的作用。积极发展这一事业，可以促进职工努力提高自己的文化、科学技术和职业道德等方面的水平，提高整个职工队伍的素质。

随着经济建设的不断发展，我国企业已经普遍认识到职工福利与企业生产效率之间存在着密切关系，已经将其视为企业的一项必不可少的、重要的人事管理工作。

在杭州市某县有一家从事皮手套生产的私营企业，规模在当地五六十家同行中首屈一指。2007年7月的一天早晨，本来是工作日，来自河南农村的几名外来女工，却坐上了旅行社的豪华大巴，去宁波海边享受带薪休假。她们是该公司的普通员工，这是她们生平第一次去海边游玩。据该公司老总介绍，全体员工"5~7天的带薪年休假制度"是新推出的一项职工福利。在此之前，公司已实施带薪婚假、产假、丧假等制度。除去各种福利，还为员工提供各种补贴及保险。该单位的员工也说，公司为大家考虑得特别周到，在这里干活，大家觉得特别开心，可以找到"家"的感觉。该公司共有300多名员工，一年下来，员工流动率还不到1%，而行业内流动率却高达20%~30%。与之相对的是，公司凝聚力不断加强，业务不断拓展，已经与数家国外公司签了订货合同。该私营公司为职工着想，关注职工福利的做法，已经取得了丰硕的回报。

随着我国经济的不断发展，企业对于职工福利已经越来越重视。相比之下，自私自利的企业家毕竟是少数，大部分企业在职工福利上做得还是到位的。越来越多的人已经形成这样一个共识：职工福利既可以促进企业自身的健康发展，又会为构筑和谐社会作出应有的一份贡献。

● ● ● ●经济学家提醒你● ● ● ●

职工福利已经成为企业的一项必不可少的管理工作。它可以充分体现企业的人文关怀和激励作用，既有助于增强企业的凝聚力，又有助于社会的和谐。那些只为追求利润，而漠视职工福利的做法，最终损害的，必然是企业自身。

老年福利：老有所养

"未富先老"，中国的老年人福利任重而道远。单纯依赖子女养老，依照现在的国情已经不大现实。必须广泛动员社会力量，才能从根本上解决我国越来越严重的老龄化问题。

老年人福利是指国家和社会为了安定老年人的生活、维护老年人的健康、充实老年人的精神文化而采取的政策、措施和社会公益服务。许多人会有一种模糊认识，就是老年人拿了退休金，即算是享受老年人福利了。实际上，这种看法是相当狭窄的。我国已经制定了《中华人民共和国老年人权益保障法》，并初步搭建了一个基本的老年福利政策框架，包括了老年人的物质生活和精神文化生活的各个方面，而绝不仅仅是养老金这一项内容。

按照世界卫生组织的规定，一个国家或地区60岁以上的老年人口比例如果在10%以上，或者65岁以上老年人口的比例在7%以上，就认为这个国家或地区进入了老龄社会。1999年10月我国便提前进入人口老龄化国家的行列，60岁以上的老年人人口达到1.26亿，占全国总人口的10%，并以年均3.32%的速度持续增长。如今，我国60岁以上老年人口达到了1.3亿，是目前世界上老年人口最多的国家，占世界老年人口的1/5和亚洲老年人口的1/2。

世界上大多数国家都有老龄化趋势，我国也已经进入人口老龄化国家的行列。各个国家都把老年福利作为福利制度的重要内容之一，并推行了许多行之有效的措施。

以西方的一些发达国家为例，它们的老年人福利是在全民福利的模式中逐步建立起来的，基本上完全由政府开支。老年人除了可以享受公民的一切福利待遇以外，还可以享受社会提供给老年人的特有福利。美国、德国、瑞典、英国等都为老年人提供生活指导以及饮食配送。在瑞典，老年人乘坐公交车、上剧院、看电影、参观博物馆等都享受半价优惠。在对老年人尤为重要的医疗保健方面，美国提供住院和疗养性服务，德国、法国提供护理扶助，日本则有临终关怀医院等。需要指出的是，由于老年人平均寿命的延长，老年人的医疗和护理服务已成为衡量老年人福利水准的重要标志。老年人福利还包括精神文化生活，在这方面，许多国家对老年人的学校教育提供了很大的便利条件。法国由国家创办了多所老年大学，其开支均列入政府预算。瑞典国内所有的大学都对老年人开放。在巴西，大约有150所公立和私立大学招收老年大学生，规定60岁以上老人不必高考就可以直接入校，当然，课程安排也相应与常规不同。

与上述这些国家相比，我国的老年人福利差距立刻就显现出来了。近期有一项统计数据显示，在被调查的城市老人中，有98％的老人还在依靠自我养老，只有不到2％的老人由社区福利机构照顾。我国现有的老年人福利设施严重不足，社会福利机构的总床位数还不到老年人总数的1％，无法满足养老需要，而且与发达国家3％～5％的比例相比，差距是相当大的。而在经济不发达的农村地区，农村老人生活困难、缺医少药的现象还很普遍。我国存在着诸多欠缺，做得还远远不够。

那么，为什么在有着"尊老爱幼"悠久传统的中国，国家的老年人福利会有着这么巨大的差距呢？归根结底，还要从我国的国情说起，它可以用四个字来表达，即"未富先老"。

我国还是一个发展中国家，虽然经济实力在不断增加，人均值却无法与发达国家相比。与此同时，我国60岁以上的老年人口已经超过人口总数的10％，据推测，到2015年，我国60岁以上的老年人口将超过2亿，约占总人口的14％。到了21世纪中叶，将达到4亿左右，占据总人口的20％以上。面对这么多的老年人口，国家财政明显感到力不从心。一方面是老年人福利建设资金不足，另一方面是全社会老年人的福利需求在迅速增长，这一矛盾显得尤其突出。

面对这种形势，推广"老年人福利社会化"，即广泛动员社会力量，而不是像欧美发达国家那样主要依靠国家财政将势在必行。"社会化养老"主要包括：一是投资渠道要多元化，形成国家、集体、企业和个人的多渠道投资，发展多种所有制养老机构；二是服务对象要扩大，福利机构不能只是面对"三无"老人、"五保"老人，要面对全社会的老年人；三是采用多种服务形式，过去基本上是"供养"，现在要通过各种社区服务的方式为老年人福利提供支持。只有将我国的实际情况与国际的先进经验接轨后，中国的老年人福利才会形成自己的特色，才会建立起真正的"老有所养、老有所医、老有所乐、老有所学、老有所为、老有所助"的和谐社会，才能让老年人真正生活在如《桃花源记》中所描述的美好生活之中。

●●●●经济学家提醒你●●●●

老龄化社会无疑要强调老年保障，而要做好老年人的社会保障工作，福利服务不可忽视。所以国家要进一步推进各种社会养老保障制度的改革，提高广大老年人养老服务水平，构建和完善适应经济和社会发展水平的老年人社会福利体系。

医疗福利：从此不再看病难

三国时代，名将张飞，手持丈八蛇矛，纵横沙场，自认天不怕地不怕，在诸葛亮面前也拍胸脯。有一次诸葛亮微笑着问他："你真的什么都不怕吗？我看，你必有一怕。"张飞眼睛瞪圆，大声答道："我什么也不怕！"于是，诸葛亮在自己手心上写了一个字，悄悄给张飞看。张飞一看，顿时没了脾气，连连说："怕！怕！我怕！"

这位猛将怕的是什么？很简单，那个字是"病"。张将军勇猛异常，唯独怕病。

中国有很多人，尤其是农村居民，往往对小病不在意，不愿意去花那个钱。但往往很多小病都是一些重大疾病的隐患，直肠癌一开始表现都是痔疮的情况，很多当做痔疮治疗，几个月之后，如果还是不好，便血出现污色，痔疮都流血。这时，应该早去化验，继续按痔疮治疗，直到出现低分化的癌细胞，也就到了晚期了。所以，我们不要因为是小病就放松对它的治疗，最终导致恶果的发生。

在现实生活中，"病"是人们最不愿提起的一个字，它不但让人的身体和精神饱受折磨，也给人经济上带来损失，让很多家庭背上了沉重的债务。所以，我国目前的医疗体制改革也已经到了扭转方向的时候，这一点是大众的心声。医改的公平性与公益性是时代的要求，也是广大百姓共同的期望。

我国现行的医疗福利体系是由不同历史时期形成的方案拼凑而成的。因此也就形成了现有医疗保障体系的最大特征：几套体系平行运转，相互分割。政府公务员享受公费医疗制度，城市有城镇职工医疗保障和城镇居民医疗保障两个体系，乡村又有新农合体系。这样整个医疗保障体系形成了多重分割：城乡分割，身份分割，地域分割。

这导致一个结果：政府为民众医疗投入的财政资金，未能公平地使用。因为，不论是门诊还是住院，公费医疗、城镇职工医疗保险、居民医疗保险与新农合的报销比例和额度依次降低，而这四个群体的收入同样是依次降低。这样，收入高的人得自财政的补助反而更多。这样的结果，违背了社会福利政策的初衷。

目前，我们的医改政策不仅在于创造更多的医疗资源，还在于这些资源公平地为全民享有，以此达到医疗福利的增进。从这一目的来看，农村是我国医疗资源最为缺乏的地方，农民是我国医疗保障最为缺少的群体。

陕西省神木县施行的"全民医保模式"，目的是着眼于广大百姓医疗福利的推广。显然，本着"人人享有基本生活保障"、"城乡统筹"等原则，有条件的地方还可以进行深一步改革。此前公布的医改方案也提出了医疗福利"均等化"的原则，逐渐统一目前相互分割而待遇悬殊的医疗保险体系，将所有人员，不论公务员还是普通工人，不论城市人口，还是农村人口或流动人口，都纳入到统一的国民医疗保险体系中。这应当是医疗保障制度改革的基本目标。唯有这样，才真正合乎政府建立医疗保障体系的基本原则，也合乎财政的基本原则。

●●●●经济学家提醒你●●●●

不难看出，中国医改的关键就是要使有限的投入发挥最大效能。在农村，除了追加财政投入予以基金的保障之外，还必须使整个医保体系与基本医疗体系结合起来，使医疗福利在这个医疗体系之上发挥最便捷最有效的保障作用。

为什么贫者越贫，富者越富

这是《圣经·新约·马太福音》中的一个故事：

有个人远行前，交给3个仆人每人一些银子，吩咐他们："你们去做生意，等我回来时，再来见我。"主人回来后，他把3个仆人叫到面前，想知道他们赚了多少钱。第一个仆人说："主人，你交给我的五千银子，我已赚了五千。"于是主人奖励了他。第二个仆人报告说："主人，你给我的二千银子，我已赚了二千。"于是主人便奖励了他。第三个仆人报告说："主人，你给我的一千银子，我一直埋在地里，我怕丢失，一直没有拿出来。"于是主人命令将第三个仆人的那一千银子赏给第一个仆人，并且说："那没有的，就连他所有的，也要夺过来。凡是有的，还要给他，叫他多多益善。"

20世纪60年代，"贫者越贫，富者越富"的现象被社会学家罗伯特·莫顿归纳为马太效应。今日我们回过头来看，突然发现，上帝似乎把这种现象撒播得无处不在。

富人享有更多的资源——金钱、荣誉以及成功，穷人却变得一无所有。在人类资源的分配上，马太效应所讲的"贫者越贫，富者越富"现象更是十分明显。

有人曾经问过这样一个问题：处于经济黄金时期的美国人是越来越富了，还是越来越穷了呢？这个听起来近乎可笑的问题却有一个让许多美国人深思的答案：相对而言，富人更富，穷人更穷了。

现在美国民众蓦然发现，在一片繁荣的喧嚣中，贫富之间的大峡谷正在无声地裂开，而且越裂越宽。

据美国华盛顿预算及政策研究中心和经济政策研究所发表的报告：在20世纪90年代末，美国收入最高的家庭平均年收入137000美元（税后）左右，而最穷的家庭平均年收入为13000美元，不到高收入家庭的1/10。调查还发现，最穷的家庭在过去的10年中收入增长不到1%（扣除通货膨胀因素以后），而最富的家庭收入增长了15%。有一年的美国前三名巨富（比尔·盖茨、沃伦·巴菲特和保罗·艾伦）个人财产的总和更是超过了全球43个最穷国家国民生产值的总和。种种数据显示，美国财富的聚集度已达到了20世纪30年代经济危机以来的最高水平。统计还表明，目前最富有的国家占有全球85%的国民生产总值。20世纪60年代以来，最富有的国家与最穷困的国家之间的差距扩大了一倍。

不仅国家和地区如此，个人的财富也是如此。电影导演史蒂芬·斯皮尔伯格，1994年赚进了1.65亿美元。加梅，美国收入最高的律师，赚取了9000万美元。而众多拥有同样才干的电影导演和律师，往往只能赚到这些额度的极小部分。

企业界同样逃不掉这样的规律。比如，美国汽车市场，通用和福特双雄并立，稳定的业绩和利润能够保证其生存不出现问题，而排名第二的克莱斯勒就一直在生死线上挣扎。虽然艾科卡一度给这个公司带来辉煌，但终究还是"人算不如天算"，几经沉浮之后，终于被奔驰公司收购。一个成熟的市场往往被市场占有率第一、第二的企业所主宰，大多数公司都很难避免被淘汰出局的命运。

"穷者越穷，富者越富"的现象几乎存在于整个社会生活的各个方面，是我们每个人都不可避免要面对的事实。

美国人山姆看起来是个"抠门"的老头儿，因为他每次理发都只花5美元——当地理发的最低价。他在生活中过着最简朴的生活，他穿一套自己商店出售的廉价服装，开着一辆破旧不堪的小货运卡车上下班，车后还安装着关猎犬的狗笼子，戴着一顶折价的棒球帽。表面看上去，他和我们普通人都一样，但是这个老头很随便地就捐出了1亿美金。他何以如此慷慨？因为他是全球第一商业帝国沃尔玛的主人。

亚马逊网上书店的老板杰夫·贝索斯资产上亿美元，却驾驶着一辆破旧的本田轿车，并公开赞扬节俭。他曾经宣称："我不认为财富真能使人改变。"但说过这句话不久，他就迁离了在西雅图闹市区的900平方英尺（约84平方米）的住处，搬进位于麦迪纳林阴郊区滨河的千万美元的豪宅。同样住在此地附近的人士还包括微软公司的几位亿万富翁：比尔·盖茨、乔·谢利、纳森·米尔沃德。此后，7000平方英尺（约650平方米）看来也嫌小了，贝索斯于是决定将新宅扩建。而同时，在纽约的布鲁克林区，领着失业救济金的黑人妇女马吉娜却在为自己不足150平方英尺（约14平方米）的房子是否能容得下几个孩子睡觉而发愁。

无论人们如何否认，富人和穷人之间巨大的不平等已经呈现在我们面前，而且"愈演愈烈"——贫者越贫，富者越富。

●●●●**经济学家提醒你**●●●●

黑洞效应：在宇宙中，一些大质量的物体在发生坍塌之后，会形成一个致密的点，由于它的质量非常大，所以产生的引力也非常大，大到光线进去之后也无法逃出来，于是就形成了一个黑洞。而且不断被吞噬进去的物质和能量又反过来成为黑洞的一部分，使得黑洞产生更大的吸引力。

黑洞效应就是一种自我强化效应。当一个企业达到一定的规模之后，也会像一个黑洞一样产生非常强的吞噬和自我复制能力，把它势力所及的大量资源吸引过去，而这些资源使得企业更加强大，形成一个正向加速循环的旋涡。

黑洞效应使得资源和资本聚集，是产生社会贫富差距的原因之一。

附录
经济学60个关键词

稀缺——有限的资源相对于人类无限的欲望总会显得不足，因而我们说资源是稀缺的。稀缺并不意味着难以得到，而仅仅意味着，不付出代价就不能得到。稀缺是每一个人所面对的现实。即使是一个亿万富翁，他似乎可以拥有他想要的一切，但在他的字典里，仍然有"稀缺"这个词：他的时间是有限的，他可以得到一切，却没有时间一一地享受这一切。

经济物品——一种物品是稀缺的，需要花费代价才能得到，这种物品就是经济物品。经济物品是稀缺的事实并不意味着它是难以得到的，而仅仅意味着，它是不能自由取用的。"经济物品"前面的"经济"两个字就决定了这种物品绝对不是"免费的午餐"。

理性行为——人们所追求的行动都是能让他们实现最大满足（效用）的行为。理性行为是新古典经济学的基本假设之一，认为存在着标准的最优化的经济行为，并且可以用理性行为的模型解释和预测实际的经济行为，也是一般均衡理论的主要基础。它是最经常受到抨击的假设之一，这恰恰证明了其重要性。

效率——效率意味着不浪费——经济中没有任何一个人可以在不使他人境况变坏的同时使自己的境况变得更好。这样定义的效率被称为帕累托效率，得名于伟大的意大利经济学家帕累托。如果一个人可以在不损害他人的同时改善自己的处境，经济学家就说经济的效率提高了，并将其称为帕累托改进。

公平——在一种分配中，如果没有任何一个人羡慕另外一个人，那么就可以把这种分配称做是公平的。显然，均等分配一定可以实现公平，但公平却并不一定要求均等。如果亚当喜欢苹果，夏娃喜欢橘子，而上帝只赐给他们一个苹果和一个橘子，那么均等分配（每个人半个苹果半个橘子）虽然公平，但显然有一点愚蠢。较好的做法是把苹果给亚当、把橘子给夏娃，这样他们两个都会更满意一些。经济学家通常认为，有效率的市场经济并不自动带来公平。为了实现某种程度的公平，政府就要有所举措。

资源配置——人类对付稀缺，考虑最多的就是资源配置——如何在不同人之间配置有限的资源，以尽可能地满足他们的需要？于是，经济学公认的研究领域也是资源的配置。在经济学家看来，市场机制是迄今为止最有效的资源配置方式，它虽然不是完美无缺，但也要强于其他方式——毕竟它经受住了历史的考验而生存了下来。

市场经济——是指这样一种经济制度，在其中，消费者与企业在"看不见的手"的指引下，通过市场相互发生作用，来决定经济组织的三个中心问题：生产什么和生产多少，如何生产，为谁生产。首先，消费者的"货币选票"决定了生产什么和生产多少。其次，如何生产也将遵循价格信号所指示的方向，生产要素的价格决定了追求利润最大化的企业使用哪些生产要素、采用什么技术来进行生产。最后，为谁生产是由生产要素市场的供给和需求决定的。这里的供求决定了要素价格：工资率、地租、利率和利润。各种要素的所有者、土地所有者、资本所有者，便根据其拥有的要素在生产中的贡献取得相应的收入份额，完成社会收入的分配。值得注意的是，在当今世界，并不存在"纯粹"的市场经济——在每个经济中，总能看到政府这只

"看得见的手"的动作。

"看不见的手"——亚当·斯密关于经济自由的譬喻，描述了追求自身利益的个人如何在市场机制的引导下增进公共的利益："确实，他通常既不打算促进公共的利益，也不知道他自己是在什么程度上促进那种利益……在这个场合，像在其他许多场合一样，他受着一只'看不见的手'的指导，去尽力达到一个并非他想要达到的目的。也并不因为非出于本意，就对社会有害。追求自己的利益往往使他能比在真正出于本意的情况下更有效地促进社会的利益。"斯密之后，经济学经历了漫长的发展历程，但他的观点仍然具有非凡的魅力。虽然在实践中，肯定存在着例外。但是，在一个又一个国家里，给予个人较大的自由确实导致了生产的巨大增长，而这种增长即使不是使每一个人，也至少是几乎使每一个人都得到好处。

经济自由——经济自由意味着个人选择的自由——作为消费者，他可以在预算约束内自由选择想要的商品；作为要素供给者，他可以自由地把所拥有的要素投入到与其他人（或组织）的竞争中。自由主义者认为，除非危害他人，否则个人的经济自由不应受到限制；个人也没有必要为自己的行动向社会负责，因为这种自由行动本身就会给社会福利带来额外的好处。批评者则指出，尽管自由是有效率的，但它并不自动地带来公平。经济自由很可能会导致财富的集中，而这种集中是极其危险的：它不但使某些人在同其他人交易时更有优势，而且可能会扼杀自由。

计划经济——一种以计划为基本调节手段的经济制度。在计划经济中，主要生产过程在很大程度上不是由市场力量决定的，而是由贯彻社会主要经济目标的经济计划机关决定的。这种制度比起纯粹市场经济，其优越之处在于：减少可能导致资源无效使用的活动，解决失业和生产能力的充分利用问题，减少污染和产品的过分差异等。一个不发达国家实行计划经济制度，会把它的资源集中于某些关键部门，从而取得较快的增长。然而，集中化的计划经济制度由于必须协调大量的计划活动成分和每个经济活动层次上的独立决策者，会导致资源配置的无效率。这种制度的僵化和没有活力，由于需要高度组织化和必然带来的官僚主义成分而加剧了。

替代效应——如果CD唱盘的价格上涨了，音乐爱好者们会怎么办？他们或许还会继续买CD唱盘，但恐怕不会像以前买得那样多。他们会被迫以磁带、电台的音乐节目，甚至现场的音乐会等这些东西来替代CD唱盘，这就是CD唱盘价格上涨所引起的替代效应。

偏好——消费者为什么会选择这件物品而不是另外一件？经济学家回答，因为他对前者的偏好甚于后者。偏好表明了消费者的态度：相对来说他喜欢什么、不喜欢什么。经济学家认为，人们的偏好是稳定的，正是这种稳定的偏好决定了人们在机会集合内的选择。

消费者主权——生产者生产什么、生产多少最终取决于消费者的偏好。消费者每花出1元钱就是一张"选票"，消费者在哪种商品上花费越多，就表明那种商品越应该生产，生产者就按消费者的意旨安排生产；反之，消费者在哪种商品上花费越少，就表明那种商品已经超过了需求，应该缩减生产。消费者在社会生产中之所以有如此大的决定权，完全是因为消费者的偏好是生产能否取得最大利润的关键因素。因为产品只有有需求，才能够销售出去，也才能实现其最大利润。

生产者主权——一些经济学家注意到，在现代社会里，消费者常常迷失在广告的丛林里，他们会不由自主地听信生产者的广告宣传，投出自己的"货币选票"。消费者仍具有决定的权力，但是，他们已经在很大程度上变成了生产者的傀儡。于是，是生产者而不是消费者具有社会生产的最终决定权，这就是生产者主权。

替代品——火柴和打火机有什么关系？显然，它们的用处差不多。如果火柴的价格上涨了，人们就会更多地购买打火机，打火机的需求量就会上升。经济学家说，具有这种关系的商品互为替代品。替代品的存在对于消费者而言无疑是个福音——他们至少可以不必"从一而终"。

吉芬商品——1845年，爱尔兰爆发了大饥荒。英国经济学家吉芬发现，虽然土豆的价格在饥荒中急剧上涨，但爱尔兰农民反而增加了对土豆的消费。为什么会发生这种怪事？答案在于，土豆在当时爱尔兰农民的支出中占有很大的份额，土豆价格的急剧上涨使得人们的处境迅速恶化。为了填饱肚子，人们不得不大大减少肉、奶酪这些相对来说仍然很贵的商品的消费，把省下来的钱花在还算便宜的土豆上。后来，经济学家就把像爱尔兰土豆这样价格上涨反而带来需求量增加的商品称为吉芬商品。

价值悖论——对于我们的生命而言，水是不可或缺的，钻石却并非必不可少。那么，为什么水如此便宜而钻石却如此昂贵？难道水的价值还比不上钻石吗？这是个不是悖论的悖论。水的总价值当然很高，毕竟没有水我们就无法生存。但关键的一点是，决定水的价格的不是它的总价值，而是它的边际价值，也就是最后一杯水能够带给我们的效用。为什么？因为人们可以自由决定买不买这最后一杯水。如果水的价格高于它的边际价值，那么，最后一杯水就卖不掉。因此，水的价格必然下降，直到它恰好等于最后一杯水的价值时为止。在人们居住的大多数地方，水是容易得到的，最后一滴水带给人的效用微不足道，所以它几乎一文不值。

收入效应——消费者最不愿看见的事情是什么？每个人凭着直觉都会回答：涨价。这个直觉没错。如果商品的价格上涨而消费者的货币收入没有变，那么这些收入能够买到的东西就会减少——用经济学的行话来说，消费者的实际收入下降了。这就是价格上涨的收入效应。因为收入效应存在，消费者当然不喜欢涨价了。

自然垄断——如果由一家企业供应整个市场所需支出的成本要比由几家企业同时供应所需支出的总成本还低，我们就说这个市场是自然垄断的。一个很好的例子是，一个城市里通常都只有一家自来水公司。让两家公司在同一城市的每条街道下面同时铺设管道，其中一家为一个用户供水，而另一家则为其隔壁供水，这无疑是缺乏效率的。自然垄断给我们的教训是，有时垄断并不能通过引进竞争来消除——这种垄断是自然的，没有人能够想出使竞争成为可行的方法。

正常利润——厂商为继续从事生产经营活动所必需的最低限度的利润水平，也就是当总收益等于总成本时的利润水平（在这种情况下，正常利润被包括在总成本之中），此时超额利润为零，厂商只能获得对于各个厂商来说都一样的利润水平。在长期内，竞争性行业的均衡状态便属于这种情况。正常利润在古典学派那里被称为一般利润，它通常包含利息与企业主收入两个部分。正常利润与资本量的比率便是一般利润率，它是古典理论体系中的长期均衡位置。在新古典派那里，正常利润通常与利息相等同，故在长期均衡状态下利润率（排除折旧率以后的净比率）恒等于利息率。

规模经济——企业是大一点好还是小一点好？为了回答这个问题，经济学家会追问：当企业将所有的投入同时增加一定的比例，产出会发生怎样的变化呢？显然有三种可能。其中一种是产出增加的比例大于投入。这时经济学家就说存在着规模经济，他们也会说企业再大一点也无妨。

卡特尔——正式地"勾结"在一起共同运作的一群企业被称为卡特尔，它谋取利润的通常做法是限制其成员的产量以抬高价格。迄今为止世界上最著名的卡特尔当属石油输出国组织。

托拉斯——最初是指一种委托管理的协定。我把我的资产交给你保管，你可以实际地支配它们，类似这样的协定就被称为托拉斯。出于种种原因，托拉斯曾经在许多地方被许多人使用过。但是到了19世纪后期，托拉斯在美国被用做在某些行业建立垄断的一种手段。托拉斯从此便与垄断紧紧联系在一起，甚至成为垄断的代名词。时至今日，美国的反垄断法仍然被称做反托拉斯法。

劫掠性定价——如果一企业在某些面临竞争的地方市场上，将其产品价格削减到使自己和竞争对手都不能赚得利润的水平，那么该企业所进行的价格削减就被称为劫掠性定价。劫掠性定价把定价者自己和其竞争对手都逼上绝境，总有一家企业会熬不下去而退出市场。所以，通常只有那些实力雄厚的企业才敢有如此"置之死地而后生"的举动。

产品差别——为了增加自己的市场权利或垄断地位，在竞争中，众多厂商生产和销售同种但有差别的产品的一种情况。这里的产品差别既可以表现在产品的质量、性能方面（叫做自然差别），也可以表现在包装、商标以及销售服务态度等方面（叫做人为差别）。实行了产品差别后，便可以减少其他产品的替代性，加强自己在市场中的垄断性。在现实中，实行产品差别的不仅限于生产同种商品的厂商，一些生产多种产品的厂商特别是大公司也在推行产品多样化，尽管它们已经取得了很高的垄断地位。这是因为在消费者的嗜好多种多样的情况下，厂商生产的产品的差别程度越大，它从既定总产量中得到的总收益便越大。

货币的时间价值——相同的一元钱在今天和将来的价值是否相同？经济学家说：不同。为什么？回答是，因为人们具有时间偏好——人们在消费时总是抱着赶早不赶晚的态度，认为现期消费产生的效用要大于对同样商品的未来消费产生的效用。因此，即使相同的1元钱在今天和未来都能买到相同的商品，其价值却不相同——因为相同的商品在今天和未来所产生的效用是不相同的。正是人们的时间偏好使货币具有了时间价值。

人力资本——日本和德国的经济为什么能够在"战争"的废墟上奇迹般地起飞？一些经济学家回答，虽然战火摧毁了几乎全部物质资本，但人力资本——体现在人身上的知识和生产技能却保存了下来。有了人力资本，生产的恢复就不再是个问题。人力资本对于生产的重要意义逐渐被人们认清，连比尔·盖茨都承认，他一半以上的工作时间花在了招聘人才上。

博弈论——又名对策论，应用数学的一个分支。博弈论考虑游戏中的个体的预测行为和实际行为，论述决策者的行为的互相影响，并研究它们的优化策略。像在无对手干扰的决策论中那样，分析的出发点是理性的，而不是心理的或社会的角度。博弈论是当代经济学流派中的显学，建议你经常在文章和谈话中夹杂诸如动态博弈、囚徒困境、纳什均衡、占优策略等字眼。

资本利用程度——资本利用程度表明了资本生产能力的实际利用状况，通常用实际产出与潜在产出的比率来衡量。一个年生产能力为200万辆的汽车制造厂如果在某一年只生产了100万辆汽车，那么其资本利用程度就是50%。企业显然不愿资本利用程度小于1，整个经济也是如此。如果经济中总的资本利用程度小于1，那么不但意味着有资本在"赋闲"，还意味着有人没有活干，这是社会难以忍受的。

委托人与代理人——在原始意义上，委托人是指把事情托付给别人办的人，而代理人则是替别人办事的人。因为代理人是实际办事的人，他就可能比委托人更清楚事情办得怎么样，换句话说，他在信息不对称条件下具有信息优势。于是，经济学家就广而言之，把所有在信息不对称条件下拥有私人信息的一方称为代理人，把不拥有私人信息的另一方称为委托人。

逆向选择——美国前总统克林顿曾经为很多美国人支付不起医疗保险费而感到不可思议。然而经济学家说，这没有什么好奇怪的。因为在保险公司与投保人之间存在着信息不对称：保险公司并不像投保人自己那样了解他们的身体状况。因此，尽管保险公司清楚一些人患病的风险比其他人高，但是它仍然无法向这些人收取更高的保险费，因为它不知道他们是谁，它只好按照投保人患病的平均风险收取保险费。那些患病风险较低的人因而会觉得保险费过高，他们就会退出保险。其结果是投保人患病的平均风险升高，保险公司为了不亏本，只能跟着提高保险费，于是就会有更多的人退出保险，直至市场崩溃。这就是逆向选择效应：投保人的构成随着保险费的升高而发生逆向变化。逆向选择不仅仅在保险市场上存在，在很多信息不对称的场合都会出现。

市场失灵——在存在外部性的场合，"看不见的手"会将市场引入歧途：污染可能被过多地制造，而灯塔却可能没有人去建。这就是所谓的市场失灵。市场失灵再次告诉我们，这个世界上没有什么东西是十全十美的——"完美"根本就不在造物主的词汇里。

政府失灵——在市场失灵、经济衰退或分配不公的时候，人们首先想到的就是求助于政府。但经济学家提醒人们，政府同市场一样，也是有缺陷的。政府是一群人——被选上的、被任命的、被雇佣的——一起组成的复杂机构，这些人并不能保证自己比其他人更有眼光，也不能保证自己没有私人利益。政府不是超人，总会绝对无私而且正确，实际上它常常犯错误，这就是政府失灵。

国内生产总值——国内生产总值是按所谓的国土原则核算的。在一定时间里，不管所使用的生产要素属于哪个国家，只要在一个国家的国土范围内生产，那么所得到的最终产品或劳务价值就称为这个国家的国内生产总值。可口可乐在它的中国分公司所获得的利润是一定要计入中国的国内生产总值的。

国民生产总值——国民生产总值是按所谓的国民原则核算的。在一定时间里，不管一个国家的生产要素流入哪个国家，只要它们仍然为该国的个人或法人所有，那么用这些要素生产出来的最终产品或劳务价值就称为该国的国民生产总值。可口可乐在它的中国分公司所获得的利润是一定要计入美国的国民生产总值的。

恩格尔系数——食物在总支出中所占比重称为恩格尔系数。食物在总支出中所占比重与家庭收入（或衡量家庭总资源的某种其他尺度）成反比，就是著名的恩格尔定律。一个国家或家庭生活越贫困，恩格尔系数就越大；反之，生活越富裕，恩格尔系数就越小。根据联合国粮农组织提出的标准，恩格尔系数超过59%为贫困，50%~59%为温饱，40%~50%为小康，30%~40%为富裕，低于30%为最富裕。

基尼系数——意大利经济学家科拉多、基尼提出的判断分配平等程度的指数。实际上基尼系数总是大于零而小于1。基尼系数越小，收入分配越平均；基尼系数越大，收入分配越不平均。通常把0.4作为贫富差距警戒线，大于这一数值容易出现社会的动荡。

帕累托最优——帕累托对经济学的最大贡献。它的定义是：对于某种经济资源配置，如果不存在其他生产上可行的配置，使该经济中的所有个人至少比他们在初始时严格的更好，那么，这个资源配置就是最优的。当有人劝说你作出某种牺牲时，你往往会听到这个词。意思是尽管不能令人满意，但它就是最好的结果了。

经济周期——迄今为止，没有任何一种经济能够始终维持繁荣，每种经济都要品尝复苏的甘甜与衰退的苦涩。这种经济从繁荣走向衰退、再从衰退中复苏而反复出现的现象多少带有些规律性，因此被称为经济周期。经济周期一般反映在GDP增长的波动上。经济学家很早就注意到了经济周期的存在，但直到现在他们似乎仍然是知其然而不知其所以然，对经济周期作出的层出不穷的解释就说明了这一点。所以，如果有人告诉你，经济学家认为经济周期与太阳黑子的活动有关，你不要感到太惊讶。

税负归宿——税无疑要由纳税人来承担，但是，并非每个纳税人都只从自己的口袋里掏钱来纳税，他们常常要把税负转嫁出去。税负归宿就表明了税最终由谁承担。几乎全部的税都会或多或少地被转嫁。比如货物税，企业可以通过提价把它转嫁给消费者，这就是所谓的向前转嫁。此外，企业也可以用降低工资的方式把它转嫁给工人，这就称为向后转嫁。

　　福利国家——在福利国家里，政府要有意识地对经济进行干预，在某些方面压制市场的力量，以求消灭贫困，降低社会意外事件（生病、失业等）带给公民的不安全感和伤害。福利国家通常存在一套强大的社会保障体系。其支持者认为，福利国家不但有助于实现社会公平，还有助于经济的稳定。而批评者则声称，就增进公民的福利而言，政府并不能比个人更出色。

　　中央银行——是"国家的银行"，是国家货币政策的执行者和干预经济的工具，它的职能包括稳定本国货币价值和管理国家储备、利率、汇率和金融市场。中央银行的发言是金融市场上最响亮的声音，对一国的经济运行有着重要的影响。

　　金本位制——如果一个国家的货币与黄金挂钩，货币可以根据需要按法定比率兑换成黄金，那么这个国家的货币制度就称为金本位制。由于黄金在悠久的历史中都扮演着硬通货的角色，所以金本位制最容易为公众所信任。但是现在世界上大多数国家的货币并没有黄金作为担保，黄金不过是人们的一种心理依托。

　　经济增长——经济增长是指一个国家所生产的物质产品和劳务，即实际总产出在长时期内的持续增长。在人类历史的大部分时间里，并不存在明显的经济增长。直到工业革命之后，人类的生产能量才突发性地释放出来，并在短短200年里取得了前人不能想象的成就。现在，经济学家倾向于认为，技术进步是经济增长的更重要的源泉。

　　国际贸易差额——是指一个国家出口与进口之间的差额。当一国的出口大于进口时，其贸易余额为顺差，顺差意味着一个国家又收入一笔外汇；相反，当出口小于进口时，其贸易余额为逆差，逆差意味着一个国家要流失外汇。对于大多数发展中国家来说，外汇是"紧俏货"，所以它们总是力争在国际贸易中实现顺差。

　　多边贸易——我们时常会听到这样的声音：贸易不是单行道，中国若向美国出口50亿美元的衣服，就必须从美国进口50亿美元的飞机、汽车或别的，否则，两国间的贸易就是不公平的。这种自以为是的腔调忽略了一个简单事实：绝大多数的国际贸易并不仅仅局限在两个国家之间，而往往要将许多国家都牵涉进来——这种贸易不是双边贸易，而是多边贸易。一个简化的例子是，日本要从阿拉伯国家进口石油却把汽车卖到美国去，而美国要向阿拉伯国家出口它们所需要的粮食。这其中，没有任何一个国家同另一个国家的贸易是平衡的，但是很显然，也没有任何一个国家受到损失。所以，在这种多边贸易中，我们只要注意进口与出口的总体平衡就可以了。

绝对优势——如果一个国家生产某种商品的成本低于另一个国家，那么，它在生产这种商品上就具有绝对优势。一些经济学家认为绝对优势是国际贸易发生的原因。具有某种绝对优势的国家输出该种商品，而处于劣势的国家则输入该种商品，这对双方都有利，所以国际贸易才会存在。在他们眼里，处于劣势的国家向处于优势的国家输出产品是不可想象的。

比较优势——如果一个国家生产任何一种商品的成本均高于另一个国家，那么它是否还能通过向后者出售商品来获益？经济学家说，能。假设A国1单位劳动可以生产1单位布料或1单位小麦，而B国1单位劳动可以生产4单位布料或2单位小麦，那么显然B国的生产具有绝对优势。但是，A国用劳动生产1单位小麦并出口到B国，可以换回2单位布料，这比它用1单位劳动生产布料划算。而B国用1单位劳动生产4单位布料并出口到A国，就可以换回4单位小麦，这比它用1单位劳动生产2单位小麦划算。两国分别进行专业化生产，然后相互贸易。这种贸易是建立在每个国家各自都有相对成本较低的产品生产的基础上，或者被称为是源于比较优势。

中国价格——美国《商业周刊》在2004年12月报道说，"中国价格"是美国企业最害怕的字眼。"要么削价30%，要么丢掉生意"，这就是"中国价格"。相对于另一个热门词"中国制造"，"中国价格"一词在经济学意义上更综合、更准确地反映了中国经济增长背后各要素间的互相作用的内涵以及对于全世界的影响。"中国价格"是中国经济研究的一大热门，也是国际间政治和经济方面的热门话题。有一些人喜欢从负面看待"中国价格"，这两年出了不少针对中国商人的烧鞋子、砸铺子的事情。

自由贸易与保护主义——经济学中最古老的也是最具争议的问题之一。所谓自由贸易是指没有国家干预的国与国之间自由进行贸易的政策。而保护主义正相反，它是指在国际贸易中由国家通过各种手段进行干预的政策。自由贸易对交易双方都有利，对此经济学家并没有什么争论或异议，那么，为什么还有人提倡保护？因为在某些条件下，保护可以使本国在国际贸易中形成某些垄断权力，从而可以以牺牲外国利益为代价进一步提高本国利益。不过，保护的好处并不确定。保护可能引来贸易伙伴更大程度的保护，其结果究竟是福是祸实未可知。

关税——一般是指对进口商品入关时所课征的税。由于关税是由外国人来支付，所以，人们常常想当然地认为关税是多多益善。他们忘了，征收关税是对自由贸易的干涉，这毫无疑问使人们能享受到自由贸易的好处减少了。

贸易补贴——国家对进出口贸易给予的津贴就是贸易补贴。补贴可以是直接的也可以是间接的。直接贸易补贴简单来说就是负税，其后果与税收正相反。间接补贴则一般采取放宽信贷、廉价使用能源或免费使用基础设施等方式。补贴量可以与贸易量保持某一固定比例关系，称为从量补贴；也可以与贸易值保持某一固定比例关系，称为从价补贴。

商品倾销——是指一国在国际市场中以低于它在本国市场中的要价来大量地推销商品。经济学家们通常认为，一国对外实行商品倾销，必须具备如下两个条件：首先需要建立起独立自主的关税制度，否则该国无法利用关税制度来限制倾销商品向国内市场的回流，以低价倾销来占领海外市场的目的就无法达到；其次要拥有国内市场中较大的垄断力量，不然，国内价格就会因激烈的竞争而被压低，使其对外倾销的实力大受影响。

经济一体化——在经济学里，经济一体化既被定义为一个过程，又被定义为一种状态。作为一个过程，它是指各国民经济消除彼此间的歧视；作为一种状态，它表示各国民经济彼此间不存在或较少存在歧视。经济一体化程度意味着国际贸易的自由程度。经济学家们之所以愿意在经济一体化的浪潮中起到推波助澜的作用，是因为他们坚信：自由贸易对每个参与国家都是有利的。所以，如果哪个经济学家建议中国取消所有的关税，你不要认为他是在说疯话。

关税同盟——通常由两个或两个以上的国家所组成，在这些国家之间没有关税壁垒，对于同盟以外的国家则实行统一关税。关税同盟是经济一体化的一种表现，当各国就在全球范围内取消关税问题难以达成一致时，在更小的范围内建立关税同盟就是一种替代选择——这至少可以让参与国家部分地享受到自由贸易的好处。一个世界贸易俱乐部，其职责是监督实施成员国之间达成的贸易协议；为解决成员国之间发生的贸易争端制定规则，以及定期聚会商讨进一步的贸易自由化行动。中国是WTO的前身关贸总协定（GATT）的创始成员国，但由于在1995年WTO成立时没有完成复关谈判，因此中国在WTO中只是一般成员。

世界银行——亦称国际复兴开发银行，主要为发展中国家的建设计划提供贷款。世界银行并不会和商业银行竞争，但参与商业银行的贷款。而世界银行的贷款必须由借款国的政府担保。世界银行成立于1944年，总部设在美国华盛顿，常与国际货币基金组织维持紧密联系。

国际货币基金组织——一个国际性的贷款组织，专门负责消除国与国之间的贸易屏障及稳定货币汇价。国际货币基金组织在帮助发展中国家偿还外债时，每每附加严格指引，目的在于降低通货膨胀，减少进口，增加出口。国际货币基金组织成立于1945年，总部设在美国华盛顿。

汇率——或外汇汇率，又称"汇价"、"外汇行市"，是指用本国通货来表示的外国货币的价格，或用外国通货来表示的本国货币的价格。它代表一种货币与另一种货币相交换的比率。汇率或者由政府来规定（例如在钉住的汇率体系中），或者由市场力量和政府政策的结合来确定（像在浮动汇率体系中那样）。汇率的高低一般以各种货币代表的交际价值为基础，并根据外汇市场上的供求状况而变化。作为一个重要经济变量，从微观方面看，汇率的变化将会严重影响到一个开放经济中的相对价格；从宏观方面看，汇率的变化还将对通货膨胀、失业、国际收支等产生重要效应。

热钱——在固定的汇率制下，资金所有者会利用各国汇率的变动或利率的差异进行投机，在国际间掀起大规模的短期资本流动，这类流动的短期资本通常称为热钱，或者游资。用游资或热钱来形容这些资金是非常恰当的。游资意味着它们没有根，今天进入一个市场，明天就有可能退出。而热钱则表明它们有些烫手，它们的流入或流出往往会突发性地造成一个国家货币形势的紧张，甚至引发金融危机。当然，"苍蝇不叮无缝的蛋"——热钱扑向一个地方，就说明这个地方存在让它投机的空间。所以，热钱的流动反过来也有助于一个国家发现其汇率制度或金融市场的漏洞并及时加以弥补。

泡沫——一般的看法是，一种或一系列资产在一个连续过程中陡然涨价，开始的价格上涨会使人们产生还要涨价的预期，于是又吸引了新的买主。这些人一般只是想通过买卖牟取利润，而对这些资产本身的使用和产生赢利的能力不感兴趣。涨价之后便是预期的逆转，接着就是价格的暴跌，最后以金融危机告终。对泡沫的定义，理论界尚未达成一致的意见，对它是否可能发生，也没有一致的看法。但人人都认为自己懂得什么是泡沫并且频繁地使用这个词，在经济学界，这并不是特例。